한 손에 잡히는

조선
상식
사전

한 손에 잡히는

조선
상식
사전

김경민 지음

책

목차

1부.
조선의 왕

2부.
교과서에도 나오는,
꼭 알아야 할 조선 인물

3부.
조선 시대의 사건, 사고

부록

쉽게 이해하는 《경국대전》
- 조선의 제도와 법을 엿보다

간간이 산을 응시하거나, 잊고 있다가 집 앞 복숭아 과수원을 보고, 가로수도 본다. 이제 여유가 조금 생겼다. 세상은 벌써 미용실에 다녀왔다. 어떤 놈은 빨갛고, 어떤 놈은 노랗고, 상수리나무는 갈색으로 염색을 마쳤다. 아침저녁으로 제법 찬바람이 불어 보일러를 틀어야 한다. 춥다.

인문서 작업이 끝났다. 시원하다. 기분이 좋다. 아쉽지 않다. 유익한 시간이었고 그 결과물에 대해 만족한다.

작년 이맘때인가? 아니다. 더운 날이었던가? 책비의 대표님과 통화를 했다. 조선을 배경으로 상식 책을 하나 만들어보자 하셨다. 나쁘지 않았다.

자료를 모았다. 책도 사들이고, 먼지와 한 몸이 되어 있던 조선에 관한 책들을 모조리 책장에서 꺼냈다. 인터넷이 정말 발달한지라 앉아서 찾은 자료도 무수히 많았다. 왕들을 정리하고, 조선시대 인물 이야기에서 인물도 뽑아냈다. 사건과 사고도 모아봤다. 구성이 나쁘지 않았다. 공부를 시작했고, 작업도 시작했다.

그런데 작업을 하던 중 잠시 회의에 빠졌다. 역사물을 쓰기 위해서는 많은 자료가 필요하다. 나는 천재가 아니므로 공부도 해야 했다. 나 또한 모르는 부분이 상당히 많으므로 이 자료, 저 자료를 보며 공부를 했고, 이곳과 저곳에서 배운 것을 내 것으로 표현해내야 했기 때문이다. 내가 습득한 내용을 독자들이 읽기 편하게 만드는 것이 바로 내 일이었다. 오롯하게 내 머릿속에서 나와야 하는 소설과는 달랐고, 그랬기 때문에 어려웠던 것이다.

되도록 뼈대는 실록의 기록을 토대로 작업했다. 아무리 노력해도 이해가 모자란 부분은 지식인의 도움까지 받았다. 세상에는 역사에 밝고 해박한 지식을 가진 이들이 정말 많았다. 역사 연재물, 리포터, 신문, 논문 등 다양한 곳에서 자료를 빌리고 보았다.

역사물은 우리가 그 시대를 지나쳐오지 않았기 때문에 남은 자료와 학자들의 기록, 작가의 상상력을 바탕으로 한다. 그러나 역사가 남긴 기록 또한 모두 믿을 것은 못 된다. 실록을 편찬할 때 책임자에 따라 편파적일 수밖에 없기 때문이다. 개인 문집 또한 그러하다. 그런 의미에서 역사학자 칼 베커의 말을 인용하자면, 역사는 항상 새롭게 다시 쓰이며, 따라서 모든 역사는 현재의 역사라고 말할 수 있다.

무사히 작업은 끝이 났고, 아주 좋은 시간이었다. 이 책 덕분에 더 많은 역사 지식이 생겼고, 그럼으로써 내게 더 많은 이야깃거리가 주어졌다. 감사한 시간이었다. 그래서 책비 대표님께도 고마움을 전한다.

아무쪼록 조선의 역사를 뭉쳐놓은 이 책이 필요한 독자님들께 쉽게 다가가고, 잘 읽히며, 잘 흡수되었으면 좋겠다. 제일 어려운 바람이고, 작가로서 가장 큰 바람이다.

김경민 드림

1부

조선의 왕

조선을 건국하다

이성계의 아버지는 원나라의 변방 관리였다

이성계는 쌍성총관부(雙城摠管府) 지역에서 자란 변두리의 무장이었다. 아버지는 이자춘이며, 어머니는 영흥의 천호(千戶)였던 최한기의 딸이다. 1335년 10월 11일 함경도 영흥 흑석리에서 태어났다.

쌍성총관부는 원나라가 고려의 화주, 즉 지금의 함경남도 영흥을 침략한 후 직접 통치하기 위해 설치했던 관아다. 이성계의 고조부는 이안사로 전주 사람이었는데, 그는 거느리던 식솔과 가병(家兵, 권세를 가진 개인이 사사로이 길러서 부리는 병사)을 이끌고 쌍성총관부로 귀순했다. 고조부 이안사를 비롯해 그의 할아버지, 아버지 또한 원나라로부터 천호의 벼슬을 얻어 대대로 그곳에서 정착하며 살았다.

공민왕의 반원 정책이 이성계를 중앙 진출로 이끌다

공민왕은 원나라의 간섭에서 벗어나기 위해 반원 정책을 펼쳤다. 왕권을 강화하며 빼앗긴 영토를 되찾고자 1356년 쌍성총관부를 수복하려 했다. 이때 이성계와 그의 아버지인 이자춘이 야합하여 원나라 세력을 몰아내는 데 큰 공을 세웠다. 당시 20세였던 이성계는 이미 장수로 유명했는데, 특히 활쏘기 재주가 특출해 신궁으로 불렸다. 이를 계기로 이자춘은 벼슬을 얻었고 이성계와 함께 고려의 중앙으로 진출하게 되었다.

이성계는 1361년 독로강(현 평안북도 강계시 일대) 만호(萬戶, 고려와 조선 시대의 무관직) 박의의 반란을 제압하며 본격적으로 실력을 발휘했다. 압록강이 얼자 중국에서 침입해 온 홍건적이 개경을 함락했을 때도 이성계는 자신의 사병까지 동원해 수도 탈환에 큰 공을 세웠다. 북쪽과 남쪽을 오르내리며 왜구과 외적을 상대로 많은 전쟁을 승리로 이끌면서 고려에 없어서는 안 될 인물로 입지를 굳혔다. 황산에서 왜구를 섬멸한 황산대첩으로 그 명성은 하늘을 찌르게 되었다. 벼슬 또한 승승장구하던 이성계의 주위로 사람들이 모이기 시작했다. 이 중에는 새로운 세상을 만들고자 하는 신진 사대부도 있었다. 범을 알아본 것이다.

왕명을 어긴 위화도 회군, 스스로 왕이 될 준비를 하다

1388년 명나라는 과거 쌍성총관부가 있던 철령을 반환하라고 요구했다. 그 지역은 공민왕 5년에 탈환한 곳이었다. 당시 조정의 실권자였던 최영은 이성계에게 요동 정벌을 강요했다. 우군도통사 이성계와 좌군도통사 조민수가 4월 18일 원정군을 이끌고 요동으로 떠났다. 19일 만에 위화도에 도착했는데, 압록강 물이 불어나 강을 건널 수 없었다. 그곳에서 14일 동안 머물던 이성계는 4불가론(四不可論)을 주장하며 철군을 요청했다. 작은 나라가 큰 나라를 거스르는 것은 옳지 않으며, 여름철에 군사를 동원하는 것도 옳지 않으며, 나라의 병력을 모두 동원하면 왜적의 침임을 막을 수 없으며, 덥고 비가 많이 오는 시기여서 활의 아교가 풀어지고 병사들이 전염병에 시달릴 염려가 있다고 주장한 것이다.

그러나 이성계의 요청은 묵살되었다. 오히려 우왕과 최영은 진군할 것을 명령했다. 이성계는 조민수와 모의해 5월 22일 회군을 결정했다. 이는 왕명을 거역한 반역이었다. 이성계는 개경을 함락하고 우왕과 최영을 항복시켰다. 이로써 고려의 실권을 장악하게 되었다.

새 나라 조선을 세우다

정권을 장악한 이성계는 1391년 삼군도총제사(三軍都摠制使)가 되어 전제개혁(田制改革)을 단행했다. 토지제도를 매우 파격적으로 개혁한 것이다. 기존의 토지대장을 모조리 없애고 새로 측량해 만들었다. 권문세족의 반대를 무릅쓰고 토지를 재분배하고 과전법(科田法)도 시행했다. 이는 신진 관료들의 생활을 보장하고 권문세족이 강제로 뺏은 토지를 국유화함으로써 국가 재정의 기반을 확보하려는 정책이었다. 조세율도 조정해서 농민의 지지까지 받았다.

1392년 7월, 이성계는 공양왕을 몰아내고 왕위에 올랐다. 그로부터 1년 뒤인 1393년, 명나라에서 새 왕조의 국호를 '조선(朝鮮)'으로 받아 쓰기 시작했다. 한양을 도읍지로 삼아 새 궁궐인 경복궁을 짓고 숭례문, 숙정문, 돈의문, 흥인지문의 4대문과 광희문, 소덕문, 창의문, 홍화문의 4소문을 완공했다.

관제(官制)를 정비하고 우리나라 최초의 법전인《경제육전》을 만들었다.《경제육전》은《경국대전》이 만들어질 때까지 기본 법전으로 사용되었다. 이 밖에 한양에 성균관을 설치하고 지방에는 향교를 세워 숭유억불(유학을 높이고 불교를 누른다) 정책을 펼쳤다. 6년이란 짧은 재위 기간에 이성계는 조선의 기본을 다져놓았다.

암탉이 울면 집안이 흥한다? 이성계의 두 부인

이성계의 첫째 부인 신의왕후 한씨는 함경도 출신 한경의 딸이다. 한씨에게서는 총 6남 2녀를 두었다. 태종 이방원의 생모이기도 하다. 한씨는 이성계가 조선을 건국하기 전에 명을 다했다. 그러나 명을 다하기 전 멀쩡한 정신으로 이성계의 둘째 부인을 보아야 했다.

그의 둘째 부인 신덕왕후 강씨는 정2품 벼슬인 찬성사(贊成事)를 지낸 강윤성의 딸이다. 이성계가 한씨를 두고 버젓이 정식 혼례를 치른 데는 강씨의 정치적 배경이 큰 몫을 했다. 이성계의 두 부인은 한집에서 살지 않았다. 이성계는 둘째 부인인 강씨와 주로 살았는데, 그 덕에 중앙 세력과 친분을 쌓을 수 있었고 위화도 회군에도 큰 도움이 되었다.

첩이나 마찬가지였던 강씨 또한 대단한 여장부였다. 그녀는 조선 개국 이후 막강한 권력을 행사하며 자신의 아들을 세자의 자리에 올림으로써 피바람을 예고했다. _왕자의 난

함흥차사, 이성계가 만들어낸 사자성어

다섯째 아들인 이방원이 왕자의 난을 일으키자, 이성계는 둘째 아들 방과(정종)에게 왕위를 물려주고 상왕이 되었다. 그러나 연극에 불과한 일이었다. 방원은 민심을 염려해 둘째 형인 방과에게 왕위를 잠시 맡긴 것이었다. 이성계는 이방원이 괘씸하여 고향인 함경도로 길을 떠났다. 이방원은 이성계를 다시금 한양으로 모셔 오고자 여러 번 차사(差使)를 보냈지만 그 차사마저 돌아오지 않았다. 소식도 없고 회답도 없어 함흥차사란 말이 생겨난 것이다. 이성계는 무학대사의 회유로 한양에 돌아와 창덕궁에서 74세로 졸했다.

재위 기간 및 가족 관계

태조 이성계의 재위 기간은 6년 2개월이다. 첫째 부인인 신의왕후 한씨에게서 6남 2녀를, 둘째 부인 신덕왕후 강씨에게서 2남 1녀를 두었다. 후궁은 4명이었고 서자녀 2명을 두었다. 자녀는 총 8남 5녀다.

함께 읽으면 좋은 페이지 • 정도전(134쪽), 태종(21쪽)

얼떨결에 왕이 되다

얼떨결에 입은 곤룡포

1398년 8월 태조가 왕의 자리에서 물러났다. 그로부터 한 달 뒤 정종은 원치 않는 곤룡포를 입었다. 정종은 이성계의 둘째 아들로 첫째 부인인 신의왕후 한씨의 소생이다. 1357년 7월 1일에 태어났다. 이름은 방과(芳果)이며 자(字, 본이름 외에 부르는 이름. 이름을 소중히 여겨 함부로 부르지 않던 관습이 있어서 상투를 틀고 갓을 쓴 뒤에 본이름 대신으로 불렸다)는 광원(光遠)이다. 허수아비 왕에 불과했지만 그렇다고 정종이 아예 무능한 인물은 아니었다. 창왕을 폐하고 공양왕을 추대한 공으로 추충여절익위공신(推忠礪節翊衛功臣)에 책록되었다. 그리고 양광도에 침입한 왜적을 무찌르기도 했다.

태조의 큰아들이 조선 개국 전에 죽었기에 장자 계승 원칙에 따르면 정종은 조선의 첫 세자가 될 인물이었다. 그러나 공을 많이 세운 방원(태종)이 있었기에 정종은 세자의 자리를 탐내지 않았다. 그런데 이성계의 둘째 부인 강씨의 소생인 서자 방석(의안대군)이 세자가 된 것이다.

"당연히 방원 아우님이 왕위에 오르셔야지"

방원(태종)이 일으킨 왕자의 난으로 세자였던 방석이 죽었다. 모두 방원이 세자의 자리에 오르리라 생각했다. 그런데 뜻밖에도 정종에게 그 자리를 양보했다. 정종은 정중히 거절했다. 정사에 관심도 없었거니와 가시방석 같은 왕좌에 앉아 전전긍긍하며 살기 싫었다. 그러나 거부의 뜻도 완강히 밀어붙이지 못했다. 정종은 방원에 의해 왕이 되었다.

방원의 뜻에 따른 정치

정종은 분경금지법(奔競禁止法)을 제정했다. 관인, 즉 관직에 있는 자들이 권문세도가와 귀족의 집에 방문하지 못하도록 한 것인데, 벼슬 청탁을 막기 위함이었다. 귀족의 세력을 약화시키기 위한 의도였다. 그리고 노비변정도감(奴婢辨定都監, 조선 시대 노비의 쟁송, 노비로 인한 재판 등을 담당하던 관청)도 설치했다. 또한 도평의사사(都評議使司, 고려 후기의 최고정무기관이다)를 의정부로 고치고, 중추원을 삼군부(三軍府)로 고쳤다. 삼군부는 군무를 통괄하는 관아인데, 삼군에 속한 관리는 의정부에 합좌하지 못하게 했다. 그러니까 군인을 거느린 벼슬아치들은 나랏일에 관여하지 말란 소리였다. 이로써 의정부는 정무를, 삼군부는 군정을 담당하는 것으로 분리되었다. 일종의 왕권 강화를 위한 것으로, 방원의 영향이 컸다. 정종은 고려의 제도로만 남아 있던 집현전을 1399년에 설치했다.

정사보다는 취미를, 현명한 아내의 내조

정종은 한 명의 정비를 두었는데 정안왕후 김씨다. 소생은 보지 못했다. 그래서 2년 2개월의 짧은 재위 기간 동안 후궁을 많이 보았다. 김씨는 성격이 온화하고 덕이 많은 것으로 기록되어 있다. 소생을 보지 못했음에도 왕비의 자리를 지킨 것은 기록처럼 김씨의 성품이 잘난 덕이었다.

정안왕후 김씨는 정종보다 두 살이 많았다. 정종이 왕위에 오른 뒤 그녀는 방원에게 양위할 것을 여러 번 권했다. 정종은 2년 2개월의 짧은 재위 기간을 끝으로 상왕으로 물러났다. 김씨의 내조로 정종은 그의 식솔들과 함께 편안한 여생을 즐기며 보냈다.

상왕이 된 후에도 보신책으로 삼았던 취미 또한 여전히 즐겼다. 정종은 격구와 온천, 연회를 자주 베풀었다. 방원이 내린 일종의 보상이었다.

정종의 후궁 중 두 명은 자매였다

고려의 풍습으로 인해 정종은 자매를 후궁으로 두었다. 바로 성빈 지씨와 숙의 지씨로, 지윤(池奫)의 여식들이다. 지윤의 딸 중 또 한 명은 이성계(태조)의 장자 방우(芳雨)의 처이기도 하다. 이성계와 지윤은 겹사돈 관계였다.

우리나라는 신라 때부터 친척끼리 결혼하는 풍속이 있었다. 고려에서도 이와 같은 풍습을 지켜왔다. 조선 시대에는 이 같은 관습이 사라져 성과 본이 같으면 혼인하지 않았다.

재위 기간 및 가족 관계

정종은 상왕이 된 지 19년 뒤인 1419년 9월 26일 인덕궁에서 졸했다. 그의 나이 63세였다. 재위 기간은 1398년 9월에서 1400년 11월까지 2년 2개월이다. 정비인 정안왕후 김씨를 비롯해 후궁 9명을 두었다. 정비에게서는 소생을 보지 못했고, 서자녀 17남 8녀를 두었다.

인생을 스스로 개척하다

이런들 어떠하며, 저런들 어떠하리

"이런들 어떠하며, 저런들 어떠하리.
만수산 드렁칡이 얽어진들 어떠하리.
우리도 이같이 얽혀서 백 년까지 누리리라."

새 나라를 건국하려는 이방원이 고려왕조를 지키려는 정몽주를 회유하기 위해 읊은 시로 유명한 〈하여가(何如歌)〉다. 그러나 정몽주는 〈단심가(丹心歌)〉로 화답하며 자신의 뜻을 굽히지 않았다. 결국 정몽주는 이방원에 의해 살해되었다. 그로 인해 이성계는 조선 건국의 걸림돌을 말끔히 해결했다.

이와 같이 대단한 결단력을 가진 자, 태종 이방원은 이성계의 다섯째 아들로 1367년 5월 16일 함흥에서 태어났다. 이름은 방원(芳遠)이고 자는 유덕(遺德)이다. 이성계의 첫째 부인 신의왕후 한씨의 소생이다. 조선 개국 이후 정안군에 봉해졌다.

개국 일등 공신에서 애물단지로 전락하다

태종 이방원은 이성계에게 자랑스러운 아들이었다. 이성계 가문은 대대로 무장 집안이었지만 방원이 1383년(우왕 9) 문과에 급제했다. 방원은 문무를 겸비한 준비된 왕이었다. 이방원은 이성계를 도와 조선 개국에도 큰 공을 세웠다. 이성계가 위기에 빠질 때마다 해결사를 자처했다. 누구도 조선의 첫 왕세자의 자리를 탐하지 않았다. 그 자리는 이미 정해진 자리, 이방원의 자리였고 모두가 그렇게 믿었다.

그러나 탄탄대로일 것 같던 이방원의 앞날은 한순간 무너졌다. 태종은 이성계와 개국공신들에게 버림받았다. 특히, 재상 중심의 정치를 추구하던 정도전의 영향이 매우 컸다. 태종은 개국공신에도 책록되지 못했다. 그토록 바란 세자의 자리마저 서자 방석에게 뺏기고 말았다. 그는 일등 공신에서 한순간 애물단지로 전락했다. 정도전의 견제로 정사에도 관여하지 못한 채 허송세월을 보내야만 했다.

조선의 첫 왕세자는 처음부터 나였어야 했다

조정과 아비에게까지 버림받은 태종은 그대로 주저앉지 않았다. 자신을 견제하는 모든 이를 철저히 속이며 때를 기다렸다. 호랑이가 숨 고르기에 들어간 셈이다.

새로운 왕세자를 세운 정도전은 개인이 거느린 사병을 혁파하기 위해 애썼다. 그러나 태종은 이를 반대하고 나섰다. 사병은 태종이 거사를 치르려면 꼭 필요한 존재였다. 그리고 또 한 사람, 하륜이 있었다. 하륜은 정도전과 한 스승 밑에서 배운 인물인데, 우스개와 잡설을 잘하여 정도전에게 괄시를 받았다. 하륜은 태종의 책사를 자처했고, 정도전의 미움을 받은 두 사람은 손을 잡았다.

1398년 8월, 스스로 갑옷을 차려입은 이방원이 제1차 왕자의 난을 일으켰다. 세자인 이복동생 방석을 죽이고 철천지원수인 정도전도 처단했다. 그러나 민심을 의식해 곧바로 왕좌를 차지하지 않았다. 태종은 그만큼 철저했다. 태종은 자신의 형인 정종을 왕좌에 앉혔다. 그러나 왕이 되기까지 오랜 시간이 걸리진 않았다. 1400년, 태조의 4남이자 태종의 형인 방간(芳幹)이 무신 박포와 함께 제2차 왕자의 난을 일으켰는데, 태종은 이를 진압하며 본격적으로 최고의 자리에 등극했다. 드디어 오랜 숙원이 이뤄진 것이다.

왕권 강화, 그리고 새 나라 조선의 기틀을 잡다

태종은 왕좌에 오르며 왕권을 강화하기 위해 사병 제도를 폐지했다. 앞서 언급했듯 사병은 왕권에 상당한 위협이 되었다. 태종은 목표를 달성했으므로 더는 사병이 필요치 않았다. 그러나 사병을 거느린 이들은 반대에 나섰다. 이는 명백히 왕권에 대한 도전이었다. 태종은 이거이를 본보기로 삼았다. 이거이의 장남은 태조의 장녀에게 장가들었고, 또 다른 아들은 태종의 장녀에게 장가들었다. 그들은 사돈지간이었다. 그런 그를 태종은 진주로 유배시켰다. 이거이를 죽이라는 상소가 빗발쳤지만 태종은 딸과 사위를 의식해 참하지는 않았다. 이거이는 당대 가장 많은 사병을 거느린 인물이기도 했다.

무예가 뛰어난 자를 별시위(別侍衛)에 편성하고, 내상직(內上直)을 내금위(內禁衛)로 개편하면서 가장 믿을 수 있는 인물들을 앉혔다. 태종은 군사로 왕좌를 얻은 만큼 군대 조직에 지대한 관심을 두었다.

그리고 중앙 정치조직을 정비하며 왕과 의정부, 육조의 국정체제를 왕과 육조로 전환시켰다. 왕이 명령을 내리면 의정부가 심의, 의결 후 합당한 것은 육조에 명령을 내려 시행했다. 그러나 부당하다 생각되면 의정부에서 제동을 걸 수 있었다. 의정부는 일종의 왕권을 견제하는 곳이기도 했다. 태종은 왕권 강화를 위해 육조에 직접 명령을 내렸고, 육조 또한 왕에게 직접 정사를 보고하도록 지시했다. 또한 지방 정치조직을 새로 정비하고 군사제도를 비롯하여 토지와 조세제도도 새로 정비했다. 서얼차대법과 노비제도도 제정했다. 태종은 즉위 후 17년 동안 많은 일을 행했다. 이는 조선왕조와 세종의 성대에 든든한 기반이 되어 주었다.

태종에게도 아픔은 있었다. 그의 적장자이자 세자였던 양녕대군 제(禔)를 폐세자시킨 일이다. 왕이 될 재목이 되지 못한 양녕대군의 탓도 컸으나, 그도 아버지였으므로 세자를 폐하고 밤새 목 놓아 울었다고 실록은 전한다.

든든한 내조도 과하면 비극을 부른다

태종의 부인 원경왕후 민씨는 민제의 딸이다. 민제는 태종의 스승이었다. 태종보다 두 살 위인 민씨는 여장부의 기질이 짙었다. 그녀는 태종이 거사를 치르던 날 직접 갑옷을 입히며 격려했다. 또 자신의 동생이 거느린 사병까지 확보해 정도전을 제거하는 데 큰 힘을 보탰다.

그런데 태종은 왕이 되기 전 민씨의 여종을 탐해 첩으로 삼고 있었다. 민씨의 질투는 여기서부터 시작되었다. 왕이 된 후 태종은 여러 후궁을 두었는데, 민씨도 여자였다. 기록에 따르면 이로 인해 다툼이 심했고, 이는 결국 민씨 집안에도 큰 영향을 미쳤다. 민씨의 남동생인 민무구와 민무질은 한때 세자였던 양녕대군과 매우 친했다. 왕권 강화에 집착한 태종에게 민무구와 민무질이 곱게 보일 리 없었다. 민씨와의 사이도 나빠진 상태였다. 결국 외척의 힘을 경계한 태종은 아내의 동생인 민무구와 민무질을 참했다.

재위 기간 및 가족 관계

1418년 8월에 스스로 상왕이 된 태종은 4년간 상왕으로 지내다가 1422년 5월 10일 56세로 생을 마감했다. 재위 기간은 17년 10개월이다. 정비인 원경왕후 민씨와 후궁 9명을 두었다. 적자녀는 4남 4녀, 서자녀는 8남 13녀로 총 12명의 아들과 17명의 딸을 보았다. 역대 왕들 가운데 자녀 수 랭킹 1위다.

함께 읽으면 좋은 페이지 · 왕자의 난(280쪽), 정도전(134쪽)

학문을 사랑한 임금,
책에서 답을 찾다

세종도 처음부터 왕위 계승자는 아니었다

세종은 태종의 3남이다. 원경왕후 민씨의 소생으로 1397
년 4월 10일에 태어났다. 이름은 도(祹)이며, 자는 원정(元正)
이다.

태종은 적장자인 양녕대군 제(禔)를 세자에 봉했으나 폐
세자 되었다. 양녕대군은 세자의 자리보다 주색잡기를 비롯
해 풍류를 더 사랑했다. 양녕대군이 폐위되자 태종의 둘째 아
들인 효령대군 보(補)는 행실을 조심하며 자신이 세자의 자리
에 오르기를 기대했다. 그러나 태종의 마음이 충녕대군, 즉 세
종에게 있다는 사실을 알게 된 후 스님이 되었다. 세종은 어릴
적부터 책 읽기를 좋아하고 인정이 많아 태종의 신뢰를 얻고
있었다. 1418년 6월 양녕대군이 폐세자 되고 세종이 그 자리
에 올랐다. 그로부터 두 달 후, 태종은 세종에게 왕의 자리를
내주고 상왕으로 물러났다. 그때 세종의 나이 스물둘이었다.

책벌레, 호학의 임금 세종

스물두 살에 왕이 된 세종은 마음이 다급했다. 세자 수업을 받지도 못했을뿐더러 준비가 되어 있지 않았다. 세종 또한 얼결에 세자가 된 것이었다. 그는 즉위 초 태종에게 묻거나 태종의 뜻에 따라 정사를 펼치면서 학문에 정진했다. 세종은 책 한 권을 손에 잡으면 최소 서른 번은 읽었다고 한다. 경서는 모두 백 번씩 읽었다고 전해지니, 단순히 책만 읽는 것이 아니라 그 뜻을 자신의 것으로 만들기 위해 부단한 노력을 기울인 것이다.

세종이 왕에 오르고 4년 뒤 태종이 승하했다. 세종은 태종이 만들어놓은 안정적인 왕권을 기반으로 자신이 익힌 바를 사회제도에 접목시켰다. 그는 새로운 제도를 만들 때마다 역사에서 얻은 지혜를 바탕으로 상황에 맞게 단점을 보완했다. 책벌레답게 책에서 답을 찾았고 그 해답을 자신의 것으로 만들어 나갔다.

세종은 우물 안 개구리처럼 제도를 만들어 내는 데만 그치지 않았다. 경서와 사서를 바탕으로 만든 제도를 적용하려면 많은 것이 필요했다. 세종은 지방 관리들을 통해 각 지역의 풍습이나 지형의 특성, 지도, 정보들을 수집해 편리성을 추구했다. 세종 시대에 정비한 제도들은 조선 사회를 지탱하는 제도의 기본이 되었다.

물론 이와 같은 일을 세종 혼자서 이룬 결과물이라 볼 수는 없다. 정인지, 성삼문, 박팽년, 신숙주, 강희안 등 당대의 수재들이 모인 집현전이 활성화되었기에 가능한 일이었다. 많은 책을 편찬하다 보니 인쇄술 또한 빨리 발전했다.

세종은 나라의 의식 때 쓰던 아악을 새로 정리하고, 조선에 적합한 음악을 만들어 장려했다. 기록에 따르면 직접 작곡까지 했다 하니, 다방면으로 재주가 아주 많은 왕이었다.

모두가 사랑할 수밖에 없었던 왕, 남편에게도 출산휴가를 주다

"우리나라 말이 중국 말과 달라서 한자와 서로 통하지 아니하므로, 어리석은 백성이 말하고자 하는 바가 있어도 제 뜻을 능히 나타내지 못하는 이가 많다. 내가 이와 같은 사정을 가엾게 여겨 새로 스물여덟 자를 만들었다. 이는 사람들로 하여금 쉽게 습득하여 날마다 사용함에 있어 편리하도록 하였다." _《훈민정음》 서문

훈민정음은 자음 17자와 모음 11자로 모두 28자다. 서문을 보면 훈민정음이 만들어진 계기를 알 수 있다. 백성들이 어려운 한자보다 쉽게 쓰고 이해할 수 있도록 하고자 훈민정음을 만든 것이다. 그뿐만 아니라 측우기를 비롯해 해시계, 물시계 등을 만들어 백성의 편의를 도모했다. 세종 때 만들어진 측우기는 1639년 이탈리아의 베네데토 카스텔리가 발명한 측우기보다 약 200년 앞선 것이다.

세종은 백성에게 은전(나라에서 은혜를 베풀어 내리던 혜택)도 자주 베풀었다. 사면령도 곧잘 내렸고 징발된 군사들은 늘 기한 전에 돌려보냈다. 노비에 대한 대우도 달리했다. 주인이 가혹한 행위를 함부로 할 수 없게 했고, 노비를 죽인 주인도 처벌 대상이 되었으니 파격적인 일이었다. 또한 7일에 불과한 관비의 출산휴가를 100일로 늘렸으며 남편에게도 출산휴가를

주었다.

고도비만 세종, 성병을 앓다?

"내가 전부터 물을 자주 마시는 병이 있고, 또 등 위에 부종(浮腫)을 앓는 병이 있는데, 이 두 가지 병에 걸린 지 이제 벌써 2년이나 되었다. 그러나 그 병의 뿌리가 다 뽑히지 않은 데다가 이제 또 임질(淋疾)을 얻어 이미 열하루가 되었는데, 번다한 서무를 듣고 재가(裁可)하고 나면 기운이 노곤하다. 이 병을 앓은 자가 모두 말하기를, '비록 나았다가도 다시 발작한다.' 하며, 또 의원이 이르기를, '이 병을 치료하려면 과하게 기뻐하거나 노여워하지 말고 마음을 깨끗이 가지고 화락(和樂)하게 길러야만 한다.'는 것이다. 또 근래에는 기억력이 전보다 많이 감퇴하여 무슨 일을 말하려고 사람을 불러서 오면 문득 말하려던 것을 잊어버리곤 하며, 모든 일이 다 전과 같지 않다." _《세종실록》 20년(1438) 4월 28일

《세종실록》을 보면 임질에 대한 기록이 여러 번 나온다. 그래서 의견도 분분하다. 기록된 임질이 성병이 아니라 요로결석이나 대상포진이 아니었겠냐는 추측이다.

세종은 상당히 살찐 체형이었다고도 전한다. 세종은 육식을 즐겼다. 오죽하면 태종이 "주상이 고기가 아니면 식사를 못하니 내가 죽은 후 상 중에도 고기를 들게 하라"는 유교(遺教)를 내릴 정도였다. 또한 운동을 싫어해 태종이 경기도 관찰사로 하여금 세종에게 운동을 시키라는 명을 내리기까지 했다. 나중에는 정사도 보지 못할 정도로 체력이 떨어졌으며, 독서광이던 그가 책조차 제대로 읽지 못할 지경에 이르렀다. 세종

은 눈병인 안질을 비롯하여 풍질, 종기, 설사, 부종 등 여러 병에 시달리다 세상을 떠났다.

아비 때문에 처가를 모두 잃은 세종

외척을 무척이나 경계한 태종으로 인해 세종은 처가 식구를 모두 잃었다. 세종이 즉위한 뒤에도 태종은 군사 문제를 직접 다루었는데, 세종의 처 작은아버지인 심정이 불평을 토로했다. 이에 태종은 세종의 장인인 심온을 비롯해 처가 일족을 모두 처단하고 남은 식솔들은 혈족들까지 노비로 전락시켰다. 세종의 부인인 소헌왕후 심씨 또한 천비의 신분이 될 수밖에 없었다. 폐비 문제를 거론하고 나선 태종을 설득해 세종은 부인만은 지켜냈다. 그러나 효자인 남편 때문에 심씨는 신분을 회복하지 못한 채 생을 마감했다. 아들인 문종이 왕위에 오르고서야 신분을 되찾았다.

재위 기간 및 가족 관계

갖은 질병을 앓던 세종은 1450년 2월 17일 54세로 졸했다. 재위 기간은 31년 6개월이다. 정비 소헌왕후 심씨를 비롯해 후궁 5명을 두었다. 적자녀 8남 2녀에, 서자녀 10남 2녀로 총 18남 4녀를 두었다.

함께 읽으면 좋은 페이지 · 박연(150쪽), 장영실(155쪽), 맹사성(140쪽)

어린 세자를 부탁하오

30년간 세자로 산 문종

문종은 세종의 장남이자 소헌왕후 심씨의 소생으로 1414년 10월 3일에 태어났다. 이름은 향(珦)이며, 자는 휘지(輝之)다. 세종 3년인 1421년 8세의 나이로 세자에 책봉되었다. 24세인 1437년부터 본격적으로 세종을 보필해 정사를 보았으며, 29세인 1442년부터는 섭정(攝政, 왕을 대신하여 나라를 다스림)했다. 그리고 1450년 2월 17일 세종이 승하하자 즉위했다. 그러나 보위에 오르고 겨우 2년 3개월간 재위하다 병사했다. 약 30년간을 세자로 있으며 그는 왕의 시간을 대신 살다 간 셈이다.

그 아버지에 그 아들

문종도 독서를 좋아했다. 독서광인 아버지를 보고 자랐으니 당연했다. 학문과 학자를 가까이했고 성격이 온순하며 자상했다. 그러나 허약한 몸이 문제였다. 세자 시절 세종을 도와 문무 관리를 고르게 등용했으며, 애민 정책을 펼친 아버지와 마찬가지로 백성의 생활과 형편에 많은 관심을 기울였다. 유학, 천문, 역법, 산술, 서예 등에도 조예가 깊었다. 또 고려 시대의 역사를 정리한 《고려사》와 《고려사절요》를 마무리 지어 편찬했다. 전쟁을 시대순으로 정리해 군사의 안정을 도모하고자 《동국병감(東國兵鑑)》도 편찬했다.

문종은 언론의 자유를 확대하기 위해 6품 이상의 신하들이 청하는 윤대(輪對, 벼슬아치들이 임금에게 정치에 관한 의견을 아뢰던 일)를 허락했다. 3군의 12사 군사 체제를 5사로 바꾸었다. 중군(中軍)을 의흥사, 충좌사, 충무사, 좌군(左軍)을 용양사, 우군(右軍)을 호분사로 했다. 이는 조선 군사제도의 기틀이 되었다. 문종은 이미 세자 시절부터 서무를 보았고 섭정을 했기에 치세에 큰 무리는 없었다. 조정 또한 안정된 상황이었다.

열정이 부른 화근

문종은 세종이 승하하며 삼년상을 치렀다. 이미 그때 등창(등에 난 부스럼)이 곪아 터졌는데 그 구멍이 아물지도 못한 상태였다. 신하들이 극구 말렸으나 소용없었다. 문종의 열정 또한 대단했다. 《동국병감》을 즉위 초에 출간했고 《고려사》와 《고려사절요》를 연이어 편찬했다. 문종은 신하들을 일일이 윤대하며 지나치게 정무에 매달렸다. 아버지를 본받고자 했으니 당연히 부담감도 컸다. 정사에 몰두하고자 한 욕심이 결국 화를 불렀다. 문종은 삼년상이 끝난 3개월 뒤 39세의 나이로 졸했다.

측우기는 문종이 만들었다?

"……근년 이래로 세자가 가뭄을 근심하여 비가 올 때마다 젖어 들어간 푼수[分數]를 땅을 파고 보았었다. 그러나 정확하게 비가 온 푼수를 알지 못했으므로 구리를 부어 그릇을 만들고는 궁중(宮中)에 두어 빗물이 그릇에 괴인 푼수를 실험했는데……."

_《세종실록》 23년(1441) 4월 29일

실록에서 측우기에 관한 기록을 보면 1441년 8월에 호조가 측우기를 설치할 것을 건의하여 서운관에서 측우기를 제작했다는 기록이 나온다. 그리고 다음 해 5월에는 측우에 관한 제도를 새로 제정했다고 한다. 처음 언급한 기록을 보면 세자, 즉 문종이 이미 푼수 실험을 하고 있었다는 것을 알 수 있다. 문종이 먼저 발명하고 장영실을 비롯한 여러 사람의 도움으로 측우기가 만들어진 것이다. 그러므로 측우기는 장영실과 세종의 발명품이 아니라 문종의 발명품으로 보아야 한다.

처복이 없었던 문종

문종의 첫째 세자빈은 돈녕부판사(敦寧府判事) 김구덕의 손녀이자 김오문의 딸이다. 세종 9년에 휘빈으로 봉해졌다. 그러나 휘빈 김씨는 문종의 사랑을 얻지 못했다. 김씨는 문종의 총애를 얻기 위해 비방을 쓰다 발각되었다. 실록에서는 김씨의 방술을 아래와 같이 기록하고 있다.

"남자가 좋아하는 부인의 신을 베어다가 불에 태워 가루를 만들어 술에 타서 남자에게 마시게 하면, 자신은 사랑을 받게 되고 그쪽 여자는 멀어져서 배척을 한다 했다. 이에 김씨는 효동과 덕금, 두 시녀의 신을 가지고 시험했다. 효동과 덕금은 김씨가 시기하던 이들이었다. 또 그 술법이 통하지 않자 다른 방도를 알아냈는데, 뱀이 서로 교접할 때 흘린 정기를 수건으로 닦아서 차고 있으면 반드시 남자의 사랑을 받는다 했다. 이러한 술법이 발각되어 김씨는 폐위되었다."

_《세종실록》11년(1429) 7월 20일

둘째 세자빈은 지돈녕부사(知敦寧府事) 봉여의 여식이다. 그러나 세자빈 봉씨는 남자보다 여자를 더 좋아해 폐출되었다. 봉씨에 대한 기록은 아래와 같다.

"봉씨가 궁궐의 여종 소쌍(召雙)이란 사람을 사랑하여 항상 그 곁을 떠나지 못하게 하니, 궁인들이 혹 서로 수군거리기를, '빈께서 소쌍과 항상 잠자리와 거처를 같이한다.'고 했다. 어느 날 소쌍이 궁궐 안에서 청소를 하고 있는데 세자가 갑자기 묻기를, '네가 정말 빈과 같이 자느냐.'고 하니, 소쌍이 깜짝 놀라서 대답하기를, '그러하옵니다.' 했다. 그 후에도 자주 듣건대, 봉씨가 소쌍을 몹시 사랑하여 잠시라도 그 곁을 떠나기만 하면 원망하고 성을 내면서 말하기를, '나는 너를 매우 사랑하나, 너는 그다지 나를 사랑하지 않는구나.' 했다."

_《세종실록》18년(1436) 10월 26일

셋째 세자빈은 단종의 어머니인 현덕왕후 권씨다. 권씨는 권전의 딸로, 문종이 세자로 있던 시절 후궁이 되었다. 그러나 세종 23년(1441) 7월 24일, 단종을 낳고 이틀 만에 명을 달리했다. 왕이 된 후로 문종은 따로 왕비를 두지 않았고, 대신 죽은 권씨를 왕비로 추존했다.

재위 기간 및 가족 관계

　문종은 1452년 5월 14일 경복궁 천추전에서 39세로 졸했다. 재위 기간은 2년 3개월이다. 추촌된 현덕왕후 권씨와 후궁 둘을 두었다. 현덕왕후 권씨의 소생 1남 1녀와 후궁에게서 1녀를 두어 총 1남 2녀의 소생이 있다.

충신들에게
영원한 왕으로 남다

혈혈단신으로 왕위에 오르다

단종은 문종의 장남으로 현덕왕후 권씨의 소생이다. 1441
년 7월 23일에 태어났으며 이름은 홍위(弘暐)이다. 단종은
1448년 세종이 살아 있을 당시 왕세손으로 책봉되었다. 그리
고 문종이 왕위에 오르자 세자로 책봉되었다. 1452년 5월 14
일 문종이 승하하자 왕위에 올랐다. 그때 나이 12세였다. 홀로
정사를 펼치기엔 너무 어렸다. 어린 왕이 즉위하면 대비나 왕
대비가 수렴청정, 즉 왕을 도와 정사를 보았다. 그러나 어머니
인 현덕왕후 권씨는 단종을 낳고 이틀 만에 죽었고, 할머니가
되는 소헌왕후 심씨 또한 1446년에 생을 마감했다. 단종은 그
야말로 혈혈단신이었다.

권력의 소용돌이에 휘몰린 어린 왕

단종에게는 숙부가 여럿 있었다. 세종의 소생으로 수양대
군과 안평대군, 임영대군, 광평대군, 금성대군, 평원대군, 영웅

대군이다.

- 안평대군은 왕위를 찬탈하려 한 수양대군과 달리 어린 단종을 왕위에 그대로 둔 채 대신들과 함께 정권을 잡으려다 수양대군에 의해 유배되어 사사되었다.
- 임영대군은 왕좌를 차지한 수양대군을 보필하며 영화를 누렸다.
- 광평대군은 일찍 요절했다.
- 금성대군은 계유정난으로 수양대군이 정권을 잡자 단종을 보호하러 나섰다 유배되었다. 훗날 단종 복위를 꾀하다 역모죄로 처형당했다.
- 평원대군은 병으로 세종 시절 요절했다.
- 영응대군의 기록은 별다른 것이 없다. 다만 세조가 왕에 오른 후까지 살아 있었으며 33세에 명을 다했다. 단종이 보위에 오를 때 그의 나이 17세였다.

어린 단종이 왕위에 오르자 대군들도 사람인지라 왕의 자리를 탐냈다. 본격적으로 야망을 드러낸 이는 수양대군과 안평대군이다. 수양대군은 왕의 자리를 탐냈고, 안평대군은 대신들과 함께 정권을 장악하려 했다. 형제간인 두 숙부의 전쟁에 조카 단종은 희생양이 되었다.

문종은 승하하기 전 집현전 학사 등에게 단종을 부탁했다. 또한 황보인, 김종서 등에게도 단종을 보필해달라고 청했다. 수양대군은 시간을 끌지 않았다. 단종을 보필하던 이들을 제거했다. 그럼으로써 수양대군은 실질적인 모든 권력을 잡아챘다. 수양대군의 사람이었던 한명회 등이 단종을 회유했고, 결국 단종은 15세인 1455년 윤6월 11일 왕좌를 내어놓으며 최연소 상왕이 되었다.

사육신과 생육신

단종이 상왕이 된 지 1년이 지난 1456년, 단종 복위운동이 일어났다. 복위를 꾀한 이들은 대부분 집현전 학자 출신이었다. 세종과 문종 대를 거치며 쌓인 그들에 대한 의리와 어린 단종에 대한 연민, 세조의 무력 행사에 대한 반발이 사건의 발단이었다. 물론 그들이 누려온, 앞으로 누려야 할, 펼쳐야 할 야망도 한몫했다. 그러나 김질이 장인인 정창손과 함께 이 사실을 밀고하는 바람에 거사는 실패로 돌아갔다.

이때 죽임을 당한 성삼문, 박팽년, 하위지, 이개, 유응부, 유성원이 사육신(死六臣)으로, 벼슬을 버리고 절개를 지킨 김시습, 원호, 이맹전, 조려, 성담수, 남효온이 생육신(生六臣)으로 남았다. 이 사건으로 상왕에 있던 단종은 노산군(魯山君)으로, 노산군에서 서인으로 강등되어 유배되었다.

영월, 무수한 전설을 만든 단종의 비애

서인이 된 단종은 영월로 유배되었다. 유배된 후 자살을 강요받던 단종은 그해 17세의 나이로 자결했다. 실록에서는 "노산군이 스스로 목매어서 졸(卒)하니, 예(禮)로써 장사 지내다."라고 전하고 있다. 그리고 자손들은 종친록(왕실 족보의 하나)과 유부록(한 집안의 적통 이외의 같은 핏줄의 종파와 계통에 따라 분류하여 적어놓은 책)에서 삭제되었다.

_《세조실록》 3년(1457) 10월 21일

어린 단종의 슬픔은 많은 전설을 만들어냈다. 아무도 단종의 시신을 거두지 않아 강물로 떠내려가는 것을 영월 호장(戶長)이었던 엄홍도가 지금의 장릉 자리에 암장하고 세조의 보복이 두려워 종적을 감췄다는 장릉 설화, 단종을 모셨던 시녀들이 동강 절벽에서 떨어져 죽었다는 낙화암 전설, 그 외에도 추익한 설화, 어라연 전설, 박충원 설화 등이 있다. 단종은 200년 후인 1698년 숙종 24년에 임금으로 복위되었다.

재위 기간 및 가족 관계

단종은 1457년 10월 24일 영월에서 생을 마감했다. 재위 기간은 3년 2개월이었고 왕비는 정순왕후 송씨다. 소생은 없다.

함께 읽으면 좋은 페이지 · 세조(40쪽), 성삼문(164쪽), 신숙주(173쪽), 김종서(159쪽), 단종 복위 운동(288쪽)

피의 군주가 되다

조카를 몰아내고 왕위를 찬탈하다

세조는 세종의 둘째 아들이자 문종의 동생이다. 소헌왕후 심씨의 소생으로, 1417년 9월 29일에 태어났다. 이름은 유(珤)이며, 자는 수지(粹之)이다.

학문을 좋아한 문종과 달리 그는 무인의 기질이 다분했다. 무예, 활쏘기, 말타기에 능했으며 병서를 많이 읽었다. 형인 문종이 죽고 어린 조카 단종이 즉위하자 세조는 재상들에게 불만을 품게 되었다. 왕의 자리도 탐났다. 이때 무인의 불같은 기질이 드디어 폭발했다.

세조는 단종이 왕위에 오른 1453년에 무사를 이끌고 왕을 보필하던 김종서를 살해했고, 영의정으로 있던 황보인, 이조판서 조극관 등을 궐문에서 죽이거나 유배시켰다. 경쟁자로 떠오른 안평대군도 유배시킨 뒤 사사했다. 이것이 바로 계유정난(癸酉靖難)이다. 한차례 피의 향연이 펼쳐진 후 정권을 잡은 세조는 곧바로 즉위하지 않았다. 그는 영의정부사, 이조, 병조판서, 내외병마도통사 등을 겸임하며 모든 군권을 장악했다. 무력으로 권력을 잡은 세조는 불안할 수밖에 없었다. 다른 누군가도 자신과 같이 무력을 행사할 수 있었기 때문이다. 따라서 세조는 왕좌보다 군사를 철저히 자신의 것으로 만들 필요가 있었다.

1455년 윤 6월 11일, 세조는 단종을 몰아내고 왕좌를 차지했다. 그때 나이 39세였다.

피의 군주인가, 타고난 군주인가

앞서 언급했듯, 세조는 왕이 되기 전 세종과 문종, 단종을 보필했던 재상들을 여럿 죽이고 유배시켰다. 그러던 중 단종 복위운동이 일어났다. 복위운동을 일으킨 이들은 대부분 집현전 학자 출신들이었다. 이들은 명나라 사신을 접대하는 연회장에서 세조를 제거하려 했으나 실패로 돌아갔다. 세조는 이 기회를 놓치지 않았다. 1456년 7월에 계획을 주도한 성삼문, 이개, 하위지, 유응부 등을 수레에 찢겨 죽임을 당하는 거열형(車裂刑)에 처했고, 그들의 가족도 목을 매어 죽이는 교형(絞刑)에 처했다. 집안의 여자들은 노비가 되었다. 이 참혹한 형벌은 조정의 신료들이 모두 입회한 상태에서 진행되었다. 도성 안은 피비린내로 진동했다. 세조는 그날의 끔찍한 광경으로 모두에게 경고했다. 자신에게 도전하는 자의 최후를 만천하에 보여준 것이다.

왕이 된 세조는 태조와 마찬가지로 육조직계제를 부활시켰다. 육조직계제란, 왕의 명령을 의정부에서 한 차례 거르는 것이 아니라 육조에 바로 전달하는 것이다. 육조 또한 의정부를 거치지 않고 왕에게 바로 국무를 보고하도록 했다. 세조도 태조와 마찬가지로 왕권을 강화하는 것이 급선무였다. 그리고 자신을 도운 한명회, 신숙주, 권람 등을 최측근으로 두며 주위를 경계했다.

세조는 무인답게 군사제도와 북방 개척에 힘을 썼다. 두만강 건너 야인을 소탕하고 백성의 안전을 도모하여 이주시키기도 했다. 군대의 양식을 확보하기 위해 각도에 토지제도인 둔전제(屯田制)도 실시했다. 전직, 현직 관료들에게 토지를 지급하던 과전법(科田法)을 고쳐서 현직 관료들에게만 지급하도록 직전법(職田法)을 만들어 국가 재정에 기여했다. 그리고 30년이 지나 성종 대에 완성된 조선의 법전인 《경국대전》의 편찬 작업을 시작했다.

악몽에 시달린 세조, 형수인 현덕왕후 권씨의 무덤을 파헤치다?

현덕왕후 권씨가 꿈에 나타나 "네가 죄 없는 내 자식을 죽이려 하니, 나 또한 네 자식을 죽이겠다."라고 했다. 그런데 세자(덕종)가 정말로 명을 다했다. 이에 세조는 현덕왕후의 능을 파헤치고 소나무들을 뽑았으며 관은 강물에 던져버렸다. 야사에 전하는 이야기다.

세조의 큰아들이자 세자였던 의경세자는 세조가 즉위하고 2년 만인 1457년 9월 2일에 명을 다했다. 젊은 나이로 병을 얻어 요절한 것이다. 야사와 달리 세조는 이미 세자가 죽기 전에 현덕왕후 권씨의 묘를 이장했다.

"……어미는 아직도 명위(名位)를 보존하고 있으므로 마땅하지 않

으니, 청컨대 추후하여 폐(廢)하여서 서인(庶人)으로 만들어 개장
(改葬)하소서 하니, 그대로 따랐다." _《세조실록》 3년(1457) 6월 26일

그 후 9월 7일에 현덕왕후 권씨의 신주(神主, 죽은 사람의 위해)와 의물(儀物, 장사 지낼 때 쓰는 여러 가지 물건을 이르던 말)을 일찍이 이미 철거했으니, 그 고명(誥命, 일종의 임명장)과 책보(冊寶, 왕이나 왕비의 존호를 올릴 때에 함께 올리던 옥책玉冊과 금보金寶를 아울러 이르는 말)와 아울러 장구(粧具, 장신구)를 해당 관사로 하여금 거두어 깊이 보관하라 명했다.

노산군에서 서인으로 강등된 단종을 따라 현덕왕후 권씨도 신원이 강등됐다. 야사에서 전하는 것처럼 관을 훼손한 것은 아니나, 묘를 파헤쳐 다른 곳으로 옮긴 것은 사실이다.

세조 역시 사람이니 당연히 악몽에 시달렸다. 어린 조카를 폐하고 죽였으니 두 다리 쭉 뻗고 편하게는 살지 못했을 것이다. 더군다나 금지옥엽 아들인 세자가 병을 얻어 시름시름하니, 원망 아닌 원망이 현덕왕후에까지 미쳤다.

그 남편에 그 부인

세조의 부인 정희왕후 윤씨는 윤번의 딸로, 1428년 세조와 가례를 올렸다. 세조가 김종서 등 단종을 보필하던 이들을 제거하고 정난을 일으킬 당시 정신적으로 큰 힘이 되었다. 그녀는 망설이는 세조를 다독이며 독려했다. 태종의 부인 민씨와 마찬가지로 여장부의 기질이 다분했다.

세조가 왕위에 오른 후 정희왕후 윤씨의 특별한 행보는 기록된 바가 없다. 그러나 세조가 죽고 어린 예종이 왕위에 오

르자 수렴청정을 하기 시작했고, 예종 또한 일찍 승하하자 한명회와 결탁하여 성종, 즉 의경세자(세조의 죽은 큰아들)의 둘째 아들을 왕좌에 앉혔다. 성종 또한 어린 나이로 즉위하자 또다시 그녀가 수렴청정을 시작했다. 정희왕후 윤씨는 과감하고 결단력 있는 판단으로 정치를 펼치며 왕권을 안정시키고자 했다. 남편이 죽고 난 후 여장부 기질을 다시 발휘한 것이다.

재위 기간 및 가족 관계

세조는 1468년 9월 8일 52세로 졸했다. 예종에게 선위한 다음 날이다. 재위 기간은 13년 3개월이다. 정비 정희왕후 윤씨에게서 2남 1녀를, 후궁 근빈 박씨에게서 2남을 두어 총 4남 1녀다.

함께 읽으면 좋은 페이지 · 계유정난(284쪽), 단종 복위 운동(288쪽), 김종서(159쪽),
신숙주(173쪽), 한명회(169쪽)

젊은 왕의 갑작스런 죽음

실로 저주일까?

예종은 세조의 차남, 즉 둘째 아들이다. 어머니는 정희왕후 윤씨다. 1450년 1월 1일에 태어났으며 이름은 황(晄), 자는 명조(明照)다.

해양대군에 책봉되었다가 형인 의경세자(성종의 아버지)가 일찍 명을 달리하자 8세의 나이로 세자가 되었다. 그런데 예종 또한 보위에 오르고 1년 2개월 만에 병으로 요절했다. 그의 나이 20세였다. 어린 조카를 몰아내고 왕위를 찬탈한 아버지 세조로 인해 의경세자와 예종을 따라다니는 풍문이 있다. 바로 단종의 어머니인 현덕왕후 권씨의 저주를 받았다는 것이다. 야사에 따르면 세조와 의경세자, 예종 모두 악몽에 시달렸다고 전한다.

즉위 당시 19세였던 예종은 정희왕후의 수렴청정을 받았다. 그리고 신숙주와 한명회, 구치관 등이 원상(院相)으로 있었는데, 원상이란 어린 임금을 보좌하며 국정을 의논하고 결정하는 임시 벼슬로, 일종의 섭정 제도이다. 예종의 정사 능력을 걱정한 세조의 대비책이었다. 예종은 수렴청정과 원상의 보좌를 받으며 14개월 동안 정사를 보았다.

혈기 왕성한 젊은 왕, 내 자리는 내가 지킨다

예종 치세 중에 가장 큰 사건은 남이(南怡) 역모 사건이다. 남이는 왕실의 종친으로 태종의 외증손이다. 남이의 할머니가 태종의 넷째 딸인 정선공주(貞善公主)다.

남이는 16세에 무과에 급제하고, 세조 때인 26세에 이시애의 난으로 적개 1등공신이 되어 의산군에 책봉되었다. 세조 13년에는 병조판서가 되었다. 그의 나이 27세였다. 아주 숨가쁜 승진에다 종친은 벼슬을 할 수 없는 관례를 깬 인사였다.

남이는 특히 활쏘기 재주가 뛰어나기로 유명했는데, 세조가 승하하기 전 조선에 온 명나라 사신은 남이의 활 쏘는 솜씨를 보고는 감탄했다고 한다. "이와 같은 훌륭한 장수는 세상에서 얻기 어려운데, 이 같은 사람이 좌우를 모시었으니 전하는 무엇이 두렵겠습니까?" _《세조실록》 14년(1468) 5월 18일

또한 사람들에게 과시하고자 남이가 쏜 활과 화살을 달라고 청하기도 했다. 남이는 세조의 총애를 한 몸에 받았다. 그러나 남이는 예종이 보위에 오르자마자 겸사복장으로 좌천되었다. 예종의 견제를 받은 것이다. 그리고 유자광에 의해 남이는 고변을 당하게 된다. 역모를 꾀하려 한다는 것이었다. 남이는 고변을 당하고 얼마 뒤 목숨을 잃었다. 아주 젊은 나이에 국방의 최고 관직을 지내다 새로운 왕이 즉위한 후 형장의 이슬로 사라졌다.

아마도 예종은 젊고 능력 있는 남이에게 왕의 자리를 빼

앗길까 노심초사한 것 같다. 그러나 예종 또한 남이 역모 사건 이후 얼마 지나지 않아 생을 달리했다. 실록에는 예종이 병을 앓았다는 기록이 간간이 보이지만, 예종 승하 기록에 병명에 대한 언급은 없다. 이를 두고 훈구파에 의해 타살되었다고 주장하는 이들도 있다.

예종은 직전수조법(職田收租法)을 시행하여 각 도, 읍에 있는 둔전(屯田, 변경이나 군사 요지에 주둔한 군대의 군량을 마련하기 위하여 설치한 토지)을 일반인이 경작할 수 있도록 허락했다. 우리나라 최초의 법전인《경국대전》을 지어 올리게 했으나 반포는 보지 못했다.

재위 기간 및 가족 관계

1469년 11월 28일에 졸했고, 재위 기간은 1년 2개월이다. 첫째 부인인 장순왕후 한씨는 한명회의 여식으로 인성대군을 낳고 17세에 죽었다. 인성대군 또한 일찍 졸했다. 둘째 계비는 안순왕후 한씨이다. 자녀는 인성대군을 포함하여 총 2남 1녀를 두었다.

일과 여자를 모두 사랑한 성군

장인으로 인해 왕이 되다

성종은 세조의 큰아들인 의경세자(덕종으로 추종)의 둘째 아들이다. 인수대비(소혜왕후)의 소생으로 1457년 7월 30일 세자궁에서 태어났다. 이름은 혈(娎)이다. 예종이 갑자기 승하하자 왕의 자리를 두고 의견이 분분할 수밖에 없었다. 예종의 적장자 제안대군은 그 당시 3세로 너무 어렸다. 그렇다면 의경세자의 큰아들, 즉 성종의 형인 월산대군이 있었다. 그러나 월산대군은 병약하다는 이유로 후보에서 밀려났다.

당시 최고의 권력자였던 한명회와 세조의 부인인 정희왕후의 정치적인 결탁으로 성종이 보위에 오를 수 있었다. 한명회는 예종의 장인이기도 했지만 성종의 장인이기도 했다. 큰딸은 예종에게 시집갔고, 둘째 딸은 성종에게 출가했다. 성종이 즉위한 날인 1469년 11월 28일 기록을 보면 성종이 미처 아뢰기도 전에 부름을 받고서 대궐에 들어왔다는 기록이 있다. 이미 예종의 뒤를 이을 인물로 사전에 내정했다고 할 수 있다. 궐의 어른이었던 정희왕후는 세조가 성종의 기상과 도량을 태조(太祖)에게 견주기까지 했다는 이유로 그를 추천했다.

대간들로 대신을 견제하다

성종은 예종과 마찬가지로 정희왕후의 수렴청정과 원상의 보좌를 받으며 제왕 수업에 충실했다. 처음부터 학문에 관심이 많았던 성종은 하루 세 번 강연과 야대(왕이 밤중에 신하를 불러 경연經筵을 베풀던 일)까지 행하며 열중했다. 1469년 13세의 나이로 즉위한 성종은 1476년부터 친정을 시작했다. 이때부터 성종은 사림을 등용하며 훈구 세력을 견제했다. 재상들이 실질적으로 정사를 보았으므로, 사림 등용은 왕권 강화를 위한 조치였다. 그리고 또 하나가 바로 대간이다.

대간(臺諫)은 대관(臺官)과 간관(諫官)을 아울러 이르는 말이다. 대관은 사헌부의 대사헌 이하 지평까지의 벼슬을 통틀어 이르는 말이고, 간관은 사간원과 사헌부에 속해 임금의 잘못을 간하고 백관의 비행을 규탄하는 일을 맡았다. 성종은 대간의 활동을 적극적으로 지지했다. 이들은 벼슬아치들의 잘잘못을 탄핵함으로써 대신들의 세력을 약화시키는 중요한 임무를 맡았다.

그 대표적인 예가 장인인 한명회를 하옥시킨 일이다. 한명회가 대죄(待罪)하며 곧 명을 거두긴 했지만, 성종으로서는 훈구 세력에 맞서기 위한 강력한 방안이었다. 그러나 대간의 정도가 지나쳐 성종이 죽기 전에 이런 말을 남겼다.

"대간의 말이라도 들어줄 만하면 들어주고, 들어줄 수 없는 것이면 들어주지 않는 것이니, 말하는 사람도 스스로 그만두는 것이

마땅하다. 지금은 호랑이 두 마리가 서로 싸우는 것과 같으니, 참으로 아름다운 풍습이 아니다." _《성종실록》 25년(1494) 5월 5일

바로 대간과 대신을 두고 한 소리였다. 그 정도가 얼마나 심했는지 가늠할 만한 기록이 있다. 재이(災異), 흙비나 하늘의 재앙도 대신들의 탓으로 돌아갔다. 대간은 왕의 눈과 귀이나 본질에서 벗어나 차질을 빚는 일이 많다고 성종이 한탄할 정도였다.

성종 시대에는 이전과 달리 폭력적인 사건이 없었다. 왕이 행사할 수 있는 권력이 아무리 공적이라지만 사적 감정이 내포되어 알력을 빚게 마련이다. 그러나 성종 시대에는 그런 사건이 없었고, 이는 성종의 성품을 엿볼 수 있는 부분이기도 하다.

조선 최초의 법전인 《경국대전》을 완성하다

약 100년 동안 반포하지 못했던 《경국대전》을 드디어 완성했다. 《경국대전》은 조선 최초의 법전으로 고려 말부터 편찬 작업이 진행된 법전이다. 《경국대전》에는 여러 제도를 비롯해 왕과 왕실을 주체로 신하와 품계, 그들이 받는 임금(월급), 지금으로 따지면 여러 관공서 등이 아주 체계적으로 잘 정리되어 있다. 성종 치세 중 가장 큰 업적으로 볼 수 있다. 이 법전은 조선왕조 내내 기본 법전으로 사용되었다.

이 외에 성종은 숭유억불 정책을 시작해 불교를 배척했다. 유교정치를 추구했으며 학문 연구에도 힘썼다. 재위 기간에 《국조오례의》, 《삼국사절요》, 《동문선》, 《동국여지승람》, 《동국통감》, 《악학궤범》 등 많은 책을 편찬했다.

일도 여인도 사랑한 임금

성종의 첫째 왕비는 언급했듯 한명회의 여식인 공혜왕후 한씨다. 그러나 성종이 보위에 오르고 소생 없이 19세에 졸했다. 둘째 계비는 모두가 잘 아는, 연산군의 어머니인 폐비 윤씨이다. 윤씨는 후궁으로 있을 당시 성종의 총애를 많이 받았는데, 중전의 자리가 비자 곧바로 국모가 되었다. 그해 연산군을 낳음으로써 입지를 더욱 굳혔다. 그러나 1년 뒤 비상을 숨긴 것이 발각되어 빈으로 강등되었다가 성종 10년(1479)에 폐비되었다. 후궁과 합방 중인 성종을 쫓아가 얼굴에 손톱자국을 냈기 때문이다. 그로부터 3년 뒤 사약을 받았다. 성종의 셋째 계비는 정현왕후 윤씨로, 그녀 또한 후궁으로 있다가 중전이 되었다. 이 밖에도 성종은 명빈 김씨, 귀인 정씨, 귀인 엄씨, 숙의 홍씨, 숙의 김씨, 숙용 심씨, 숙용 권씨까지 후궁이 9명이었다. 가장 많은 소생을 본 후궁은 숙의 홍씨로 7남 3녀를 두었다.

성종은 3명의 정비와 9명의 후궁 사이에서 16남 12녀, 총 28명의 자식을 두었다. 역대 자녀수 랭킹 2위이다.

재위 기간 및 가족 관계

성종은 25년 1개월 동안 왕위에 있다가 1494년 12월 24일 창덕궁 대조전에서 졸했다. 그의 나이 38세였다. 실록을 보면 배꼽 밑에 종기가 있는데 약을 써야겠다는 기록이 있다. 그리고 그 기록이 작성된 날 승하했다. 이 시기 성종은 많이 야위었으며 배꼽 밑의 종기가 혹처럼 불룩 튀어나와 만져지기까지 했다니, 기록을 토대로 그의 병을 유추하면 오늘날의 암으로 추정된다. 가족 관계는 위에 언급했으므로 생략한다.

왕권과 욕망의 차이

순조로운 즉위

연산군은 성종의 장남이다. 폐비 윤씨의 소생으로 1476년 11월 6일에 태어났으며, 이름은 융(㶕)이다. 역대 왕들과 달리 특이한 점은 생모가 사사되었다는 것이다. 8세 때 세자로 책봉되어 12년 동안 세자 수업을 거쳤다. 성종이 승하하자 19세의 나이로 즉위했다. 애초 학문을 싫어하고 성격이 거칠었다고 전하고는 있으나 이는 폭군으로 남은 그의 발자취에 대한 평가일 수도 있다.

연산군은 성종의 셋째 계비인 정현왕후 윤씨가 자신의 어머니인 줄 알고 자랐다. 그러나 왕위에 오른 후 성종의 묘지문(墓誌文)을 쓸 때 생모인 폐비 윤씨의 일을 알게 되었다. 연산군에겐 큰 충격이었다. 그러나 그는 비통함을 숨긴 채 정사를 보았다.

삼사를 본보기로 왕권을 잡다 – 무오사화

삼사(三司)는 사헌부, 사간원, 홍문관(왕의 자문에 응하는 일을 맡던 관청. 왕에게 옳고 그름을 논하거나 간언하는 곳으로 사헌부와 사간원의 합계에도 왕이 그 간언을 듣지 않으면 마지막 홍문관을 합해 3사 합계로 간언했다)을 뜻한다. 성종의 왕권 강화책을 이야기하면서 언급한 대간이다. 언론기관인 이들은 성종의 지지를 받으며 대단한 위세를 떨쳤다. 연산군은 이것이 불만이었다. 자유롭고 강력해야 할 왕권이 이들로 인해 약화된 셈이었다. 연산군은 이를 두고 윗사람을 능멸한다는 이유로 능상(凌上)이라 규정하고 이들을 제압하려 들었다. 그 첫 본보기가 무오사화였다.

사건의 발단은 세조를 비판한 김종직과 김일손의 사초(史草, 조선 시대에 사관이 기록해둔 사기史記의 초고. 실록의 원고가 되었다)였다. 이는 연산군이 만들어놓은 죄목인 능상에 해당하는 일이었다. 김종직이 자신의 할아버지인 세조를 능멸했기 때문이다.

연산군은 숙청을 단행했다. 시작은 사초였으나 목표는 삼사였다. 사화로 처벌된 사람은 모두 52명으로 사형이 6명, 유배가 31명, 파직, 좌천이 15명이었다. 일종의 경고인 셈이었다. 이 일로 삼사는 일단 위축되었다.

왕권을 욕망을 해소하는 도구로 삼다 – 갑자사화

무오사화로 왕권을 되찾은 연산군은 그 힘을 제대로 사용하지 못했다. 즉 왕권과 욕망 사이에서 중심을 잡지 못하고 왕권을 욕망을 해소하는 도구로 사용하기 시작한 것이다. 민가를 헐어 사냥터로 사용하는 한편 홍청을 만들어 전국에서 기생을 뽑아 올리게 했고, 그만큼 연회를 자주 열었다. 나라의 재정은 바닥이 났다. 무오사화로 잠잠해졌던 삼사는 다시 간쟁을 시작했다. 대신들 또한 삼사의 편으로 돌아설 수밖에 없었다. 이는 연산군이 고립되고 삼사와 대신들이 합세하는 것으로 중종반정에 큰 역할을 했다.

갑자사화의 발단은 1503년 예조판서 이세좌가 연산군이 내린 술을 실수로 엎지르며 시작되었다. 또 1504년 손녀를 입궐시키라는 왕명을 즉시 받들지 않은 경기도 관찰사 홍귀달 때문이기도 했다. 연산군은 이를 능상에 해당하는 일로 지목했고, 화살은 당연히 삼사로 돌아갔다. 능상의 죄를 삼사가 탄핵하지 않았다는 것이다. 이 사건은 곧 폐비 문제로 번졌다. 이때 많은 이가 죽었는데, 이미 죽은 자들 또한 폐비 윤씨 사건과 관련이 있다 하여 한명회, 정창손, 윤필상, 성준, 한치형 등이 부관참시(剖棺斬屍, 죽은 뒤에 큰 죄가 드러난 사람을 극형에 처하던 일. 무덤을 파고 관을 꺼내어 시체를 베거나 목을 잘라 거리에 내걸었다)되었다.

고립된 연산군의 불안한 마음은 분노로 변했고, 그 분노는 갑자사화 때 많은 피를 불렀다. 분노의 끝을 보여주는 사건은 자신의 서모를 죽인 일이다. 성종의 후궁인 엄씨와 정씨는 폐비 윤씨 사건에 관련이 있었다. 연산군은 이들을 대궐 뜰에 결박해놓고 그들의 소생으로 하여금 곤장을 치게 했다. 정씨의 아들인 안양군과 봉안군이 자신의 어머니임을 알고 머뭇거리자 연산군은 사람을 시켜 갖은 참혹한 짓을 해 마침내 죽였다. _《연산군일기》 10년(1504) 3월 20일 또한 엄씨와 정씨의 시신을 찢어 젓을 담가 산과 들에 버렸다는 기록도 있다.

1506년 9월, 연산군은 중종반정으로 왕좌에서 쫓겨났으며, 그로부터 두 달 뒤인 11월 6일에 역질로 생을 마감했다. 당시 그의 나이 31세였다.

흥청망청은 연산군이 만들었다

연산군은 팔도에서 기생을 뽑아 올리게 했다. 그리고 궐에 들어온 그들을 흥청(興靑)이라 불렀다. 연산군은 흥청들과 함께 밤낮으로 놀아났다. 중종반정 이후 연산군이 폐위되고 목숨까지 잃게 되자, 흥청들과 놀다 망했다는 뜻으로 흥청망청이란 말이 백성들에 의해 생겨났다.

재위 기간 및 가족 관계

재위 기간은 11년 10개월이다. 정비는 폐비 신씨로 2남 1녀를 두었고, 후궁이 있었으나 장녹수를 빼면 기록은 없다. 다만 후궁에게서 2남 1녀를 두어, 총 4남 2녀를 보았다. 연산군 때 유명한 기생 출신으로 종3품의 숙용(淑容)까지 오른 장녹수는 중종반정으로 목숨을 잃었다.

연산군은 폐위되며 '조'나 '종'이 아닌 '군'이라는 묘호가 붙었고, 그의 기록은 '실록'이 아닌 '일기'로 불렸다. 종묘에 올라가지 못했고, 그의 묘도 '능'이 아니라 '묘'로 분리되었다.

함께 읽으면 좋은 페이지 · 무오사화(292쪽), 갑자사화(296쪽)

허수아비 왕은
되지 않을 것이다

조선의 첫 반정으로 왕위에 오르다

중종은 성종의 둘째 아들이다. 성종의 셋째 계비 정현왕후 윤씨의 소생으로, 1488년 3월 5일에 태어났다. 이름은 역(懌)이고, 자는 낙천(樂天)이다. 연산군의 이복동생으로 진성대군에 책봉된 그는 1506년 박원종, 성희안 등이 반정을 일으킨 덕에 왕이 되었다. 그때 나이 19세였다. 반정으로 왕이 된 만큼 중종은 힘이 약했다. 그에겐 훈구대신들을 견제할 힘이 필요했다. 중종은 조광조를 비롯해 사림을 대거 등용해 성종의 뜻을 이어 도학정치를 펼치려 애썼다.

스스로 판 무덤, 기묘사화

성리학을 바탕으로 조광조와 신진 사류들은 중종을 발판삼아 힘을 길러갔다. 그러나 숨 고를 새도 없이 지나치게 급진적인 정책을 시행하는 바람에 중종 자신도 염증을 느끼게 된다. 신진 사류가 자신들의 뜻에 따라 왕을 가르치려 한 것이 화근이었다. 그러던 중 이들은 중종반정 후 공신으로 책봉된 자들이 터무니없이 많다는 것을 지적, 117명 중 76명을 공신에서 삭제하고 그들의 작위와 전답, 노비 등도 모두 빼앗을 것을 주장했다. 이것은 엄연히 훈구파에 대한 전쟁 선포였다. 훈구파의 반발은 거세졌고, 중종은 조광조의 개혁 정책이 자신의 왕권마저 위협하는 것으로 느꼈다.

중종의 심중을 파악한 훈구파는 중종의 후궁인 홍경주의 딸을 이용해 궁중 나뭇잎에 꿀을 발라 주초위왕(走肖爲王), 즉 '조씨가 왕이 된다'는 글을 써놓고 벌레로 갉아 먹게 했다. '주(走)'와 '초(肖)'를 합친 조(趙)씨, 즉 조광조가 반역을 꾀해 왕이 되려 한다는 모함이었다. 이 사건이 아니더라도 반정을 주도한 공신들을 삭제하는 것은 중종에게도 썩 기분 좋은 일은 아니었다. 어찌 되었건 자신을 왕으로 옹립한 사람들이었다. 1519년(중종 14) 중종은 자신이 훈구파를 견제하기 위해 들인 사림들을 숙청하게 되었다. 그것이 바로 기묘사화다.

사건에 사건이 잇따르다

기묘사화로 훈구파는 다시 날개를 달았다. 그들의 전횡은 다시 시작되었다. 그런 와중 1521년(중종 16)에 신사무옥(辛巳誣獄)이 일어나 안처겸 등이 처형되었다. 정권을 장악한 훈구파를 제거하기 위한 사림의 모의였다. 그러나 송사련의 고변으로 실행되지 못한 채 끝났다.

그 뒤를 이어 1525년에는 유세창의 역모 사건이 발생했다. 서윤련, 윤탕빈, 유세창 · 유세형 형제 등이 모반을 일으키려다 실패한 사건이다. 이들은 중종이 광릉에 나갔을 때 대신들을 죽이고 정권을 장악하기로 했으나 실패했다. 그리고 다시 거사 날짜를 잡았는데 유세창과 유세형이 배신하는 바람에 실패로 돌아갔다.

1527년에 일어난 작서의 변(灼鼠之變)은 죽은 쥐의 사지를 자르고 눈과 귀, 입을 불로 지져 동궁의 은행나무에 걸어둔 사건이다. 이는 세자(인종)를 저주하는 것으로, 중종의 후궁인 경빈 박씨가 범인으로 몰려 폐위되고 사사되었다. 그러나 진범은 경빈 박씨가 아니라 김안로로 밝혀졌다.

중종의 셋째 계비인 문정왕후가 등장하며 외척 윤원형, 윤원로로 인해 정사는 더욱 어지러워졌다. 사림을 등용해 도학정치를 펼치려 한 중종의 처음 의지는 좋았으나, 사림이 제거되자 다시금 훈구파가 득세했다. 모든 것이 제자리로 돌아가자 중종은 그 어떤 대처도 하지 못한 채 재위 기간을 채웠다.

실록을 인쇄 기록으로 남기다

기묘사화가 일어나고 사림과 훈구파의 대립을 보며 중종은 권력에 싫증을 느꼈다. 의욕이 사라져버린 중종은 기묘사화 이후 특이한 업적을 남기지 못했다.

중종이 조광조를 내세워 도학정치를 실현하고자 할 당시 《소학》, 《이륜행실》, 《경국대전》, 《대전속록》, 《천하여지도》, 《삼강행실》, 《신증동국여지승람》, 《이문속집집람》, 《대동연주시격》 등 여러 문헌이 편찬되고 간행되었다.

주자도감을 설치해 활자를 개조했다. 지방의 역사를 기록하기 위해 외사관을 임명하기도 했다. 중종 35년(1540)에는 그간의 실록을 인쇄해 보관하게 했다.

중종의 여자들

인왕산에는 치마바위의 전설이 있다. 바로 중종과 그의 첫째 부인인 단경왕후 신씨의 이야기다. 신씨는 중종이 대군 시절에 들인 부인으로서 신수근의 딸이다. 신수근은 연산군의 처남으로 연산군 재위 당시 권세를 누린 인물이다.

> "폐비는 스스로 허물이 없는데 문밖으로 내쳐 보내기가 정의상 몹시 가련하니, 성안에 옮겨 안치한다고 무슨 안 될 일이 있겠는가?"
>
> _《중종실록》 1년(1506) 9월 24일

대신들에게 양해를 구하긴 했으나 결국 신씨는 폐위되었다. 사가로 쫓겨난 단경왕후를 잊지 못해 중종은 시간이 날 때마다 높은 누각에 올라가 그녀가 사는 곳을 바라보았다. 그 사실을 안 단경왕후가 인왕산에 자신의 치마를 걸어 중종의 마음을 달랬다는 것이 치마바위 전설이다. 둘째 부인은 장경왕후 윤씨로, 인종을 낳고 얼마 지나지 않아 산후병으로 세상을 떠났다. 셋째 부인은 잘 알려진 인물인 문정왕후 윤씨다.

재위 기간 및 가족 관계

재위 기간은 1506년 9월부터 1544년 11월까지 38년 2개월이다. 1544년 11월 14일 인종에게 왕위를 물려주고 이틀날 57세로 졸했다. 정비 3명, 후궁이 9명으로 적자녀 2남 5녀에 서자녀 7남 6녀로, 총 9남 11녀를 두었다.

───────

함께 읽으면 좋은 페이지 · 기묘사화(301쪽)

차라리 선비로
태어났더라면

평탄치 않았던 세자 시절

인종은 중종의 장남이다. 둘째 계비 장경왕후 윤씨의 소생으로, 1515년 2월 25일에 태어났다. 어머니인 윤씨는 인종을 낳고 7일 후인 3월 2일 산후병으로 목숨을 잃었다. 인종이 세살 되던 1517년에 명종(인종의 이복동생)의 어머니인 문정왕후 윤씨가 중종의 셋째 계비로 책봉되며 인종의 계모가 되었다. 당시 조정은 매우 혼란스러웠는데 새 중전인 문정왕후는 자신을 지키기 위해서 인종을 친자식처럼 아껴야 했다.

인종은 세자 시절부터 우여곡절이 많았다. 그 첫 번째가 중종 대에 언급한 작서의 변이다. 경빈 박씨는 중종의 후궁으로 있다가 인종이 태어나기 전인 1509년에 복성군을 낳았다. 첫 소생이자 서장자(서자로서 첫 아들)였다. 경빈 박씨는 중종의 총애를 믿고 오만방자하게 굴었다. 그런데다 복성군까지 낳았으니 왕위를 위협하는 인물로 주목받고 있었다.

그러다 동궁 은행나무에 죽은 쥐가 걸린 사건이 발생했다.

사지가 잘리고 눈과 귀, 입은 불로 지져진 상태였다. 거기다 저주하는 글까지 함께 걸려 있었다. 누가 보아도 인종을 표적으로 한 저주였다. 범인으로 당연히 복성군 모자가 지목되었다. 이 일로 경빈 박씨와 복성군은 폐위되고 결국 사사되었다. 물론 이 사건은 권신 김안로의 소행으로 훗날 밝혀졌지만, 어쨌든 인종에게는 간담이 서늘해지는 사건이었다.

인종이 29세가 된 1543년, 또다시 그를 겨냥한 사건이 발생했다. 동궁에 불이 난 것이다. 이 사건은 문정왕후가 아들(명종)을 낳고 9년 뒤에 일어났다. 불을 낸 이가 누군지는 밝혀지지 않았지만 풍문은 문정왕후를 지목했다. 자신의 아들을 보위에 올리기 위해 동궁에 불을 질렀다는 것이었다.

즉위 8개월 만에 승하하다

우여곡절을 겪으며 25년간 세자로 있던 인종은 1544년 11월 중종이 승하하자 왕위를 물려받았다. 중종이 병중에 있을 때 인종은 관대를 벗지 않고 밤낮으로 곁에서 모시며 친히 약을 달이고 반드시 먼저 맛을 보았다. 병간호 중에는 음식도 먹지 않았다고 실록은 전한다. 성품 또한 맑고 깨끗하며 덕이 많고, 학문을 중히 여기며 효심을 타고났다고 기록했다. 전형적인 선비의 기질을 갖추고 태어난 것이었다.

중종이 죽은 뒤에는 음식을 거의 먹지 않았다. 대신이 백관을 거느리고 청하여도 듣지 않았다. 사신이 전하기를, 인종은 중종이 승하하고 거처하던 곳을 가리키며 "여기는 앉으신 곳이고, 여기는 기대신 곳이다." 하며 종일 슬피 울었다고 한다.

인종의 사인은 원인 모를 병으로 기록하고 있다. 그의 죽음에 문정왕후가 개입했을 가능성이 높다고 보는 이들이 많다. 문정왕후에게 문안하고 그녀가 권한 떡을 먹은 후부터 병을 앓다 죽었다는 이야기 때문이다. 그러나 실록에는 그가 죽기 12일 전에 문정왕후에게 문안드린 기록은 있으나 떡에 관한 언급은 없다. 그리고 다음 달인 7월 1일 승하했다. 그의 나이 31세였다. 인종이 죽기 3일 전 벼락이 쳐 경회루 기둥이 파손되었다.

재위 기간 및 가족 관계

1544년 11월부터 1545년 7월까지 윤 정월을 포함해 9개월간 왕위에 있었다. 정비는 인성왕후 박씨이며 후궁은 2명이다. 소생은 없다.

실질적인 왕은 문정왕후였다

대단한 효자, 명종

명종은 중종의 차남이다. 문정왕후 윤씨의 소생으로, 1534년(중종 29) 5월 22일에 태어났다. 이름은 환(峘)이며 자는 대양(對陽)이다. 1544년 경원대군에 책봉되었다가 인종이 승하하자 왕좌를 물려받았다. 그때 나이 12세였으므로 문정왕후가 수렴청정을 했다.

이때 소윤과 대윤의 정권 다툼이 심했는데, 소윤은 문정왕후의 외척으로 윤원형 일파이고, 대윤은 인종의 외숙인 윤임의 일파를 일컬었다. 인종 즉위 후 대윤이 득세했으나, 8개월의 짧은 재위를 끝내고 명종이 왕위를 계승하며 소윤이 정권을 장악했다.

명종이 20세가 되어 친정을 시작했지만 문정왕후는 실권을 놓지 않았다. 문정왕후는 당시 정승으로 있던 윤원형을 조정했는데, 명종이 자신의 뜻을 따르지 않으면 매를 들기까지 했다. 심지어 뺨까지 때렸다는 후문이 파다했다.

《명종실록》에 사신이 논하기를 정사에 대한 판결이 대부분 문정왕후의 입에서 나온 것이라고 했다. 인종은 외척을 척결할 것을 청하는 상소를 보고는 "내가 어린 까닭에 사리에 밝지 못하고 또 자전(慈殿, 임금의 어머니)께서 가슴 아파하시니, 자식 된 마음에 차마 처단하지 못하겠다." 했다. 또한 문정왕후가 매우 상심한 나머지 일체 수라를 들지 않아 몸이 몹시 상할 지경에 이르렀으므로 윤허하지 않는다고 했다.

문정왕후는 죽기 직전까지 영향력을 과시했다. 약 20년간 실권을 행사했는데, 그로 인해 나라는 도탄에 빠졌다. 문정왕후의 오라비인 윤원로와 남동생인 윤원형은 관직을 팔기까지 하면서 엄청난 뇌물을 축적했다.

문정왕후는 1565년에 명을 다했는데, 그제야 스스로 설 수 있었던 명종은 뜻을 펼치지 못한 채 2년 후인 1567년에 34세의 젊은 나이로 죽었다.

"여주(女主)가 나라를 망친다"

인종은 즉위 초에 유관, 이언적 등 사림의 명사들을 중용했다. 이로써 기묘사화 이후 세력이 축소된 사림들이 다시 정치에 입문했다. 그러나 명종이 왕위에 오르고 대윤이 물러나자, 소윤은 윤임 일파를 비롯한 사림을 제거하기 위해 움직였다. 바로 명종 즉위년인 1545년에 일어난 을사사화다. 윤임이 중종의 여덟째 아들인 봉성군을 왕위에 앉히려 한다는 소문과 함께 인종 승하 당시 성종의 셋째 아들인 계성군의 양자 계림군을 옹립하려 했다는 구실을 내세웠다. 즉 경원대군이었던 명종을 왕으로 원치 않았다는 역모죄였다. 이로써 윤임 일파는 유배되었다가 사사되었다.

사건은 여기서 끝나지 않았다. 문정왕후와 그의 외척이 정권을 장악하고 제멋대로 휘두르자, 명종 2년(1547)에 문정왕후를 비판하는 벽서가 걸렸다. 이른바 양재역벽서사건(良才驛壁書事件)이다. 부제학 정언각이 전라도로 시집가는 딸을 배웅하는 길에 벽서를 발견하여 처음 알렸다. 한강 건너 양재역에 붉은 글씨로 써 있었는데 내용은 이러했다.

> "여주(女主)가 위에서 정권(政權)을 잡고, 간신(奸臣) 이기(李芑) 등이 아래에서 권세를 농간하고 있으니 나라가 장차 망할 것을 서서 기다릴 수 있게 되었다. 어찌 한심하지 않은가. 중추월(仲秋月) 그믐날."
>
> ─ 사관은 병조판서 이기 등을 논하여 기록하길, 이들이 을사년에 죽거나 유배된 사람들을 역적이라 하고 그 일을 실제로 증명하기 위해 중종의 아들인 이완(李岏)까지 죽이자고 계청했으니, 너무 심하다고 했다.

이 일을 계기로 명종은 대윤의 남아 있던 무리를 대거 숙청하게 된다. 이는 외척인 윤원형의 위세에 날개를 달아주는 격이었다. 그래서 양재역벽서사건을 두고 윤원형의 계략이라고 말하는 이들도 있었다.

임꺽정이 나타나다

배부른 돼지들이 조정에서 활개를 치자 백성들의 생활은 궁핍해졌고, 생계를 이어가기 힘들어진 백성들은 도적이 되었다. 급기야 1559년 조정에서는 한바탕 난리가 났다. 바로 도적

떼를 토벌할 대책을 세우기 위해서였다. 말이 도적 떼지 반란에 가까운 난이었다. 난을 주동한 이는 백정 출신인 임꺽정이었다. 임꺽정과 뜻을 같이한 이들은 그 직업이 다양했는데, 당시의 혼란한 시국을 말해준다. 임꺽정의 무리는 관군의 추적을 3년 넘게 따돌리며 명종의 골치를 썩였다. 이들은 부자들을 상대로 약탈했으며 관청이나 지방의 세력가를 습격했다. 그리고 약탈한 것들을 백성에게 나눠주었다. 명종은 백성의 우상인 임꺽정을 두려워했다. 그러나 결국 임꺽정은 1562년 1월 남치근이 이끄는 관군에 붙잡혔다.

사신이 임꺽정의 난을 두고 아래와 같이 논했으니, 당시의 시국을 어림잡을 수 있다.

"사신은 논한다. 도적이 성행하는 것은 수령의 가렴주구(세금을 가혹하게 거두어들이고, 무리하게 재물을 빼앗음) 탓이며, 수령의 가렴주구는 재상이 청렴하지 못한 탓이다. 지금 재상들의 탐오가 풍습을 이루어 한이 없기 때문에 수령은 백성의 고혈(膏血)을 짜내어 권요(權要, 권력이 있는 중요한 자리)를 섬기고 돼지와 닭을 마구 잡는 등 못하는 짓이 없다. 그런데도 곤궁한 백성들은 하소연할 곳이 없으니, 도적이 되지 않으면 살아갈 길이 없는 형편이다. 그러므로 너도나도 스스로 죽음의 구덩이에 몸을 던져 요행과 겁탈을 일삼으니, 이 어찌 백성의 본성이겠는가. 진실로 조정이 청명하여 재물만을 좋아하는 마음이 없고, 수령을 모두 공수(龔遂), 황패(黃霸, 공수와 한패는 모두 한漢나라의 어진 관리)와 같은 사람을 가려 임명한다면, 검(劍)을 잡은 도적이 송아지를 사서 농촌으로 돌아갈 것이다. 어찌 이토록 심하게 기탄없이 살생을 하겠는가. 그렇게 하지 않고, 군사를 거느리고 추적 포착하기만 하려 한다면 아마 포착하는 대로 또 뒤따라 일어나, 장차 다 포착하지 못할 지경에 이르게 될 것이다." _《명종실록》 14년(1559) 3월 27일

재위 기간 및 가족 관계

재위 기간은 1545년 12세부터 1567년 6월 34세까지 총 22년이다. 정비는 인순왕후 심씨로, 1남을 두었으나 13세의 어린 나이로 요절했다. 순회세자 부다. 후궁은 6명이었으나 소생은 없다. 명종의 뒤를 이을 이는 아무도 없었다. 어좌에서도 외로웠던 명종은 가족한테도 위로받지 못한 불쌍한 왕이었다.

함께 읽으면 좋은 페이지 · 을사사화(306쪽)

혼자 살겠다고
백성을 버린 것은 아니다

조선의 첫 방계 출신 임금

선조는 조선의 첫 방계 출신 임금이다. 그는 명종의 적장자
도 서자도 아니었다. 선조는 중종의 일곱째 서자인 덕흥군의
셋째 아들이다. 어머니는 하동부대부 정씨이며, 1525년 11월
11일에 태어났다. 초명은 균(鈞)이었으나 명종의 아들인 순회
세자의 이름이 부(暊)라서 항렬을 따라 연(昖)으로 바꾸었다.

선조는 왕의 직계가 아닌 방계, 즉 시조(始祖)가 같은 혈족
가운데 직계에서 갈라져 나온 친계(親系)였다. 명종에게는 순
회세자가 있었지만 13세의 어린 나이로 요절하여 후사를 이
을 소생이 없었다. 그렇다고 선조가 처음부터 왕위 계승자로
지목된 것은 아니었다. 실록에 따르면 명종은 여러 왕손들을
교육하는 데 힘썼다. 그중에 하성군, 즉 선조가 있었다. 명종은
죽기 직전까지도 후계자를 정하지 않고 애를 태웠다. 그런데
을축년(1565, 선조가 왕위에 오르기 2년 전)에 명종이 앓아누웠
다. 이때 대신들이 세자 정할 것을 청했는데, 명종이 하성군을

불러 병시중을 들게 했다. 또 유학을 공부하는 선비 중 특별히 가려 사부를 삼아 가르치게 했다.

명종은 승하 당시 선조를 세자로 지목하지는 않았지만, 이 일을 계기로 명종의 부인인 인순왕후 심씨가 선조로 하여금 왕위를 계승하게 했다. 부름을 받을 당시 선조는 친어머니인 하동부대부 정씨가 죽어 상중이었다. 그때 나이 16세로 인순왕후가 수렴청정했으나 선조의 총명함을 믿고 다음 해 정권을 넘겨주었다.

정치에 새바람이 불다

선조는 학문을 좋아했다. 또한 성리학을 신봉했기에 즉위 초기에 사림들을 대거 등용했다. 명종의 부름에도 응하지 않던 퇴계 이황도 정계로 돌아왔다. 선조는 기묘사화 때 훈구파에 의해 억울하게 희생당한 조광조를 비롯하여 사림들의 신원을 회복시켰다. 반대로 이들에게 화를 입힌 남곤 등은 관직을 추탈했으며, 명종의 외척으로 부와 명예를 누렸던 윤원형과 그의 측근들은 몰락했다.

그러나 선조 초기 인순왕후의 동생이자 외척을 대표하던 심의겸과 신진 사림을 대표하는 김효원의 감정 다툼으로 사류가 동서로 분열되었다. 김효원은 이황과 조식의 문인으로 장원급제한 인재였다. 그의 등용을 두고 심의겸이 과거에 김효원이 윤원형의 집에 들락거렸다는 이유로 소인배라 칭하며 반대했다. 결국 김효원은 이조정랑의 자리에 올랐지만 이미 심의겸과의 갈등은 돌이킬 수 없었다.

김효원은 서울의 동쪽에 살았기에 그를 추종하는 세력을

동인이라 일컬었고, 심의겸은 서쪽에 살았기에 그의 세력은 서인이 되었다. 동인에는 이황과 조식의 문인이 많았고, 서인에는 이이와 성혼의 제자들이 많았다.

그러나 많은 인재들을 등용했음에도 붕당정치에 미숙했던 조정은 혼란에 빠졌다. 같은 사림의 분열로 당쟁은 심해졌고, 서인에서 동인으로 전향한 정여립의 옥사까지 일어났다. 그리하여 선조의 바람과 달리 정권 다툼으로 국력이 무너지고 있었다.

선조는 정말 무능한 왕이었는가

선조 25년(1592) 임진년에 왜구가 쳐들어왔다. 일본은 부산과 김해, 밀양 등을 함락하고 수도까지 올라오고 있었다. 200년 동안 전쟁을 모르고 살던 백성들은 어쩔 줄 몰랐다. 경상좌병사 이각은 군사를 거느리고 달아나기까지 했다. 4월 29일, 도순변사 신립이 패했다는 소식을 전해 들은 선조는 피란을 결심하게 된다. 선조가 궁궐을 버리고 떠나자 분개한 백성들은 궐에 불을 질렀다. 의주로 피난을 떠난 선조는 서자인 광해군을 세자로 책봉하여 종묘와 사직을 받들도록 명했다. 광해군은 임시로 세운 조정에서 16개월 동안 여러 곳을 다니며 백성을 살폈다.

이 시기 남해안에서 이순신이 전쟁을 승리로 이끌며 전세는 역전되고 있었다. 또한 명나라 지원군이 참전하며 전쟁은 잠시 소강상태에 들어갔다. 그러나 1597년 일본이 다시 전쟁을 일으켜 고초를 겪어야 했다. 이순신이 재등용되어 명량대첩에서 승리를 거두고, 1598년 11월 18일 노량해전을 승리로 이끔으로써 일본군은 완전히 패퇴했다. 백성들의 자발적인 의병 활동도 큰 몫을 했다.

비록 승리했으나 전쟁은 조선에 엄청난 타격을 줬다. 여진족의 침입까지 있어 더욱 그랬다. 전쟁은 끝났으나 백성을 버린 선조의 왕권은 무너질 대로 무너져 있었다.

실록에 임진왜란으로 선조의 훌륭한 치적들이 모두 타버렸음을 애석해하는 부분이 있다. 10 가운데 8~9는 없어졌으니 선조의 정치력이 무능하다 판단하기엔 무리가 있겠다. 그러나 백성을 버린 임금이란 오명은 그의 긴 꼬리표가 될 수밖에 없었다.

200년 만에 종계변무를 해결하다

선조는 조선 개국 초부터 명나라에 잘못 기록된 이성계의 세계(世系, 조상으로부터 대대로 내려오던 계통)를 바로잡았다. 고려 말 이성계의 정적인 윤이(尹彝), 이초(李初)가 명나라로 도망가서 이성계의 가계에 대해 말하길 고려의 권신이었던 이인임(李仁任)의 후손이라 한 적이 있었다. 이에 명나라는, 명나라의 《태조실록》과 《대명회전(大明會典)》에 그대로 기록했다. 이인임은 우왕 때의 권신으로 이성계와는 앙숙이었다. 그런데 이성계가 그의 후손이라 했으니, 이와 같은 기록은 이성계에게 아주 치욕적인 일이었다.

200년간 이 문제로 여러 왕들이 정정해줄 것을 청했으나 명나라는 번번이 거절했다. 선조는 1581년에 김계휘를 주청사로 보내고 다시 1584년에는 황정욱을 보냈다. 비로소 황정욱이 《대명회전》의 수정된 기록을 가지고 돌아옴으로써 종계

변무(宗系辨誣)의 문제가 완전히 해결되었다.

명종의 며느리, 공회빈의 시신을 잃어버리다

공회빈은 명종의 아들이자 세자였던 순회세자의 부인이다. 13세의 나이로 순회세자가 요절하자 소생 없이 청상과부로 살다가 임진왜란 당시 졸했는데, 선조는 장사를 치르지 못하고 피란길에 올랐다. 어쩔 수 없이 공회빈의 먼 친척들이 궁궐 후원에 임시로 매장했는데, 왜적이 파내어 불태웠다. 궐로 돌아온 선조는 후원의 뜰을 모두 파헤쳤으나 공회빈의 시신은 찾지 못했고, 시신 없이 신주만 모셨다.

재위 기간 및 가족 관계

선조는 1608년 2월 1일 57세의 나이로 졸했다. 재위 기간은 40년 7개월로 역대 왕 중 4위이다. 정비는 의인왕후 박씨와 인목왕후 김씨로 두 명이며, 후궁은 6명이다. 의인왕후에게선 소생이 없었고 인목왕후 김씨에게서 1남 1녀를, 서자녀 13남 10녀를 두었다. 총 25명의 소생을 보았는데 역대 자녀수 랭킹 3위다.

함께 읽으면 좋은 페이지 · 이순신(213쪽), 권율(207쪽), 임진왜란(316쪽)

폐위되니
마음은 편하구나

처음부터 순조롭지 못했던 임금의 자리

광해군은 선조의 서자 중에 둘째이다. 선조의 후궁 공빈 김씨의 소생으로 1575년에 태어났으며 이름은 혼(琿)이다. 선조에겐 적장자가 없어 늘 후사가 문제였다. 대신들은 후궁의 소생으로 세자를 책봉하길 권했으나 선조는 결정을 짓지 못하고 있었다. 그러던 중 임진왜란이 일어나자 1592년 부랴부랴 광해군을 세자로 책봉하고 분조, 즉 임시로 분리한 조정을 맡아보게 했다. 그러나 명나라에 정식으로 승인을 받지 않은 임시 세자일 뿐이었다. 이때 광해군은 여러 지역을 돌며 백성을 살폈는데, 이 덕에 신하들과 백성들의 신뢰를 얻었다. 그는 민심을 수습하고 군량을 모으는 등 임진왜란에 공을 세웠다.

그런데 선조 39년(1606)에 23세이던 둘째 계비 인목왕후가 왕자를 낳았다. 바로 영창대군이다. 이때 선조의 나이 55세였다. 광해군은 세자의 자리가 위태로워졌다. 애초 광해군이 세자에 책봉된 것은 임진왜란이라는 뜻밖의 변수 때문이었다. 그런데 늦둥이이자 적장자인 영창대군이 태어나 조정의 분위기가 달라질 수밖에 없었다. 조정은 영창대군을 지지하는 소북파와 아직은 세자인 광해군의 편인 대북파로 갈라졌다. 결국 선조는 영창대군을 세자의 자리에 올리지 못하고 승하했다.

선조 승하 시에 영창대군은 겨우 세 살이었다. 영창대군의 생모인 인목왕후 또한 왕위 계승자로 광해군을 지목했다. 광해군은 대북파의 지지를 받으며 왕에 올랐다. 그런데 선조는 광해군을 탐탁지 않게 여겼고 끝까지 그런 태도를 보였다. 그렇지 않다면 광해군을 진즉에 세자에 앉혔어야 했다. 선조는 죽기 전까지 영창대군을 왕위 계승자로 삼으려는 의지를 드러내곤 했는데, 이는 결국 광해군이 왕이 되며 분란의 씨앗이 될 수밖에 없었다.

— 정여립의 난으로 동인이 분파되면서 남인과 북인으로, 서인이 갈라져 노론과 소론이 되었다. 북인은 다시 대북파와 소북파로 나뉘었는데 소북파는 신진 세력이었다.

명나라마저 태클을 걸다

광해군에게는 형이 있었다. 임해군이다. 임해군은 선조 때부터 골칫거리였다. 실록에 따르면 임해군은 남의 논과 집, 노비를 빼앗는 등 백성의 재물을 무리하게 갈취했으니 그 악독함이 가혹하다 기록했다. 한마디로 왕이 될 만한 인물이 아니었다.

조선에서는 임금이 되면 명나라의 허락을 받아야 하는데 명나라에서 광해군의 즉위를 걸고넘어졌다. 임해군이 있는데 왜 서장자인 광해군이 왕에 올랐냐는 것이다. 명나라는 엄일

괴와 만애민 등 사신을 파견하여 임해군을 만나려 들었다. 이는 광해군에게 수치요, 모욕이었다. 결국 1608년 6월 20일 명나라 사신은 임해군을 보고 돌아갔으며 광해군은 그제야 정식왕이 될 수 있었다.

그 후 임해군은 강화도 교동에 유배되었고 1609년 5월에 죽었다. 광해군의 뒤를 이어 인조가 반정으로 왕에 오르자, 임해군의 가족이 그의 죽음에 대한 재조사를 요청했다. 당연히 범인으로 광해군이 지목되었다. 인조는 광해군을 폭군에 패륜아로 몰아야 반정의 정당성에 더욱 힘을 실을 수 있는 상황이었다. 그러나 광해군은 임해군을 사사하자는 대신들의 주청에 역정을 내며 끝내 반대했으니, 진범이 광해군이라는 주장은 옳지 않다.

명나라의 인정을 받았으나 모든 것이 끝난 것은 아니었다. 바로 소북파의 지지를 받았던 영창대군이 살아 있었기 때문이다. 아직 어리기는 했으나 영창대군과 소북파는 광해군에게 위협적인 세력이었다. 대북파 역시 소북파를 제거하기 위해 광해군에게 영창대군을 폐할 것을 여러 번 주청했다.

그러던 중 칠서지옥(七庶之獄, 대북파大北派가 영창대군 및 반대파를 제거하기 위하여 일으킨 옥사)이 발생하면서 영창대군은 물론, 소북파가 몰락했다. 이 일로 영창대군은 유배되었다 죽었고, 영창대군의 생모이자 광해군을 왕위에 앉힌 인목왕후는 서궁에 유폐되었다. 처음부터 불안한 세자의 자리와 왕의 자리가 광해군을 결국 패륜아로 만든 것이다.

실리를 추구하고 백성을 위하다

광해군은 즉위와 동시에 임진왜란 때 불탄 궁궐을 재건했고, 대동법을 시행했다. 하급 관리나 상인들이 백성이 내야 할 공물을 대신 내주고 높은 이자를 붙여 받아내곤 했는데, 대동법은 이를 시정하기 위해 시행한 정책이다. 흉년이 들거나 자연재해로 특산물을 수확하지 못할 경우 이를 이용한 부정부패가 속출하자 공물 대신 쌀로 통일하여 바치게 한 납세 제도다. 지역에 따라 쌀 대신 베를 거두기도 했다. 또 백성들의 경작 상황을 알기 위해 양전을 실시하고, 허준을 지원해《동의보감》도 편찬했다.

이쯤에 명나라는 서서히 기울어가는 반면 여진족이 후금을 세워 세력을 키워나가고 있었다. 광해군 또한 언제 전쟁이 발발할지 몰라 군사를 재정비하고 국방에 힘을 기울였다. 그러던 중 명나라와 후금이 전쟁을 일으켰고, 명나라에서 지원을 요청해왔다. 임진왜란 때 명나라의 지원을 받은 바 있지만 광해군은 실리를 추구하기 위해 확답을 미루며 시간을 끌었다. 결국 광해군은 명나라에 군사를 지원함과 동시에 군대를 이끈 강홍립에게 밀지를 내리게 된다. 강홍립은 전투에서 명나라가 패하자 후금에 항복했다. 그리고 조선과 명나라의 부득이한 사이를 설명함으로써 후금과 우호적인 관계를 이끌어냈다.

그러나 능란한 외교 솜씨를 발휘했음에도 중립을 지킨 광해군의 행동에 실망한 유생들은 등을 돌리기 시작했다. 명분과 인륜을 중시하던 당시 사림들은 이 일과 인목왕후를 가뒀다는 이유로 인조와 함께 반정을 일으켜 광해군을 몰아냈다.

그렇다고 광해군이 딱히 폐위될 만한 일을 한 것은 아니었다. 광해군은 왕이 된 후 황폐해진 조선을 재건하는 데 힘썼고 대동법을 실시해 백성을 돌봤다. 광해군은 인조와 서인의 세력에 밀려 강제로 폐위된 것이었다.

또한 광해군은 일본과 기유약조를 체결함으로써 임진왜란 이후 중단된 외교를 다시 시작했다. 일본에 포로로 끌려갔던 백성들도 다시 돌아왔다.

재위 기간 및 가족 관계

재위 기간은 1608년 2월부터 1623년 3월까지 15년 1개월이다. 폐위된 뒤 강화도에 유배되었다가 다시 태안으로, 또다시 제주도로 옮겨졌다. 무려 18년간 유배 생활을 하다 1641년 제주도에서 죽었다. 그때 나이 67세. 정비는 폐비 유씨로 1남을 두었고, 후궁은 9명이었으나 옹주 1명만 보았다. 자녀는 총 1남 1녀다.

<hr>

함께 읽으면 좋은 페이지 · 계축옥사(329쪽)

세 번 절하고 아홉 번 머리를 조아리니, 반정의 값인가

정당화되지 못한 반정

인조는 선조의 다섯째 서자인 정원군(원종으로 추존됨)의 장남이다. 아명은 천윤이고, 이름은 종(倧)이다. 1595년 11월 7일에 태어났으며, 어머니는 좌찬성을 지낸 구사맹의 딸이다. 정원군은 아들을 넷 두었는데 인조와 능원대군 보, 능창대군 전, 능풍군 명이다. 광해군 때 능창대군이 모반죄로 죽임을 당했는데, 이 일로 인조의 아버지인 정원군이 화병을 앓다 죽었다. 인조는 이때부터 왕의 자리를 준비했다.

반정이란 잘못된 것을 바로잡는다는 명분으로 왕조시대의 가장 큰 사건인데, 연산군을 몰아내고 중종이 왕위에 오른 것은 공신들의 추대 덕분이었다. 그와 달리 인조는 당파 싸움에서 밀려난 서인과 외척 세력을 이용해 몸소 정변을 준비했다. 기록에는 광해군이 인목왕후를 유폐시킨 일과 후금과 명나라 사이의 중립적인 외교정책 때문이라지만, 터무니없이 명분이 부족했다. 실제 백성들 또한 인조에게 호의적이지 않았다.

그랬기에 반정으로 왕에 오른 후 인조는 자신의 아버지를 왕으로 추존하기 위해 애썼다. 당시 반정공신으로 추대된 이들이 반대하고 나섰지만, 인조는 미약한 정통성을 보완하고 싶었다. 명나라의 승인으로 정원군이 왕으로 추존되었지만(인조를 책봉한 것도 그렇거니와 명나라는 당시 후금과 전쟁 중이었으므로 인조를 인정하면서 조선의 군사를 이용할 목적이 다분한 승인이었다), 이 사건은 훗날 후금(청나라)과의 사이에서 인조의 발목을 동여맨 계기가 되었다.

인조는 자신의 아버지를 왕으로 만들어준 명나라와의 의리를 저버리지 못했고, 이는 후금의 눈에 곱게 비칠 리 없었다. 또한 후금과 우호 관계에 있던 광해군이 반정으로 폐위되고 인조가 반청 정책을 벌이자, 후금은 인조반정의 부당성을 내세워 정묘호란을 일으켰다. 이때 청나라와 조선은 형제의 맹약을 맺게 되었다.

삼전도의 굴욕

정묘호란 이후에도 인조는 여전히 청나라에게 우호적이지 못했다. 인조와 대신들은 친명적인 태도를 보였다. 청나라는 오랑캐의 나라이므로 상종할 수 없다는, 다소 억지에 가까운 정책이었다. 광해군을 몰아낸 명분 중 하나도 청나라와의 화친이었기에, 서인과 인조가 그렇게 대응한 것은 한편으론 당연했다. 따라서 청나라는 인조를 주시할 수밖에 없었다.

급기야 청나라는 인조 14년(1636) 12월에 대군을 이끌고 병자호란을 일으켰다. 강화로 미처 피신하지 못한 인조는 남한산성으로 들어갔다. 1637년 1월 30일까지 45일간 항전이 이어졌다. 청나라가 세자빈과 원손, 봉림대군 등이 피신한 강화를 점령하자 인조는 결국 군신 관계를 맺으며 항복했다. 청나라의 12만 군대를 이겨내기에 조선의 사정은 좋지 못했다. 임진왜란을 겪은 후라 더욱 그랬다. 그런데다 정권을 장악한 서인들은 다시 두 패로 갈라져 서로를 물어뜯고 있었다.

산성을 나와 삼전도에 도착해 말에서 내린 인조는 여러 대신들과 가족이 지켜보는 가운데 청태종을 향해 삼배구고두(三拜九敲頭)의 예를 행했다. 이것이 그 유명한 '삼전도의 굴욕'이다. 삼배구고두는 여진족이 천자를 뵈올 때 세 번 절하고 아홉 번 머리를 조아리는 의식으로, 인조는 한 번 절하고 땅에 세 번 머리를 찧고, 또 한 번 절하고 머리를 세 번씩 땅에 찧어댔다. 병자호란으로 수많은 백성들이 포로로 끌려갔고 소현세자와 세자빈, 봉림대군 또한 청나라의 볼모가 되었다. 인조가 배를 타고 궐로 향하는 가운데 포로가 되어 잡혀가던 백성들은 그를 향해 울부짖었다.

소현세자는 누가 죽였나

병자호란 이후 인조는 또 다른 걱정에 휩싸였다. 바로 청나라로 인해 왕의 자리까지 바뀔까 좌불안석했다. 그와 달리 인질로 잡혀간 소현세자와 세자빈은 청과 원만한 관계를 유지하며 양국의 대리인 역할을 충실히 해냈다. 청나라는 소현세자를 상당히 신뢰했다. 이는 인조를 더욱 불안하게 만들었다. 8년간의 인질 생활을 끝내고 소현세자는 그리던 고국으로 돌아왔다. 그러나 그를 기다린 것은 인조의 싸늘한 냉대였다. 그로부터 두 달 뒤 소현세자는 갑작스레 병사했다. 온몸이 전부 검은빛에 이목구비의 일곱 구멍에서는 모두 피가 흘러나왔고, 검은 천으로 얼굴 반을 가려놓았는데 곁에 있는 사람도 그 얼굴빛을 분별할 수 없을 지경이었으며, 마치 약물에 중독되어 죽은 사람과 같았다고 실록은 전한다.

그런데도 인조는 서둘러 장사를 치뤄 더욱 의심을 샀다. 또한 1년 뒤 전복에 독을 넣었다는 억지로 며느리인 세자빈마저 사사했다. 소현세자가 죽었으므로 원손으로 하여금 보위를 이어야 했는데, 인조는 자신의 손자들마저 유배 보내 죽였다. 그리고 소현세자의 동생인 봉림대군을 세자로 책봉했다.

인조는 반정으로 왕위에 오른 만큼 보위에 있는 내내 왕위에 집착해 나라와 백성을 도탄에 빠트렸다는 오명에서 벗어나지 못했다. 인조는 재위 기간 동안 남한산성의 중앙군영인 수어청과 청나라와의 관계를 대비해 총융청을 신설했다. 《황극경세서》, 《동사보편》, 《서연비람》 등의 서적이 간행되었다. 인조는 1649년 5월 8일 55세의 나이로 생을 마감했다.

재위 기간 및 가족 관계

1623년 3월부터 1649년 5월까지 재위 기간은 26년 5개월이다. 정비는 두 명으로 인렬왕후 한씨와 장렬왕후 조씨이다. 인렬왕후에게서 4남을 두었다. 인렬왕후가 42세로 졸하자 어린 나이로 인조와 결혼한 장렬왕후 조씨는 소생이 없다. 후궁은 3명으로 2남 1녀를 보았다. 자녀는 모두 6남 1녀이다.

함께 읽으면 좋은 페이지 · 정묘호란(333쪽), 병자호란(336쪽)

17대 효종
1619~1659

너무나 큰 꿈,
북벌 정책

왕이라는 요망한 자리

효종은 인조의 차남이다. 인렬왕후 한씨의 소생으로, 1619
년 5월 22일에 태어났다. 이름은 호(淏)다. 1626년에 봉림대군
으로 책봉되었고, 1645년 형인 소현세자가 죽자 세자가 되었
다. 1649년 31세의 나이로 즉위했다.

소현세자가 죽고 효종이 세자로 책봉될 당시 그는 거절의
의사를 보였다. 소현세자의 아들인 원손으로 하여금 보위를
잇게 하라는 것이었다. 그러나 이는 인조가 원치 않았다. 효종
은 세자가 되었고 왕위를 물려받았다.

당시 소현세자의 세 아들은 유배되었다가 첫째와 둘째는
사사되었고 막내인 경안군은 살아 있었다. 황해감사 김홍욱이
억울하게 죽은 강씨(소현세자빈)의 신원 회복과 함께 경안군의
석방을 주청하며 상소를 올렸다. 그러나 효종은 김홍욱을 잡
아들여 국문했고, 그는 곤장을 맞다 죽었다. 막내조카를 유배
지에서 풀어주자니 이도 문제였다. 적장자의 소생인 경안군한

테 왕위를 빼앗길지도 모른다는 경각심도 없잖아 있었다. 이 일로 민심은 흉흉했다.

소현세자가 살아 있을 당시 형제애는 두터웠다. 볼모로 끌려가 믿고 의지할 곳이라곤 형제가 전부였으니 돈독해질 수밖에 없었다. 경안군은 이후 역모의 불씨로 낙인찍혀 제주에서 남해로, 다시 강화로 유배지를 전전하며 살았다.

절치부심, 북벌 정책

효종은 왕위에 오르며 북벌 정책에 모든 힘을 쏟아부었다. 아버지의 치욕을 지켜보는 효종에게 청나라에 원수를 갚겠다는 의지가 절로 생겨났을 것이다. 볼모로 잡혀 있던 지난 세월의 기억 또한 그러한 복수심을 부추겼을 것이다. 한편으로는 백성의 아비로서 병자호란과 같은 수모를 다시는 겪지 않겠다는 결심도 있었을 것이다.

북벌 정책을 시행하자면 자신의 편이 필요했다. 제아무리 왕이라도 신하들의 반대에 부딪히면 아무것도 할 수 없었다. 특히나 아버지인 인조로 인해 왕권이 부실해진 시점에서는 더욱 그랬다. 우선 효종은 지원군이 필요했다. 효종은 반청 세력인 서인의 대표 송시열을 내세워 그들의 지지를 얻고자 했다. 반면 그들은 효종을 이용해 정치적 입지를 다지려 들었다. 그러나 실제로 청나라를 치려 한 효종과 달리, 그들은 그저 문인으로서 행동보다는 말이 앞설 뿐이었다.

효종은 군대를 키웠다. 군사적 요충지에는 성을 쌓고 화약과 대포를 설치했으며 강화 연안에는 보루와 진도 설치했다. 전쟁 식량도 충분히 비축했다. 이 때문에 대신들과 마찰도 잦았다. 대신들은 전쟁을 준비하자면 많은 군자금이 필요한데 이를 충당하려면 백성에게 많은 세를 징수할 수밖에 없다며 효종을 비난하기도 했다.

그런데 청나라를 목표로 삼고 있던 효종은 러시아와의 전투에서 원치 않는 승리를 거뒀다. 당시 러시아와 전쟁 중이던 청나라가 조선에 파병을 요청했고, 조선의 지원을 받은 청나라가 전쟁에서 이겼기 때문이다.

외골수 임금?

효종 하면 제일 먼저 떠오르는 것이 북벌 정책이다. 재위 기간 10년이면 그리 긴 시간도 아니었다. 전쟁은 1, 2년 만에 준비하여 출정하는 것이 아니다. 그러나 10년 동안 북벌 정책에 미련을 버리지 못한 효종은 죽기 두 달 전 송시열과의 독대에서도 그 의지를 놓지 않았다. 실록에 따르면 효종 10년(1659) 3월 11일 송시열과 독대를 했다. 사초에 기록되지 않았지만 송시열이 쓴 《송서습유》 중 〈악대설화〉에 그때의 내용을 언급하고 있다.

> "청을 물리칠 기회는 반드시 올 것이다. 저들이 예기치 못했을 때 쳐들어갈 계획이다……."

효종은 꿈을 이루지 못한 채 두 달 뒤인 5월 4일에 생을 마감했다. 그때 나이 41세였다. 사인은 종기인데, 종기를 짜내다 과다출혈로 사망했다. 효종이 죽자 그의 오랜 숙원이던 북벌 정책도 함께 무너졌다. 앞서 언급했듯, 효종은 소현세자와 함께 청나라에 볼모로 끌려가 오랜 세월을 지냈다. 어쩌면 무리한 북벌 정책을 내세우긴 했지만 청을 치겠다는 생각보다는 국방력을 강화하려는 목적이었을 수도 있다. 효종의 원대한 꿈 덕분에 조선의 방어력이 강화된 것은 사실이다.

대동법(광해군 참조) 또한 실시했는데, 좋은 성과를 거두어 경제를 발전시키는 제도로 정착했다. 세조 때의 《전제상정소준수조획(田制詳定所遵守條畫, 토지를 측량할 때 지켜야 할 사항을 규정한 책으로, 각종 척도尺度의 양식 등을 규정했다. 이후 양전의 기본원칙으로 준수되었다)》과 《선조수정실록》 등도 간행했다.

재위 기간 및 가족 관계

1649년 5월부터 1659년 5월까지 재위 기간은 10년이다. 정비는 인선왕후 장씨로, 1남 6녀를 두었다. 후궁은 모두 3명인데 1녀만 두었다. 자녀는 총 1남 7녀다.

상복이 무에 대수라고

순조로운 즉위

현종은 효종의 장남이며 인선왕후 장씨의 소생이다. 1641 년 2월 4일 효종이 심양에 볼모로 가서 생활할 당시 태어났다. 이름은 연(棩)이고, 자는 경직(景直)이다. 인조 27년인 1649년 에 왕세손으로 책봉되었다가 효종이 즉위하자 1651년 세자가 되었다. 그리고 1659년 5월에 즉위했다.

현종은 어려서부터 할아버지인 인조의 총애를 받았다. 인 조가 질문하면 어른처럼 신중하게 대답하여 매우 기특해했다. 현종이 어렸을 적의 일로, 변방에서 표피(표범가죽)를 진사했 는데 상품이 좋지 못했다. 인조가 되돌려 보내려 하자 현종이 나서서 아뢰기를, 표범 한 마리를 다시 잡자면 반드시 많은 백 성이 다칠 것이라고 진언했다. 인조는 현종의 말을 듣고 명을 거두었다. 또 대궐 문을 나서다가 얼굴이 시커면 데다 야위기 까지 한 군사를 마주한 적이 있는데, 혹독한 추위에 얼고 굶주 려 그런 것이라 하자 옷을 내어주고 음식도 계속 먹여주게 했 다. 현종은 인애(仁愛)를 천성으로 타고난 왕이었다.

상복이 무에 대수라고, 그놈의 당쟁

현종이 즉위하자 효종의 계모이자 인조의 계비인 장렬왕후 조씨가 상복을 몇 년이나 입어야 하는지가 화두가 되었다. 조씨는 15세의 어린 나이로 44세의 인조와 결혼했는데 후사는 없었다. 아들, 즉 효종보다 다섯 살이나 어린 새엄마였다.

이 시기 조정은 인조반정으로 권력을 잡은 서인 세력과 남인 세력이 양분하고 있었다. 남인 세력은 동인 계열이었는데 동인이 북인과 남인으로 갈라진 뒤 북인에게 밀려났다가 인조 때 조정에 복귀했다. 앞서 언급했듯 인조는 반정을 일으키기 위해 세력이 필요했다. 당연히 소외된, 복귀를 꿈꾸는 세력이어야 반정에 도움이 되었기에 이 시기부터 서인과 남인이 정권을 잡게 되었다.

아들이 먼저 죽었으니 장렬왕후 조씨는 상복을 입어야 했다. 사대부 집안에서는 장남이 죽으면 어머니는 3년간 상복을 입었다. 그러나 차남의 경우에는 1년이었다. 서인은 효종이 장남이 아니므로(형인 소현세자가 있으므로) 예법에 따라 1년 동안 상복을 입어야 한다고 주장했다. 반면 남인은 효종이 둘째지만 왕위를 계승했으니 장자의 예를 따라 3년을 입어야 한다고 주장했다. 당시 현종은 19세로 즉위했는데 그는 정권을 잡고 있는 서인의 주장을 들어주었다. 이것이 1차 예송인 기해예송으로, 서인이 승리했다.

현종 15년인 1674년에 다시 한 번 예송논쟁이 벌어졌다. 이번엔 효종의 부인인 인선왕후 장씨, 즉 대비에게는 며느리가 죽었다. 며느리가 죽자 장렬왕후의 상복 문제로 다시 남인과 서인이 서로를 물어뜯었다. 이번에도 서인은 효종이 차남이므로 9개월을 주장했고, 남인은 1차 기해예송과 같이 효종이 왕위를 계승했기에 1년을 주장했다.

그런데 현종은 기해예송 때와 달리 이번엔 남인의 손을 들어주었다. 즉위 초에 서인의 주장을 받아들였던 것은 정치에 미숙한 탓도 있었다. 그런데 서인의 주장을 듣다 보니 기분이 좋을 리 없었다. 소현세자가 죽었는데도 자신의 아버지인 효종을 장자 취급해주지 않는 것이었다. 현종은 정통성을 중요시하는 서인이 꽤나 불쾌했을 수도 있다. 현종은 《예경》을 친히 고증하여 서인의 목을 졸랐다("제1 장자가 죽었을 경우 적처 소생인 제2 장자를 취하여 세우고 역시 장자라고 명명한다"). 현종은 가공언(중국 당나라 때의 학자)의 글을 인용하여 남인의 주장을 채택했다. 이로써 정권은 남인에게로 돌아갔다. 이것이 2차 예송인 갑인예송이다. 갑인년에 일어났다 하여 갑인예송이라 칭한다.

안정된 시국 속에서 백성을 돌보다

현종 하면 상복을 둘러싸고 벌어진 예송이 재위 기간 동안 가장 큰 사건으로 전해진다. 그깟 상복이 무에 대수냐고 할 수도 있겠지만, 재위 기간에 그보다 큰 사건이 없었다는 것은 그만큼 시국이 안정되었다는 뜻이기도 하다. 한마디로 당파가 서로 싸울 만한 쟁점이 상복밖에 없었다는 것이다.

현종은 호남 지역에 대동법을, 1662년 경기도에 양전(과세 대상인 토지를 조사, 측량해 실제 작황을 파악함)을 실시했다. 역대 실록을 보관하기 위해 강화도 정족산성에 사고(史庫)를 마련했다. 1668년에 동철활자 10만여 자를 주조하게 했고, 송시열의 의견에 따라 성이 같으면 본관이 달라도 혼인을 하지 못하게 했다. 군비 강화를 위해 어영병제(御營兵制)에 의한 훈련별대(訓鍊別隊)를 창설했다. 유민을 단속하기 위해 호적을 만들고, 혼천의(고대 중국에서 천체의 운행과 위치를 관측하던 장치)를 만들어 천문 관측과 역법 연구에 힘썼다.

이 밖에 주목할 만한 점은 인애, 즉 사람을 사랑한 마음이다. 현종 재위 중 질병과 기근이 계속되었는데, 가뭄이나 수재가 들면 그 지역의 인재를 등용하거나 진휼청을 설치했고, 부세를 감면해주기도 했다. 이 밖에도 형장에 쓰이는 도구들을 바꿔 잔혹함을 완화하기도 했다.

현종이 승하하던 날 바람이 불었는데 그 바람이 동풍임을 알고 몹시 슬퍼했다 한다.

"곡식이 몹시 상하겠구나. 백성이 장차 죽어가겠구나. 내가 어찌하여 또 이 소리를 듣는단 말인가."

현종은 1674년 8월 18일 34세의 젊은 나이로 창덕궁 재전에서 승하했다.

재위 기간 및 가족 관계

1659년 5월부터 1674년 8월까지 재위 기간은 15년 3개월이다. 정비는 명성왕후 김씨로 후궁은 두지 않았다. 정비에게서 1남 3녀를 두었다.

진정한 왕의 힘을 보여주마

어린 나이로 친정을 하다

숙종은 현종의 장남이며 어머니는 명성왕후 김씨다. 현종 2년인 1661년 8월 15일에 태어났다. 이름은 순(焞)이고, 자는 명보(明譜)다. 1667년에 세자로 책봉되었으며, 1674년 현종이 승하하자 14세의 어린 나이로 즉위했다. 그리고 대비의 수렴청정 없이 친정했다. 이때 정권은 2차 예송논쟁에서 이긴 남인이 잡고 있었다.

진정한 군왕의 힘을 보여주마

경신환국 _ 숙종은 즉위 후 현종의 주요 신하들과 함께 정사를 보았다. 바로 남인 세력이었다. 어머니인 명성왕후 김씨의 외척 김석주도 있었다. 이때 남인의 영수는 허적이었는데, 그의 불경한 행동이 발단이라고도 하나 기록에 없으므로 확실치는 않다. 불경한 행동이란, 허적이 개인적인 연회에 임금의 유악(기름 먹인 천막)을 허락도 없이 가져다 쓴 것을 말한다. 숙종 6년(1680) 허적의 서자 허견이 복창군, 복선군, 복평군(모두 인조의 셋째 아들 인평대군의 소생) 등 종실 3형제와 더불어 역모를 꾀하고 있다는 정원로, 강만철의 고변이 경신환국의 시작이었다. 허견과 복선군은 사형에 처해졌고, 복창군도 사사되었으며, 복평군은 유배되었다. 이때 남인의 우두머리이자 영의정이던 허적도 사사되었다. 이 일로 주요 관직에 서인이 올랐으며 남인은 타격을 입게 되었다. 서인의 영수 송시열이 다시 정계에 복귀했고, 그해 10월 숙종의 첫 왕비인 인경왕후가 죽자 대표적인 서인 가문인 민유중의 딸이 계비가 되었다. 남인에서 서인으로 정권교체가 이뤄진 것이다.

경신년에 일어났다 하여 경신환국 또는 경신대출척(庚申大黜陟)이라고도 한다. 이때 숙종의 나이 20세였다. 군주로서 파격적인 결단력으로 처리한 사건이었다. 혈기 왕성한 왕이 정권을 장악한 남인에게 신물을 느낄 수 있는 시기이기도 했다.

기사환국 _ 이 사건의 계기는 희빈 장씨의 소생인 경종이 제공했다. 숙종은 정비에게서도 후궁에게서도 아들을 얻지 못하고 있었다. 그런데 숙종 14년인 1688년에 장희빈이 왕자를 출산했다. 숙종은 왕자를 낳자 서둘러 원자로 정하고 장희빈의 품계 또한 올려주었다. 원자로 삼은 것은 곧 세자로 책봉하겠다는 의미였다. 서인은 강력하게 반대했다. 중전이나 왕이 아직 젊으니 후사를 더 기다려야 한다는 명분을 내세웠지만, 장희빈이 남인 세력과 가깝다는 것이 진짜 이유였다. 숙종은 장희빈을 매우 사랑했다. 사랑하는 여인이 아들까지 낳았으니 숙종의 눈엔 아무것도 보이지 않았다. 숙종은 다시 대대적인 세력 교체에 나섰다. 강력히 반대한 송시열은 바로 그날 유배되었고 결국 사사되었다. 또한 국왕의 명을 반대하고 나선 송시열을 탄핵하지 않았다는 이유로 대간들도 서인에서 남인으로 교체되었다.

중전이었던 인현왕후 민씨 또한 서인으로 폐출되고 그 자리에 장희빈이 오름으로써 사건은 일단락되었다. 결국 장희빈의 소생이 세자가 된 것이다. 이 사건을 기사년에 일어났다 하여 기사환국이라 한다.

갑술환국 _ 숙종 19년인 1693년에 무수리 출신의 최씨(영조의 생모)가 후궁이 되면서 상황이 바뀌기 시작한다. 숙종의 마음이 장희빈에서 최씨로 옮겨 갔기 때문이다. 정권을 잡은 남인은 올바른 정사를 펼치기보다는 숙종의 눈치를 보기에 급급했다. 자칫 잘못하면 서인에게 또다시 모든 자리를 내어 주어야 하기 때문이었다.

이 사건은 숙종 20년(1694) 장희빈의 오빠 장희재 등이 숙빈 최씨를 독살하려고 했다는 고변으로 시작되었다. 이때 숙빈 최씨는 서인의 지지를 받고 있었다. 서인은 정권을 다시 잡기 위해 숙종의 총애를 받던 최씨가 필요했고, 최씨 또한 태어날 아들과 자신을 지키기 위해선 세가 필요했다. 이 일로 장희빈은 다시 빈으로 강등되었고 폐위되었던 인현왕후 민씨가 복위되었다. 기사환국으로 죽은 송시열 등은 복관되었다. 남인은 관직에서 쫓겨나거나 처벌되었다. 장희빈은 중전의 자리에서 쫓겨난 후 인현왕후를 저주했다는 이유로 7년 뒤 사사되었다.

숙종 대에 일어난 환국을 보자면 그 중심에는 대신이나 당파가 아닌 숙종이 있었다. 즉각적이며 강력한 대응으로 시간을 끌지 않았다. 사적인 감정이 다소 깊숙이 개입되기는 했지만 왕권을 강화하려는 의지를 확실하게 보여주는 대목이기도 하다.

왕권 강화가 다가 아니다, 숙종의 치적

숙종은 상평통보를 주조하여 숙종 4년 1월부터 사용하게 했다. 상평통보는 인조 때 처음으로 주조했으나 잘 쓰이지 않아 중단했던 화폐로, 숙종 때 다시 주조하면서 대표적인 화폐로 자리 잡아 조선 말기까지 사용되었다.

경상도와 황해도에 대동법을 확대했다. 강원도와 삼남 지방에 양전을 실시했다. 숙종은 서북 지역 일부를 제외하고 전국의 모든 토지를 측량했다. 임진왜란과 병자호란 이후 계속된 토지사업의 완결을 본 것이나 마찬가지였다.

일본과도 활발히 교류했는데, 왜인의 울릉도 출입 금지를 보장받았다. 울릉도를 조선에 확실히 귀속시킨 것이다. 또 훈련별대와 정초청(精抄廳, 조선후기의 군영)을 통합해 금위영을 신설했다. 이로써 오군영(五軍營, 임진왜란 이후 설치된 군영들로서 훈련도감, 어영청, 금위영은 수도를 직접 방어하는 중앙군영이며, 총융청, 수어청은 수도 외곽의 방어를 담당했다) 체제를 확립하며 군제 개편을 완료했다.

즉위한 이듬해에는 북방의 침략에 대비해 고려 시대 산성인 대흥산성을 다시 축성했다. 용강의 황룡산성도 재수축했다. 강화도의 수비를 강화하기 위해 49곳에 돈대도 쌓았다. 북한산성을 개축해 도성 방어에도 힘썼다.

단종과 사육신, 소현세자빈 강씨의 신원을 복위했다. 왕실의 족보인 《선원계보기략》, 《대명집례》 등을 간행했고, 법전인 《대전속록》, 《신증동국여지승람》 등을 만들었다.

숙종 재위 중 도적 장길산의 등장도 특이할 만한 사항이다. 장길산 일당은 황해도에서 처음 출몰했다. 조정에서는 많은 상금을 걸고 체포에 애를 쏟았지만 끝내 붙잡지는 못했다.

첩으로 아내의 자리에 오를 수 없게 하라

숙종 27년(1701) 10월 7일 어명을 내렸다.

> *"이제부터 나라의 법전을 명백하게 정하여 빈어(嬪御)가 후비(后妃)의 자리에 오를 수 없게 하라."*

첩으로는 임금의 아내, 즉 후궁이 중전이 될 수 없음을 선포했다. 이로써 후궁이 중전의 자리에 오를 기회를 원천적으로 봉쇄한 것이다. 이것은 희빈 장씨로 인한 결정이었다. 희빈 장씨에 대한 숙종의 사적인 감정에서 비롯된 조치였지만, 이와 같은 어명은 후궁들에게 청천벽력 같은 소식이었다. 법으로 금지한 이날의 일로 인해 영조는 66세에 15세의 어린 신부를 중전으로 들이기까지 했다. 나이 많은 신랑은 좋았겠으나 어린 신부와 그 자리를 탐내고도 남았을 후궁들에겐 숙종이 원망의 대상이었다.

재위 기간 및 가족 관계

재위 기간은 1674년 8월부터 1720년 6월까지 45년 10개월로, 조선 역대 재위 기간 랭킹 2위다. 정비는 3명으로, 인경왕후 김씨는 숙종이 왕위에 오르고 몇 년 뒤 20세의 나이로 죽었다. 둘째 비는 인현왕후 민씨로 폐위되었다가 복위되었으나 소생 없이 35세로 생을 마감했다. 셋째 비는 인원왕후 김씨로 1702년 16세의 나이로 왕비에 책봉되었으나 소생은 없다. 적자로 2남(희빈 장씨 소생 포함) 2녀를 두었고, 후궁은 모두 6명으로 4남을 두었다. 자녀는 총 6남 2녀다. 첫째 부인인 인경왕후가 낳은 2녀는 모두 일찍 죽었다.

누가 나를 죽였나

14세 때 어머니가 죽임을 당하다

경종은 숙종의 큰아들이다. 희빈 장씨의 소생으로 1688년 10월 28일에 태어났으며, 이름은 윤(昀), 자는 휘서(輝瑞)다. 태어난 지 두 달 만에 원자로, 세 살이 되던 해에 세자로 책봉되었다. 숙종의 사랑을 받고 자랐지만, 희빈 장씨가 중전의 자리에서 내쳐지고 숙빈 최씨가 연잉군(영조)를 낳으면서 아비의 사랑도 점차 멀어졌다. 그러다 14세 때인 1701년 어머니인 희빈 장씨가 사약을 받았다. 아버지에 의해 자신의 생모가 죽었으니 그 심정은 이루 말할 수 없었을 것이다. 그런 연유로 경종은 내성적으로 변했고, 숙빈 최씨(영조의 어머니)를 지지한 서인들로 인해 위태로운 상황에 놓이기도 했다.

숙종 때 서인은 노론과 소론으로 당파가 갈렸다. 노론은 영조인 연잉군을 지지했고, 소론은 세자로 있었던 경종을 지지했다. 희빈 장씨가 폐출되어 사사되었지만 세자의 자리를 지키고 있었던 경종은 숙종 승하 후 강력한 왕위 계승자이기도 했다. 그래서 소론은 희빈 장씨의 사사를 반대하며 경종을 위해 살려둘 것을 건의하기도 했다. 당시 숙종의 마음은 숙빈 최씨와 연잉군에게 기울어져 있었기에 소론이 고울 리 없었다. 그렇기에 정권을 노론이 잡고 있었다.

그래도 내가 임금이다

경종 즉위 후 노론은 후사가 없다는 핑계를 대며 연잉군을 왕세제(王世弟, 왕위를 이어받을 왕의 아우)로 책봉할 것을 주장했다. 당시 경종의 나이 33세였다. 왕세제를 책봉하는 것으로도 모자라 노론은 경종의 병약한 몸을 핑계로 이번엔 대리청정 또한 건의했다. 물론 소론은 반발했다. 소론 측은 노론이 건의하는 대리청정(代理聽政, 왕이 병들거나 나이가 들어 정사를 제대로 돌볼 수 없을 때에 세자나 세제가 왕 대신 정사를 돌보는 일)이 왕에 대한 불충이라 탄핵했고, 그간 쌓여온 경종의 마음에 불씨를 떨어트렸다. 경종은 노론의 4대신인 영의정 김창집, 좌의정 이건명, 중추부판사 조태채, 중추부영사 이이명을 유배시켰다. 이 사건이 신축옥사다.

그러한 와중에 지관(地官, 풍수설에 따라 집터나 묏자리 따위의 좋고 나쁨을 가려내는 사람) 목호룡(睦虎龍)의 고변 사건이 발생했는데, 노론이 숙종 말년부터 경종을 제거하고 연잉군을 왕에 올리려 했다는 내용이었다. 경종은 폭발했다. 고변으로 국문이 시작되었고, 유배 갔던 노론의 4대신을 사사했으며, 60여 명이 처형되고, 170여 명이 유배되었다. 노론에게는 아주 큰 타격이었다. 아직까지는 경종 자신이 임금임을 확실히 보여준 임인옥사였다. 고변에는 세제인 연잉군도 시해 모의에 참가한 것으로 나와 있었는데, 숙종의 계비인 인원왕후 덕분에 목숨과 그 자리를 유지할 수 있었다.

무엇이 경종을 죽였나 – 화병인가, 게장인가?

경종은 재위 4년 2개월 만에 병사했는데, 경종이 죽고 나서 영조에 의한 독살설이 제기되었다. 경종 4년(1724) 8월 21일의 기록을 보면 여러 의원이 궁중에 들어가 임금을 진찰했는데, 어제 게장을 먹고 이어서 생감을 먹은 것은 의가(醫家)에서 매우 꺼리는 일이라 했다. 이것을 세제였던 영조가 올렸다는 기록은 없다. 다만 이 일로 경종은 앓아누웠고 복통과 설사가 매우 심해서 의식을 잃을 지경이었다.

그런데 경종의 죽음에 영조가 개입했을 가능성이 높다고 볼 수밖에 없는 대목이 있다. 8월 24일 의식을 잃은 경종에게 영조가 인삼차를 올리려 했다. 그런데 의약청 유의(儒醫) 이공윤이 인삼차를 쓰면 처방한 약과 충돌하여 위험하다는 이유로 인삼차 쓰기를 극구 말렸다.

그러나 곁에 있던 영조가 이를 저지하며 나섰다. 사람이란 본디 자기의 의견을 세울 곳이 있긴 하나 지금은 때가 시급한데 어째서 인삼 약제를 쓰지 못하게 하느냐며 나무랐다. 결국 왕세제의 명을 거역하지 못한 의관이 숟가락으로 인삼차를 떠넣어주었고, 경종은 다음 날 8월 25일에 승하했다. 그의 나이 37세였다.

실록의 기록을 모두 믿지는 못하겠지만, 이 기록은 현대에 와서 영조에 대한 좋지 못한 평으로 충분히 해석될 수 있다. 어쩌면 경종을 너무 사랑하여 어떻게든 살려보려는 아우의 심정에서 비롯된 일일지도 모른다.

그러나 이 이야기는 훗날 영조 재위 중 나주 괘서사건으로 신치운을 국문할 때 한 번 더 나오게 된다. 신치운은 대놓고 자신은 갑진년부터 게장을 먹지 않았다고 말하기까지 했다.

어려서부터 어머니의 죽음을 맞아야 했고, 어머니를 죽음으로 내몬 저승사자가 아버지임을 경종은 직접 몸으로 느끼고, 눈으로 보고, 마음으로 심연의 아픔을 달래야 했다. 누구도 경종이 느꼈을 단장의 비애를 어루만져주지 못했다. 경종을 죽인 것은 마음의 깊은 병이었을지도 모른다.

재위 기간 및 가족 관계

1720년 6월부터 1724년 8월까지 재위 기간은 4년 2개월이다. 정비는 둘인데 모두 소생은 없다. 첫째 왕비인 단의왕후 심씨는 왕비에 오르지 못하고 세자빈으로 있을 당시 졸했다. 두 번째 왕비 선의왕후 어씨는 14세의 나이로 경종과 가례를 올렸으나, 경종이 죽자 소생 없이 22세의 어린 나이로 대비가 되었다.

아들을 죽인
비정한 아버지

생사의 기로에서 왕이 되다

영조는 숙종의 차남이며 서자다. 무수리 출신의 숙빈 최씨
에게서 1694년 9월 13일에 태어났다. 이름은 금(昑)이며 자는
광숙(光叔)이다. 영조는 오른팔에 용 비늘 같은 무늬가 있었다.
용은 곧 왕을 의미하는데, 이 흔적으로 인해 숙종의 총애를 더
받았다고 한다. 경종 때 언급했듯 영조는 왕세제일 당시 경종
시해 모의에 관련이 있다 해서 목숨을 잃을 뻔했다. 사건을 조
사한 조서에 왕세제, 즉 영조의 혐의도 기록되어 있었다. 당시
영조를 지지했던 노론이 대거 숙청을 당했으니, 영조에게 정
치란 목숨을 건 도박과도 같았다. 영조는 숙종의 계비인 인원
왕후의 도움으로 목숨은 부지했으나, 영조의 앞날은 그 누구
도 보장해줄 수 없었다. 언제 경종에게 내쳐질지 모르는 상황
이었다. 이런 와중에 천만다행으로 경종이 후사 없이 요절했
다. 영조는 마침내 1724년 왕으로 즉위했다.

평탄치 않은 왕의 길

경종이 죽고 영조가 즉위하자 소론은 풍전등화가 될 수밖에 없었다. 영조를 지지한 것은 노론이었고 더군다나 임인옥사까지 있었으니 더욱 그랬다. 그러던 중 영조 4년(1728)에 소론의 이인좌, 정희량, 이유식, 박필현 등이 영조가 경종의 죽음에 관계있으며 심지어 숙종의 아들이 아니라고 주장하며 난을 일으킨다. 숙빈 최씨는 궁녀 출신도 아닌 천한 무수리 출신인데도 노론의 보호를 받은 것은 영조의 아비가 숙종이 아닌 노론의 세도가이기 때문이라고 주장한 것이었다.

이들 소론은 영조와 노론을 치고 밀풍군(密豊君) 이탄(李坦, 소현세자의 증손)을 왕으로 올리고자 했다. 이인좌의 난은 실패로 돌아갔지만 영조에게는 씻을 수 없는 상처로 남았다. 어머니의 천한 신분과 경종 독살설은 재위 기간 내내 영조에게 콤플렉스로 작용했다. 이 콤플렉스는 결국 아들인 사도세자를 죽음으로 내모는 계기가 되었다.

쉽지 않은 탕평책

탕평책이란 당쟁의 폐단을 없애기 위해 각 당파에서 인재를 고루 등용하는 정책이다. 영조는 당쟁이란 것이 얼마나 어처구니없거니와 반면 절대적으로 위험하다는 것을 몸소 겪었다. 영조에게 제일 중요한 과제는 붕당의 대립 자체를 완화시키는 일이었다. 모든 사건이 서로를 물어뜯기 위해 벌어졌고, 그 중심에는 당연히 왕이 있었다.

무엇보다 급한 것은 왕권 강화였다. 영조는 노론과 소론을 고루 등용하면서 양측에 화목을 권했고 이에 응하지 않은 신하들은 축출했다. 관직도 노론이 영의정이면 무조건 소론 중에서 좌의정을 앉혔다. 영조의 이런 노력 덕분에 곧 노론, 소론, 남인, 소북 등이 고르게 등용되어 정국을 운영하게 되었다.

그러나 영조는 노론을 끝내 외면할 수 없었다. 노론의 지지로 세제에 올랐으며 왕이 되었으니 그들을 완전히 무시할 수는 없는 처지였다. 결국 정치는 노론 중심으로 돌아갔다. 이로써 또다시 소론의 불만을 샀고, 그러한 불만은 1755년(영조 31)에 나주 괘서사건으로 수면 위로 떠오른다. ─ 이 사건은 아래 사도세자와 관련하여 같이 언급함.

정사에 열을 쏟아 콤플렉스를 극복하려 하다

수기치인(修己治人), 자신의 몸과 마음을 닦은 후에 남을 다스린다는 말이다. 영조는 배움을 게을리하지 않았다. 수기치인이 영조에겐 신조와도 같았다. 영조는 재위 기간 중 학식 있는 신하들과 강론하는 경연(經筵)을 무려 3,458회나 열었다. 1년 평균 66회에 달하는, 조선 왕 중 가장 경연을 많이 한 임금이다. 근검절약을 몸소 실천한 임금이기도 하다. 여인네들의 가체(머리숱이 많아 보이게 하려고 붙이는 땋은 머리로 가발이다) 사용을 금지한 이도 영조다. 당시 가체는 중인의 집 10여 채의 값과 맞먹었다.

균역법을 시행함으로써 군역 대신 바치던 납포의 양을 2필에서 1필로 경감하여 백성의 부담을 줄여주었다. 군역은 남자 16세부터 60세까지 양인에게 부과했는데 복무하지 못하는 사람은 그 대신 베나 무명 따위를 바쳤다. 고문 중 쓰는 압슬형(고문의 일종)과 낙형(단근질)을 폐지하고, 1740년에는 얼굴에 글자를 새기는 형벌도 금지했다. 또한 청계천을 준설했다. 오랫동안 준설하지 않아 홍수가 날 때면 범람이 잦았는데, 개천 양변에 돌을 쌓아 흙이 내려가지 않도록 했다. 신문고를 달아 백성들의 소리에 귀를 기울였다. 학문을 숭상한 임금인 만큼 많은 서적을 편찬했으며 그와 함께 인쇄술도 개량되었다. 그야말로 학문과 문화의 부흥기라 할 수 있었다.

이 외에도 영조는 많은 업적을 남겼다. 아들을 죽인 비정한 아버지였고 그도 인간이기에 노론으로 치우치긴 했으나, 백성의 생활에 도움이 되는 업적을 숱하게 남긴 민생의 왕이었다. 재위 25년 후로는 백성들의 민생고를 직접 보기 위한 행차를 50여 회나 나갔다.

탕평책도 살리지 못한 아들, 사도세자

영조 31년(1755)에 나주에 괘서가 붙었다. 영조의 정치를 비방하는 내용이었다. 주동자는 소론의 윤지로, 윤지의 아버지는 이인좌의 난 때 고문으로 죽었다. 이인좌의 난에 연좌되어 윤지는 제주도로 유배당했다가 나주로 옮겨져 20여 년간 귀양살이를 하고 있었다. 윤지는 영조와 노론에 원한을 품고 소외된 세력을 모아 모의를 계획했다. 그러나 거사 전에 붙잡혀 영조에게 친국을 받고 처형당했다.

이때 다시금 경종 독살설이 불거져 나왔다. 당시 사도세자가 대리청정을 하고 있었는데 영조는 이 일을 즉각 처리해주길 바랐다. 아버지의 억울함을 안다면 마땅히 그래야 했다. 시간을 끄는 것은 아버지를 의심하는 것으로 해석될 수 있었다. 물론 노론도 마찬가지였다. 한데 사도세자는 소론을 숙청하려는 노론의 뜻을 받아들이지 않았다. 그러자 노론은 사도세자가 보위에 오를 경우를 대비해 그를 적으로 두기 시작했다. 이 시기 영조의 정비가 죽어 15세의 어린 정순왕후가 국모의 자리에 올랐는데, 그녀도 노론의 집안이었다. 노론은 어린 중전을 부추겨 영조와 사도세자의 사이를 이간질했다. 부자 사이는 극도로 나빠졌고 사도세자는 경운궁으로 이어까지 하게 되었다. 그러자 노론은 마지막 승부수를 던진다. 나경언이란 자를 이용해 세자의 비행 열 가지를 고변한 것이다. 고변을 들은 영조는 결국 아들을 죽음으로 내몬 비정한 아버지가 되고 말았다. 사도세자는 한여름 뒤주에 갇힌 채 8일 만에 굶어 죽었다.

사도세자가 죽고 난 후 영조는 생각할 사(思), 슬퍼할 도(悼)를 써 '사도'라는 시호를 내렸다. 어찌 보면 영조나 사도세자나 정치의 희생양이라 할 수 있겠다. 옛말에 가혹한 정치는 호랑이보다 더 무섭다 했다. 영조의 큰아들은 후궁 정빈 이씨의 소생으로 10세에 단명했다. 바로 효장세자다. 세자의 자리에 있었던 두 아들을 모두 잃은 영조였다. 영조는 사도세자의 아들인 정조를 큰아들 효장세자의 양자로 들여 다음 보위를 잇게 했다.

재위 기간 및 가족 사항

1724년 8월부터 1776년 3월까지 51년 7개월로 역대 재위 기간 랭킹 1위다. 정비로는 정성왕후 서씨와 둘째 계비인 정순왕후 김씨가 있으나, 두 왕비에게서는 소생을 보지 못했다. 후궁은 총 4명으로 2남 7녀를 두었다.

나는 죄인 사도세자의
아들이다

모두가 정적(政敵)

정조는 사도세자의 둘째 아들이다. 그의 형인 의소세손이 일찍 죽어서 정조가 왕세손에 책봉되었다. 어머니는 혜경궁 홍씨이며, 1752년 9월 22일에 태어났다. 외할아버지는 사도세자를 뒤주에 가두게 했던 홍봉한이다. 이름은 산(祘), 자는 형운(亨運)이다. 정조는 사도세자가 죽자 영조의 큰아들인 효장세자의 양자가 되어 보위를 이었다. 죄인의 아들로 왕위에 오르는 것은 당치 않았으므로, 영조가 정조를 보호하기 위한 방편이었다.

정조는 세자의 자리에 있으면서도 위태로운 시간을 보내야 했다. 권력을 쥐고 사도세자를 죽인 노론 세력은 정조가 왕위에 오르는 것을 원치 않았다. 이때 홍봉한의 동생이자 정조에게는 외종조부인 홍인한이 권력의 중심에 있었는데, 정조가 멀리하자 영조의 서녀인 화완옹주와 옹주의 양자 정후겸 등과 함께 정조를 공격하기도 했다. 이들은 정조를 모함하거나 흉계를 꾸미기도 했는데, 화완옹주는 대놓고 무시하며 협박하기도 했다. 이들은 병석에 누워 있던 영조가 왕위 계승 전교를 쓰지 못하도록 승지를 압박했으며, 홍인한은 대리청정을 시키려는 영조와 정조에게 불경한 언사를 지껄이기도 했다. 동궁(세자)은 노론이나 소론을 알 필요가 없고, 이조판서와 병조판서를 알 필요가 없으며, 조정의 일에 이르러서는 더욱 알 필요가 없다 했다. 이 삼불필지설(三不必知說)을 두고 실록은 신하의 입에서 나올 말이 아니라고 기록하고 있다. 사도세자의 비행을 고변했듯 정조를 무고하는 글을 투서하는가 하면 정조가 기거하는 곳에 자객까지 들었다. 그러던 와중 영조가 승하하자 정조가 왕위에 올랐다.

《명의록》, "이제 준비들 하시지요"

우여곡절 끝에 왕위에 오른 정조는 양아버지인 효장세자를 진종으로 추대했다. 어머니인 혜빈을 혜경궁으로 높이고, 생부인 사도세자의 존호를 장헌세자로 높였다. 묘도 수은묘(垂恩廟)에서 영우원(永祐園)으로 격상하고 경모궁(景慕宮)이라는 묘호(廟號, 임금이 죽은 뒤에 생전의 공덕을 기리어 붙인 이름)까지 내렸다. 정조는 자신의 족보를 정리한 후 정적 제거에 들어갔다.

정조는 홍인한과 정후겸 등을 사사하며 그들의 무리 70여 명을 처벌했다. 그러고는 《명의록(明義錄)》을 지어 그들의 죄를 낱낱이 기록했다. 정조는 일기도 함께 남겼는데, 세자 시절부터 그들에게 받은 압박감과 두려움이 잘 나타나 있다. 또 홍국영, 정민시, 서명선 등 충신의 절개를 기록하기도 했다. 열한 살에 아버지의 죽음을 목격한 정조는 묵묵히 세월을 견디며 복수를 준비하고 있었던 것이다.

벗도 버릴 수 있어야 진정한 벗이라 할 수 있다

정조 하면 홍국영, 홍국영 하면 정조가 떠오른다. 정조가 홍국영을 아낀 까닭은 당파에 들지 않고 꿋꿋하게 무소의 뿔처럼 혼자였기 때문이다. 홍국영 또한 풍산 홍씨로 홍봉한의 10촌 손자뻘이고, 정조와는 12촌 관계쯤 되었다. 정조는 세자 시절부터 적들 앞에 나서지 않았는데 그 뒤에 홍국영이 있었기 때문이다. 홍국영은 정조의 그림자처럼 정조의 지시에 따라 은밀히 움직이며 정조에게 많은 도움을 주었다. 홍인한이 삼불필지설을 펼 때 그의 불충을 탄핵할 자를 찾아낸 이 역시 홍국영이다.

정조가 소생이 없자 홍국영은 자신의 누이를 후궁으로 들였는데 일찍 죽었다. 그런데 홍국영이 정조의 이복동생인 은언군의 아들 이담(李湛)을 죽은 누이의 양자로 삼아 정조의 후사로 삼고자 했다. 이렇게 홍국영이 야심을 드러내자, 정조는 과감히 그를 버렸다. 정조는 홍국영에게 봉조하(奉朝賀)란 벼슬을 내렸는데, 관리로서 사임한 자에게 내리던 특별한 벼슬이었다. 예로부터 흑발의 재상은 있었으나 흑발의 봉조하는 없었는데, 홍국영이 흑발의 봉조하가 된 것이다. 정조는 벗에 대한 예우로 죄를 묻지 않고 홍국영을 은퇴하게 만들었다.

새 도읍지를 세우려 하다

정조의 치적은 무수히 많다. 많은 서적을 편찬 간행하고, 규장각을 설치해 인재를 모아 자신의 사람들로 만들었다. 근위 세력과 함께 왕권 강화에도 힘썼다. 또한 재주가 뛰어나도 벼슬길이 막혀 있던 서얼 출신을 등용하기도 했다. 과거시험을 직접 관리한 것은 물론, 지방의 인재를 선발하는 데도 애썼다. 정조는 청류(명분과 절의를 지키던 사람들)에게 기회를 두루 제공했다. 영조의 정책인 탕평책을 이어받아 정사를 펼쳤다. 암행어사를 자주 파견해서 악법을 잘라냈으며 진휼을 위해 임금의 개인 재산을 풀기도 했다.

이순신의 전기인 《이충무공전서》도 정조 대에 편찬된 것으로, 정조는 공이 큰 인물들의 전기 편찬에도 힘썼다. 《삼강행실도》와 《이륜행실도》를 합쳐 《오륜행실도》로 편찬 간행했다. 규장각 신하들로 하여금 중요 정사를 매일 기록하게 하여 《일성록》을 작성했다. 왕세손에서 왕세자, 다시 왕으로 지위가 오르면서 체계적으로 제왕 수업을 마친 정조는 학문에 많은 관심을 기울였다. 이 무렵 천주교가 등장했는데, 천주교 박해를 주장하는 이들이 많았으나 직접 관여하거나 탄압하지는 않았다. 다만 제사를 거부하고 신주를 불사른 윤지충과 권상연의 죄를 물어 그들을 사형에 처했다.

정조는 왕릉 참배를 이유로 궐 밖 행차가 잦았는데, 백성들을 직접 만나 그들의 억울함을 듣고 처리하기 위함이었다. 그 횟수가 무려 100회 이상이었고, 《일성록》과 실록에 실린 사건도 5,000건이 넘는다.

정조 시대의 가장 큰 사건은 화성 축성이다. 정조는 1789년(정조 13) 사도세자의 묘를 수원으로 옮겼다. 능행(陵幸)의 범위가 크게 확대되면서 정조는 수원에 화성을 축성했다. 정조는 그곳을 새 도읍지로 만들 계획이었다. 즉 개혁을 꿈꾸었다. 수도를 옮기는 것은 아주 중차대한 일이었지만, 정조는 수도를 옮김으로써 병폐로 찌든 당파 정치를 정리하고자 했을 것이다. 그러나 천도의 꿈을 실현하지 못한 채 49세의 나이로 승하하면서 화성 천도의 희망도 함께 묻히고 말았다. 사인은 부스럼이 피부를 파고드는 병이었다.

재위 기간 및 가족 사항

1776년 3월부터 1800년 6월까지 재위 기간은 24년 3개월이다. 정비는 1명으로 효의왕후 김씨이나 소생은 없다. 후궁은 모두 4명이었다. 첫째 문효세자는 의빈 성씨 소생인데, 세자에 책봉된 후 5세에 단명했다. 둘째 서자가 23대 순조다. 서녀인 옹주도 둘이 있었으나 장녀는 일찍 죽었다. 총 2남 2녀를 두었는데 1남 1녀는 일찍 죽었다.

안동 김씨의
독재를 막아라

효의왕후 김씨의 양자로 왕위에 오르다

순조는 정조의 서차남이다. 수빈 박씨의 소생으로 1790년 6월 18일에 태어났다. 이름은 공(玜), 자는 공보(公寶)다. 1800년 1월에 정조의 정비 효의왕후 김씨가 양자로 삼아 세자에 책봉했다. 그해 7월 정조가 죽자 11세의 어린 나이로 보위에 올랐다.

정조가 갑작스레 죽고 순조가 왕위에 오르자 왕대비 정순왕후 김씨(영조의 계비)의 수렴청정이 시작되면서 일순간 노론 벽파(僻派, 사도세자를 배척한 당파로 노론 계열)의 세상이 되고 말았다. 정순왕후는 사도세자의 죽음과 관련이 깊은 인물이었다.

순조의 뜻과 상관없이 수렴청정에 나선 정순왕후는 천주교를 박해하는데, 이와 함께 정치적 앙숙인 시파(時派, 사도세자를 동정한 당파로 남인 계열)를 함께 제거하기 위함이었다. 신유박해로 불리는 이 사건으로 이승훈, 정약용, 이가환, 채제공 등이 처형되고 유배되었다. 많은 천주교 신자들과 주진모 신부도 처형되었다. 그리고 순조 15년(1815)에는 경상도와 강원도에서 천주교 박해가 한 번 더 이뤄졌다. 이때는 전해에 혹독한 기근이 들어 백성들의 민생고가 말이 아니었다. 더군다나 정권을 장악한 세도정치로 조선은 이미 부패할 대로 부패한 상태였다. 이 박해는 교인들의 재산을 노린 일부 백성과 지방 관리들로 인해 촉발된 사건이었다. 정부의 어떠한 지시도 없이 시작된 을해박해는 당시 조선의 처참한 상황을 대변한다.

안동 김씨, 세도정치의 시작

순조의 정비 순원왕후의 아버지는 안동 김씨 김조순이다. 김조순은 원래 정조를 지지한 시파 출신이다. 김조순의 딸이 초간택과 재간택을 거쳐 세자빈의 후보가 되었는데 삼간택을 하지 못한 채 불현듯 정조가 승하했다. 다시 노론의 세상이 온 것이다. 당연히 정순왕후를 비롯해 노론은 김조순의 여식을 중전으로 들이려 하지 않았다. 그러나 야망으로 가득 찬 김조순은 정순왕후에게 머리를 조아렸고, 그녀에게 허락을 얻어 자신의 여식을 중전의 자리에 앉혔다. 정순왕후가 수렴청정을 하는 동안 김조순은 일체 나서지도, 시파를 지지하지도 않았다.

순조가 왕에 오르고 4년 뒤 정순왕후의 수렴청정이 끝나자 김조순의 세상이 왔다. 순조의 친정이 시작되며 요직이란 요직은 모두 안동 김씨의 차지가 되었다. 관직에 나아가려면 안동 김씨의 줄에 서서 뇌물을 쓰는 것이 더 빨랐다. 이로 인해 과거제도는 문란해졌고 관료체제 등 모든 것이 엉망이 되었다. 부정부패, 매관매직, 수탈과 권력 남용, 탐관오리들이 난무했고, 모든 고통은 백성의 몫이었다. 이것이 삼정의 문란이다.

삼정이란 전정(田政), 군정(軍政), 환정(還政)인데, 백성이 감당해야 할 토지세와 군역의 부담금, 춘궁기에 백성에게 빌려준 식량과 씨앗을 환수하는 것을 이른다. 이 모든 것이 백성이 부담해야 할 것인데, 지방의 탐관오리들이 부당한 이익을 취함으로써 백성의 생활은 점점 피폐해져 갔다. 이렇게 가혹한 수탈은 결국 민란으로 이어졌다. 바로 순조 11년에 일어난 홍경래의 난이다.

풍양 조씨를 이용해 견제하다

이미 궐을 장악해버린 안동 김씨의 틈바구니에서 순조가 왕권을 행사하기란 쉽지 않았다. 순조는 1819년에 안동 김씨를 견제하기 위해 세자로 책봉된 효명세자의 세자빈을 풍양 조씨로 간택했다. 그리고 풍양 조씨 일문을 등용했다. 그러나 풍양 조씨 또한 안동 김씨와 마찬가지로 권력욕을 부리며 독재를 자행하려 들었다.

세도정치의 부패로 순조는 조선 왕들 중 제일 무능한 왕으로 평가되었다. 당시 백성의 삶은 말이 아니었다. 순조는 세도정치를 물리치지 못한 채 효명세자에게 대리청정을 명하며 뒤로 물러났다. 그러나 순조의 뜻을 받아들여 의욕을 앞세운 효명세자는 3년 뒤 22세에 요절하고 말았다. 다시 순조의 친정이 시작되었지만 이미 의지를 상실한 상태였다. 순조는 1834년 11월 13일에 병으로 생을 마감했다. 그의 사인을 두고 성병이라는 설도 있다.

그렇다고 순조가 왕위에 있으면서 허수아비 노릇만 한 것은 아니었다. 재위 초기 친정을 시작하면서 선왕의 정책을 이어받아 국정을 주도하려 했으나 뜻대로 되지 않았다. 19세 때에는 암행어사를 파견하고 국왕의 친위부대를 강화하는 한편, 《만기요람》을 편찬했다. 그러나 세도정치에 밀려 여러 꿈이 좌절되면서 무능한 왕이라는 오명을 벗지 못했다.

순조 시대에 이양선이 자주 출몰했다. 이양선은 서양의 배를 칭하는 말인데, 그들이 교역의 뜻을 여러 번 청했으나 조선은 받아들이지 않았다.

재위 기간 및 가족 사항

1800년 7월부터 1834년 11월까지 재위 기간은 총 34년 4개월이다. 정비는 순원왕후 김씨이며 2남 3녀를 두었다. 첫째는 효명세자로 대리청정 당시 졸했다. 둘째는 일찍 사망했다. 후궁은 1명으로 옹주를 보았다.

함께 읽으면 좋은 페이지 · 홍경래의 난(342쪽), 정약용(251쪽)

시대가 만든 무능한 왕

여덟 살의 어린 나이로 등극하다

헌종은 순조의 장남인 효명세자의 장남이다. 어머니는 신정왕후 조씨다. 1827년 7월 18일에 태어났으며 이름은 환(奐), 자는 문응(文應)이다. 순조 30년(1830)에 왕세손에 책봉되었고, 그해 아버지인 효명세자가 졸했다. 1834년에 할아버지인 순조가 죽자 8세의 어린 나이로 왕위에 올랐다. 그리고 할머니인 순원왕후 김씨의 수렴청정이 시작되었다. 그녀의 수렴청정으로 다시금 안동 김씨의 세상이 열리며 풍양 조씨와 함께 두 외척 세력이 정권을 놓고 다투기 시작했다. 헌종은 7년 후인 1841년부터 친정했다.

세도정치의 희생물이 된 천주교도

헌종 5년인 1839년에 제2차 천주교 박해 사건이 일어났다. 기해박해라고도 하는 이 사건은 천주교도를 처벌하기 위한 것이었지만, 풍양 조씨가 안동 김씨로부터 권력을 빼앗으려는 의도로 시작되었다.

이때 수렴청정을 하던 순원왕후 김씨의 오라비인 김유근이 천주교 세례를 받았다. 김유근은 정순왕후를 보필하며 세력을 잡고 있던 인물이었다. 당연히 안동 김씨는 천주교에 관대한 태도를 보일 수밖에 없었다. 그러나 김유근이 물러나고 이지연이 우의정에 오르면서 상황이 바뀌었다. 이지연은 천주교에 반감이 많던 인물인데, 풍양 조씨로부터 천주교 상황을 보고받은 그는 천주교 근절에 박차를 가했다. 기해박해로 잡혀 온 이들 중 배교하여 석방된 자가 48명이고, 옥사한 자가 1명, 사형된 자는 모두 118명에 이르렀다.

약해진 왕권으로 인해 일어난 두 번의 역모 사건

헌종이 왕위에 있을 당시 역모 사건이 두 번 일어났다. 순조 대와 마찬가지로 민심은 흉흉하고 민생고는 더욱 가중되었다. 안동 김씨와 풍양 조씨의 세도정치로 왕권조차 힘이 없었다. 이처럼 국가 자체가 불안하다 보니 무능한 왕에 대한 반발로 역모 사건이 발생했다. 정권을 장악한 안동 김씨와 풍양 조씨를 겨냥한 것이긴 했으나, 그들을 치려면 우선 왕을 몰아내야 했다. 왕이 그만큼 우습게 여겨졌던 시기이기도 했다.

그 첫 번째가 헌종 즉위 2년 후에 일어난 남응중 역모 사건이다. 남응중은 남경중, 문헌주, 남공언 등과 함께 사도세자의 서자인 은언군의 손자를 임금으로 추대하고자 군사를 동원, 역모를 일으키려 했다. 그러나 사전에 발각되어 모두 효수(梟首, 죄인의 목을 베어 높은 곳에 매달아 놓음)되었다.

두 번째 역모 사건은 헌종 10년인 1844년에 일어난 민진용의 옥사다. 이들 또한 은언군의 손자 원경을 왕으로 추대하려 했으나 발각되어 모두 능지처참에 처해졌다.

헌종은 재위 기간 동안《동국사략》,《삼조보감》등의 문헌을 찬수했다. 1837년엔 각 도에 있던 댐을 고치거나 보수했다. 헌종 12년(1846)에 풍양 조씨의 1인자였던 조만영이 죽었는데, 그럼으로써 안동 김씨의 세력이 확대되고 급기야 그들의 세상이 되고 말았다.

재위 기간 및 가족 사항

1834년 11월부터 1849년 6월까지 재위 기간은 총 14년 7개월이다. 그의 나이 겨우 23세였다. 정비는 둘인데, 첫째 효현왕후 김씨는 안동 김씨 김조근의 딸로, 왕비에 책봉되었으나 16세에 요절했다. 둘째 계비는 효정왕후 홍씨다. 소생은 없다. 후궁은 1명이고, 궁인 김씨에게서 서녀를 두었으나 일찍 죽었다. 헌종은 여인을 좋아하여 많은 궁인들이 승은을 입었으나 그들에게 후궁의 직첩은 내리지 않았다.

농사꾼에서 왕으로

유배지에서 궁궐로, 죄인에서 왕으로

철종은 정조의 이복동생이자 사도세자의 서자인 은언군의 손자다. 아버지는 전계대원군 이광이며 어머니는 용성부대부인 염씨. 이들의 셋째 아들로 1831년 6월 17일에 태어났으며, 초명은 원범이었다가 변(昪)으로 개명했다. 자는 도승(道升)이다. 은언군은 사도세자와 숙빈 임씨 사이에서 태어났는데, 정조 대에 모반 사건과 관련되어 강화도로 유배되었다. 그리고 천주교와 관계했다는 이유로 사사되었다. 은언군의 아들 이광은 아들로 원경, 경응, 원범을 두었다. 이 중 원경은 헌종 때 역모 사건에 연루되어 죽었다. 이 때문에 가족 모두 강화도로 유배되어 왕족의 지위를 박탈당한 채 농사를 짓거나 나무를 하며 생계를 이어가고 있었다.

순조의 부인인 순원왕후 김씨는 헌종이 후사 없이 위독한 지경에 빠지자 철종인 원범을 후계자로 지목했다. 풍양 조씨가 자신들이 지지하는 인물을 왕으로 내세우기 전에 먼저 선수를 쳐야 했다. 1849년 6월 6일 헌종이 죽자 순원왕후는 당

일로 이원범(철종)에게 종사를 부탁하는 하교를 내렸다. 철종은 궐로 들어와 덕완군에 봉해진 후 순조의 양자 자격으로 왕위에 올랐다. 헌종의 양자가 될 수 없었던 이유는, 항렬로 따지면 철종은 헌종의 7촌 아저씨뻘이었기 때문이다. 그때 나이 19세였다.

그 누구도 헌종의 양자가 될 수 없었던 이유는 6촌 이내에 드는 왕족이 하나도 없었기 때문이다. 계속된 당파 싸움과 외척의 독재정치로 역모와 얽혀 왕실 혈통이 많이 제거된 탓에 왕위를 이을 종친이 없었던 것이다.

차라리 들녘에 허수아비나 될 것을

철종은 19세에 왕이 되었지만 체계적으로 제왕 수업을 받지 못했기에 대왕대비인 순원왕후가 수렴청정했다. 철종은 안동 김씨로 인해 얼결에 왕위에 오른, 그들의 허수아비에 불과했다. 즉위 3년 후 친정을 시작했지만 역시나 안동 김씨의 손아귀에서 벗어날 수 없었다. 철종의 부인인 중전 역시 안동 김씨 김문근의 딸이었다. 더군다나 서얼 출신인 그를 왕으로 인정하지 않는 부류까지 있었다.

안동 김씨의 전횡으로 삼정의 문란이 극에 달해 민란이 일어나기도 했다. 철종은 이를 바로잡고자 삼정이정청(三政釐整廳, 삼정의 폐단을 고치기 위해 임시로 설치한 관아)이란 임시 관아를 설치하지만 3개월 만에 폐지되었다. 힘도 없고 자신을 뒷받침해줄 세력도 없었던 철종은 스스로 좌절하여 병을 키웠다. 처음부터 왕권이 약했던 철종은 결국 주색을 즐기다 1862년 12월 8일 33세를 일기로 생을 마감했다.

철종은 자식 복도 없었다. 후궁에게서 서자 4남을 두었는데 모두 일찍 죽었다. 옹주 하나만이 온전히 살아 박영효와 혼례를 올렸다.

망국의 길로 이끈 세도정치

앞서 언급했듯 안동 김씨의 정권 장악은 나라를 패망의 길로 안내했다. 부정부패가 극에 달할수록 백성들은 민생고를 이겨내지 못하고 유랑민이 되었다. 향리, 아전들의 착취에 분개한 진주 백성은 1862년 민란을 일으켰다. 곧 제압되긴 했으나 9월에는 제주도에서 민란이 발생해 제주관아를 점령하기도 했다. 이 밖에도 함경도, 전라도 등지에서도 대규모 민란이 일어났다. 이와 같은 난국에서 최제우가 주창한 동학사상이 빠르게 전파되어 새로운 세력을 형성했다. 만민의 평등을 주장했으니 당연했다. 이때에 만민 평등을 주장하던 천주교 또한 확실한 기반을 구축할 수 있었다. 조정은 동학의 교세 확장에 두려움을 느낀 나머지 그를 혹세무민(惑世誣民, 세상을 어지럽히고 백성을 미혹하게 하여 속임)의 죄목으로 처형했다.

재위 기간 및 가족 사항

1849년 6월부터 1863년 12월까지 재위 기간은 14년 6개월이다. 정비인 철인왕후 김씨에게서는 소생을 보지 못했다. 후궁은 모두 7명으로 4남 1녀를 두었지만, 아들 4명은 일찍 죽었다.

함께 읽으면 좋은 페이지 · 최제우(269쪽), 전봉준(273쪽)

어찌하여 왕이 되었으며, 어찌하여 망국에 이르렀는가

세도정치가 만든 조선의 마지막 왕

고종은 흥선대원군 이하응의 둘째 아들이다. 어머니는 여흥부대부인 민씨다. 1852년 7월 25일에 태어났으며 어릴 적 아명은 명복(命福)이고, 초명은 재황(載晃)이다. 이후 희(熙)로 개명했으며, 자는 성림(聖臨)이다.

혈통으로 따지자면 고종은 왕이 되기 어려웠다. 고종의 할아버지는 인조의 3남인 인평대군의 6대손인 이병원의 아들로, 이름은 이구다. 이구는 사도세자의 서자인 은신군 이진에게 양자로 들어 남연군에 봉해졌다. 이구의 아들이 흥선대원군 이하응이고, 흥선대원군에겐 큰아들 이재면이 있었다. 그러나 고종은 나이가 어린 덕분에 이재면을 제치고 왕위에 오를 수 있었다. 섭정을 계획한 흥선대원군에게는 12세의 고종이 이미 19세가 된 장남보다 편했던 것이다.

철종이 안동 김씨에 의해 왕이 되었다면, 고종은 풍양 조씨인 신정왕후(효명세자빈)에 의해 왕이 된 인물이다. 철종이 후사 없이 승하하자 조대비(신정왕후)는 흥선대원군의 아들을 양자로 들여 안동 김씨를 몰아내려 했다. 고종은 즉위 당시 12세였으므로 조대비가 수렴청정을 했다. 그러나 사실상 흥선대원군의 시대가 열렸다. 이하응은 자신의 아들을 왕위에 올리면서 정치적 야망을 드러냈다.

대체 왕이 누구입니까?

고종은 왕좌를 차지했지만 아버지인 흥선대원군이 전권을 휘두르는 바람에 왕권을 행사할 수 없었다. 대원군은 10년간 정권을 잡았는데 세도정치를 배제하며 붕당의 폐해를 없애고, 인재를 고루 등용했다. 양반에게도 군역과 부역을 부담시켜 신포(身布, 양인이 군역과 부역 대신에 바치던 무명이나 베)를 징수했다. 그러나 경복궁 중수로 재정이 바닥나고 과중한 노역 등으로 백성의 원한을 사기도 했다. 또한 천주교를 박해했는데, 이로 인해 고종 3년(1866)에 병인양요(丙寅洋擾, 흥선대원군의 천주교도 학살, 탄압에 대항하여 프랑스 함대가 강화도를 침범한 사건)가 일어났다. 그리고 고종 8년(1871)엔 신미양요(辛未洋擾, 미국 군함이 강화도 해협에 침입한 사건. 대동강에서 불탄 제너럴셔먼호 사건에 대한 문책과 함께 조선과 통상조약을 맺고자 했으나 격퇴되었다)가 일어났는데, 미국은 이를 계기로 조선과 통상, 즉 무역을 행하고자 했으나 흥선대원군의 쇄국정책으로 불발되었다. 대원군은 미국과 전쟁을 치른 이후로 쇄국양이 정책을 더욱 강화했으며 양이와의 화친은 매국이요, 망국 행위라고 경계했다. 그러나 외골수 같은 쇄국정책은 조선을 패망의 길로 들어서게 했고, 개화 세력의 원망을 샀다.

성인이 된 고종은 아버지의 독주를 막고자 친정을 선포했다. 흥선대원군의 정치에 불만을 품은 관료들과 쇄국정책에 반감을 가지고 있던 개화 세력, 명성황후 민씨의 세력이 고종을 지지했다. 고종은 친정을 시작하며 자신의 포부를 실현하고자 애썼다. 고종 13년(1876)에 강화도조약이 체결되었는데, 이로써 조선은 인천, 원산의 두 항구를 개항해 외국과 교류를 시작했다. 그러나 불평등조약이었기에 이 조약은 일본의 식민주의 침략에 발판을 놓아주는 격이 되어버렸다.

1882년 임오군란(壬午軍亂)이 발생하며 대원군은 재기했다. 임오군란은 신식 군대와 구식 군대의 차별에서 일어난 군란인데, 대원군은 구식 군대의 추대로 재집권했다. 이미 이때 대원군은 며느리인 명성황후 민씨와 사이가 좋지 않았다. 대원군을 정계에서 몰아낸 것도 민씨고, 정권을 잡은 이들도 민씨 세력이었다. 대원군은 자신을 피해 도망친 명성황후가 죽었다고 선포한 후 장례까지 치르려 했다. 그러나 청나라의 도움으로 군란이 진압되고, 1개월 만에 다시 고종이 복위했다. 이때 청나라는 흥선대원군을 납치했다가 훗날 명성황후를 견제할 목적으로 풀어줬다. 임오군란으로 청나라의 간섭이 더욱 심해졌다.

이준용 옹립 사건, 천륜도 필요 없는 권력의 맛

임오군란을 제압한 청나라 군대는 조선에 주둔하며 물러날 기미가 없었다. 청나라 군대로 인해 개화파는 1884년 갑신정변을 일으켰지만 이 또한 청나라 군대에 진압되었다. 명성황후와 고종이 임오군란을 진압하고자 청나라를 불러들였으나, 이제 그 청나라가 골칫거리가 되었다.

고종이 청나라에서 러시아로 마음을 돌리려 하자 청나라는 그를 내쫓고 이재면의 아들인 이준용을 왕으로 옹립할 계획을 세웠다. 이준용을 왕으로, 흥선대원군을 섭정으로 지목했다. 그러나 주변의 협조가 미비해 실패했다.

이준용 옹립 사건은 이것으로 끝나지 않았다. 1894년 동학운동이 일본에 의해 진압되면서 잠시 권력이 흥선대원군에게로 옮겨 갔다. 이때 대원군은 다시금 손자인 이준용을 옹립하려고 계책을 꾸몄다. 그러나 이 계획은 일본 공사관과 대신들의 반발로 무산됐다. 할아버지 때문에 이준용은 종신형을 선고받았다.

명성황후가 시해당하다

일본은 시시탐탐 조선을 노리고 있었다. 청나라도, 러시아도 마찬가지였다. 1894년 탐관오리의 전형적인 인물이었던 고부군수 조병갑의 가혹한 수탈로 인해 동학운동이 일어났다. 동학농민운동은 순식간에 전국으로 확산되었고 이를 일본이 제압했다. 일본은 이를 계기로 조선에 대한 영향력을 다시 발휘하려 했다.

명성황후는 청나라와 일본을 견제하고자 러시아와 친밀한 관계를 형성했다. 당시 러시아는 영국, 독일과 삼국동맹을 맺고 있었는데, 친러 정책은 자구책으로 썩 괜찮은 대안이었다. 일본은 다급해졌다. 결국 일본 공사 미우라가 명성황후 시해를 계획했다. 일본인 자객들은 1895년 음력 8월 20일 새벽에 곤녕합(坤寧閤)에 난입하여 명성황후를 살해했다. 그러고는 시신에 석유를 뿌리고 태웠다. 이 사건으로 신변에 위협을 느낀 고종은 러시아 공사관으로 아관파천(俄館播遷), 즉 1년간 피신했다. 고종은 러시아의 보호를 받았으나 그에 따른 내정간섭도 받아야 했다.

1897년 2월에 다시 환궁한 고종은 그해 10월 21일 황제 즉위식을 열어 왕국이었던 조선을 대한제국으로 선포했다. 새로운 국호를 세움으로써 자주권을 재정비하고 떨어진 왕의 권위를 다시 세우고자 함이었다. 대한제국 선포로 이미 죽은 명성 '왕후'도 '황후'가 되었다.

을사조약 그리고 강제 퇴위

1905년 일본은 만주와 조선의 지배권을 놓고 러시아와 전쟁을 벌여 승리했다. 그리고 그해 11월 을사조약을 체결하며 조선을 식민지로 만들려는 구체적인 계획에 돌입했다. 이 불공평한 조약은 사실상 국가의 주권을 상실한 조약이었다. 그러나 을사조약 당시 고종은 건강을 핑계로 불참했다. 일본은 어전회의에 참석한 대신들을 무장한 헌병과 경찰로 에워싸고 대신들에게 협박을 가했다. 9명의 대신 중 5명이 서명하여 이 조약이 체결되었는데, 이들을 두고 조국을 팔아먹은 매국노, 을사오적이라 했다. 박제순(朴齊純, 외부대신), 이지용(李址鎔, 내부대신), 이근택(李根澤, 군부대신), 이완용(李完用, 학부대신), 권중현(權重顯, 농상부대신)이다.

고종은 을사조약이 무효라고 주장하며 미국에 지원을 요청했다. 그러나 묵살되었다. 이에 고종은 1907년 6월 헤이그에서 열리는 제2차 만국평화회의에 모든 것을 걸었다. 이 회의는 식민지 쟁탈전에 따른 분쟁을 해결하는 대규모 국제회의였다. 고종의 밀명을 받은 이상설, 이준, 이위종이 호소했으나 본회의 참석은 결국 좌절되었다. 이준은 그곳에서 순국하고 나머지 두 사람은 이완용(1910년에 총리대신으로 정부의 전권 위원이 되어 한일병합조약을 체결하는 등 민족을 반역했으며, 일본 정부로부터 백작伯爵을 받고 조선총독부 중추원 고문을 지냈다)에 의해 사형과 종신형을 선고받고 귀국하지 못했다. 일본은 헤이그 특사 사건을 빌미로 고종을 강제 퇴위시켰다.

무엇이든, 누구이건 간에 마지막 책임은 무거운 것이다

1907년 7월 20일 고종은 아들인 황태자(순종)에게 양위하고 물러났다. 태황제의 칭호를 받고 덕수궁에서 생활하다 1919년 1월 21일 승하했다. 그의 나이 68세였다.

그의 사망을 두고 항간에는 일본의 독살설이 퍼지기 시작했다. 고종이 위중하여 이완용이 숙직을 했는데 그가 나인을 시켜 식혜를 올렸다는 것이다. 식혜를 마신 고종은 복통으로 급서했다. 또한 고종 승하 이틀 뒤에 식혜를 올린 나인 김씨가 감기로 죽었으며, 2월 2일에는 나인 박씨가 심한 기침으로 죽었다. 독살설이 확산되자 일본은 〈매일신보〉에 고종의 사인이 뇌출혈이란 기사를 내보내기도 했다. 이 이야기는 실록이 아닌 윤치영의 일기에 기록되어 있다.

고종의 독살설로 항일 감정은 더욱 거세져 그의 장례일인 3월 3일에 3·1운동이 전국에서 일어났다.

— 조선의 마지막 왕이자 대한제국의 첫 황제인 고종은 재위 기간 중 수많은 사건을 겪었고 부인마저 살해당하는 비참한 광경 또한 목격해야 했다. 망국으로 가는 막바지 길이었으니 어쩌면 당연한 파란이었다. 이 시대의 삶을 온전

히 살아보지 못했으므로 기록에 의존할 뿐이지만, 사견으로 너무 치우치지 않기 위해 노력했다.

성군이 되려면 왕의 역량도 뛰어나야겠으나 시대가 성군을 만들기도 한다. 어떤 인재가 곁에 있는지, 그 시대의 세도 정치나 당쟁은 어떠했는지도 함께 살펴야 하는 것이다. 고종 시대를 보자면 명성황후에게 연민을 느끼는 이가 있는가 하면, 고종에게 연민을 느끼는 이도 있겠으며, 외골수이긴 했으나 흥선대원군의 편을 드는 이도 있을 것이다. 만일 흥선대원군이 정권을 계속 잡고 있었다면 어찌 되었을까.

조선 시대는 물이 흐르듯 흘러온 것이다. 이미 지나쳐온 역사에 만약이란 단어를 가져다 붙이기엔 그 시간이 너무 오래되었다. 또한 조선이 망하고 일본의 식민지가 되었고, 그 험난한 길을 걸었기에 지금의 우리가 있는 것이기도 하다. 이 시대를 만들어준 역사에게 지금 우리는 감사해야 하며, 그들이 만들어놓은 조선, 한국을 앞으로 더 좋은 사회로 발전하게 만드는 것도 우리의 몫일 것이다.

재위 기간 및 가족 사항

1863년 12월부터 1907년 7월까지 재위 기간은 총 43년 7개월이다. 역대 재위 기간 랭킹 3위이다. 정비는 명성황후 민씨로 2남을 두었으나, 큰아들은 항문이 막힌 채 태어나 5일 만에 죽었다. 둘째 아들이 27대 왕인 순종이다. 후궁은 6명이고 서자녀로 5남 1녀를 두었다. 하나뿐인 여식이 바로 덕혜옹주다.

함께 읽으면 좋은 페이지 · 강화도조약(346쪽), 갑신정변(358쪽), 을미사변(363쪽), 을사조약(368쪽)

죽어서야
당당한 왕이 되다

대한제국 최후의 황제

순종은 고종의 둘째 아들이다. 어머니는 명성황후 민씨로, 1874년 2월 8일에 태어났다. 이름은 척(坧), 자는 군방(君邦)이다. 두 살 때 세자에 책봉되었고, 1897년에 대한제국이 수립되면서 황태자가 되었다. 아홉 살에 민태호의 딸인 순명효황후 민씨를 세자빈으로 맞았으나, 1904년에 민씨가 죽었다. 그래서 1906년에 윤택영의 여식을 황태자비로 맞이했다. 순정효황후 윤씨다.

순종은 일본에 의해 황제가 되었다. 헤이그 특사 사건 이후 일본은 고종을 강제로 퇴위시키고 순종을 그 자리에 앉혔다. 3년 후 또다시 일본에 의해 왕으로 강등된 순종은 창덕궁에서 여생을 보냈다.

3년이라는 고통의 시간

순종이 황제의 자리에 오르긴 했지만 그는 일본에 의해 세워진 껍데기 황제에 불과했다. 일본은 조선의 식민지화에 고종이 걸림돌이 되자 순종을 옹립한 것이었다. 순종은 아무런 권리도 행사하지 못한 채 백성에게 죄인이 되어 고통의 시간을 보내야 했다.

순종이 즉위하자 일본은 이완용과 이토 히로부미의 명의로 한일신협약(韓日新協約)을 체결했다. 이 조약은 법령 제정권, 관리 임명권, 행정권 등 모든 행정·사법 사무를 통감부의 감독 아래에 두는 것을 강요한 것이었다.

일본은 1906년부터 1910년까지, 조선이 일본의 식민지가 될 때까지 통감부를 설치 운영했다. 일종의 감독기관이자 감시기관이었다. 이때의 통감이 바로 이토 히로부미다.

이로 인해 정권은 일본에 넘어갔고, 일본은 대한제국의 군대마저 없애버렸다. 1908년엔 동양척식주식회사를 설립하여 대한제국의 자원과 토지까지 수탈하려 들었다. 국가 재정, 백성들의 재산까지 몰수해 식민지에서 벗어나지 못하도록 했다.

1909년엔 총리대신 이완용과 일본의 2대 통감 소네 아라스케가 기유각서(己酉覺書)를 맺음으로써 사법권 및 감옥 사무 처리권까지 일본에 넘겼다. 해가 바뀔 때마다 하나씩 이완용은 일본에 대한제국의 권한을 팔아먹었다.

1909년에 이토가 안중근에 의하여 암살되었다. 12월에는 이완용이 습격을 당하자 일본은 조선의 식민지화를 지체 없이 밀어붙였다.

조선왕조 519년의 종지부를 찍다

1910년 8월 29일 한일병합조약이 체결되었다. 8월 16일 총리대신 이완용에게 일본은 비밀리에 조약안을 제시했다. 그리고 22일 이완용이 동의함으로써 8월 29일 한일병합조약이 체결되었다. 1909년 12월 명동성당 앞에서 습격을 당한 이완용은 칼을 맞았지만 목숨은 건진 상태였다. 이로써 대한제국 멸망과 함께 조선왕조 519년의 역사도 묻히게 되었다. 순종 또한 황제에서 왕으로 강등되어 창덕궁으로 물러났다.

그러나 한일병합조약은 처음부터 불법이고 무효였다. 을사조약에 따르면 일본과 조약을 체결할 때는 황제의 승인과 최종 확인을 받아야 하는데 그렇지 않았고, 대한제국의 황제와 정부의 의사가 아닌 일본의 강압에 따라 체결된 것이었기 때문이다.

이 조약은 1965년 한일기본조약(한국과 일본 양국의 일반적 국교 관계를 규정한 조약) 체결 때 무효임을 규정하고 재확인했다. 제2조에 "1910년 8월 22일 또는 그 이전에 대한제국과 일본제국 간에 체결된 모든 조약 및 협정이 이미 무효임을 확인한다."라고 명시했다.

대한제국은 일제 식민지가 된 35년 뒤, 1945년 8월 15일 모두의 숙원이었던 광복을 맞이했다.

죽어서야 작게나마 당당한 왕이 되다

일본에 의해 창덕궁에 머물던 순종은 1926년 4월 25일 승하했는데 그때 나이 53세였다. 6월 10일에 국장이 치러졌다. 소생이 없던 순종은 저승길 또한 외로웠다. 순종이 위급하다는 소식을 듣고 잠시 귀국했던 덕혜옹주는 국장에 참석도 하지 못하고 일본에 의해 강제 출국되었다.

이날 상여가 종로로 진입하자 많은 학생과 시민이 몰려들었다. 그러고는 여기저기서 독립만세운동이 시작되었다. 일순 종로는 아수라장이 되었다. 시민들의 우렁찬 만세 소리는 천둥처럼 울렸고, 이를 제압하려는 일본의 총소리도 굉음이 되어 울렸다. 이 운동은 전국에서 동시에 일어난 운동이었다.

3·1운동처럼 널리 확산되지는 못했으나 순종은 그제야 당당한 황제가 되었다. 단 하루, 자신의 국장일을 백성에게 온전히 내어주었기 때문이다. 죽음의 문턱 앞에서 이 6·10운동을 누구보다 간절히 바랐는지도 모른다.

— 조선 후기로 접어들며 많은 백성들이 민란을 일으켰다. 살고자 하는 희망을 표출한 것이었다. 일제의 지배를 받으면서도 수많은 투쟁이 벌어졌고 홀로 자신의 의지를 강력하게 보여준 이도 많았다. 애국계몽운동, 독립운동 등 나라를 되찾고자 하는 백성의 몸부림은 오로지 나라를 사랑하는 마음에서 비롯된 것이었다.

재위 기간 및 가족 관계
1907년 7월부터 1910년 8월까지 3년 1개월이다. 정비는 앞서 언급했듯 둘이고 소생은 없다.

역대 한국통감부 의장
역대 한국통감
- 제1대: 이토 히로부미
  (伊藤博文, 1906년 3월 2일~1909년 6월 14일)

- 제2대: 소네 아라스케

    (曾禰荒助, 1909년 6월 14일~1910년 5월 30일)

- 제3대: 데라우치 마사타케

    (寺内正毅, 1910년 5월 30일~1910년 8월 29일)

역대 한국통감부 부통감

- 제1대: 소네 아라스케

    (曾禰荒助, 1907년 9월 21일~1909년 6월 14일)

- 제2대: 야마가타 이사부로

    (山縣伊三郎, 1909년 6월 14일~1910년 8월 29일)

— 1910년 8월 29일부로 조선왕조가 문을 닫고 일본의 지배하에 들어갔기
에 더 이상 통감은 필요치 않았다.

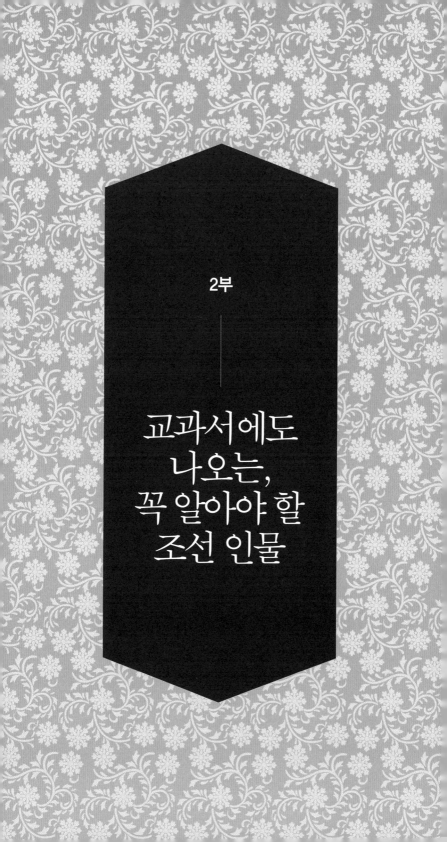

2부

교과서에도
나오는,
꼭 알아야 할
조선 인물

왕은 누구인들 상관없다

평탄치만은 않았던 벼슬길

정도전은 1342년에 태어났으며 자(字)는 종지(宗之), 호(號)는 삼봉(三峰)이다. 아버지는 형부상서(刑部尙書) 정운경이다. 스승은 목은 이색이며, 동문으로는 잘 알려진 정몽주, 박의중, 윤소종 등이 있다. 타고난 자질이 총명하고 민첩하며 학문을 좋아해 많은 책을 습득하여 해박했다.

공민왕 11년인 1362년 진사시에 합격하여 벼슬길에 들었으며 충주사록에 임명되면서 관직 생활을 시작했다. 통례문지후로 있다 아버지가 죽자 사직했는데, 연이어 어머니까지 죽자 여막을 짓고 5년 넘게 상제를 지냈다. 1370년에 성균박사가 되어 승진하다가 1375년 친원파 세력과 대립하면서 지금의 전라도 나주인 회진현으로 유배되었다. 당시 정도전은 공민왕과 함께 친명 정책을 주장했는데, 원나라 사신 마중을 거부한 이유로 유배된 것이었다. 공민왕은 원의 간섭에서 벗어나고자 반원 정책을 펼치고 있었다. 고려는 약 70여 년간 원나라의 간섭과 수탈을 받고 있었다. 이 시기 이미 원나라는 멸망한 상태였고, 명나라는 떠오르는 강국이었다. 어찌 되었건 이 일로 2년간의 유배 생활을 하고 돌아온 정도전은 고향에 머물면서 학문 연구와 후진 양성에 힘쓰며 이름을 떨쳤다.

우왕 10년인 1384년에 동문인 정몽주가 명나라로 가게 되었다. 이때 정몽주의 추천으로 명나라에 동행하게 되면서 다시 정계에 복귀했다. 1388년엔 이성계의 천거로 성균대사성에 올랐으며, 창왕을 폐위하고 공양왕(당시 실권을 잡은 이성계에 의해 옹립되었다가 3년 후 이성계에 의해 폐위된 고려의 마지막 왕)을 옹립, 봉화현충의군(奉化縣忠義君)에 책록되었다. 1390년에 성균대사성과 삼사부사를 역임했다. 이때 구세력의 탄핵을 받아 관직을 박탈당하고 유배되었다 풀려났으나, 정몽주의 탄핵으로 다시 투옥되었다. 이방원에 의해 정몽주가 살해되자 조준, 남은 등과 함께 이성계를 왕으로 추대했다.

장자방을 자처하며 조선을 설계하다

"한나라 고조가 장자방을 이용한 것이 아니라, 장자방이 한고조를 이용했다."

취중 정도전이 자주 뱉은 말인데, 이는 이성계가 자신을 이용한 것이 아니라 정도전 자신이 이성계를 이용했다는 소리다. 정도전은 그만큼 자신을 확고하게 믿었다.

정도전이 이성계를 처음 만난 것은 우왕 10년인 1384년이다. 이때 이성계는 동북면도지휘사였는데 두 사람의 야망이 서로를 끌어들였다. 정도전은 이성계를, 이성계는 정도전을 서로 이용하여 조선을 탄생시켰다.

정도전은 이성계를 왕으로 추대한 후 분의좌명개국공신 (奮義佐命開國功臣, 고려 시대 삼사의 으뜸 벼슬로 조선 초기 1400년에 명칭이 바뀌었다)으로 1등에 녹훈되고, 최고의 관직인 판삼사사(判三司事)에 올라 야망을 펼쳤다.

이성계를 왕으로 옹립하며 새 나라 조선을 설계한 이는 정도전이었다. 모든 것이 그의 복안(腹案)에 따라 이뤄졌다. 정도전은 새 도읍지와 궁궐의 자리를 정하고 종묘의 위치를 정하는 등 수도 건설의 총책임자로서 모든 것을 관장했다. 4대문 4소문의 이름과 한성부의 5부 52방의 이름도 그가 지은 것이다. 정도전은 풍수에도 조예가 깊었다. 유교를 바탕으로 조선을 설계한 정도전은 불교를 배척했다. 고려 말 승적에 오른 백성이 매우 많았는데, 정도전은 경복궁 공사에 승려들을 대거 참여시켰다.

명나라의 미움을 사다 – 표전문 사건

공민왕은 고려 말 원나라의 세력이 약해지자 철령위(중국 명나라가 설치하려던 70개소의 병참 군영)를 점령했다. 그런데 우왕 14년에 명나라가 이 지역의 소유권을 주장하자 최영의 주장에 따라 한 차례 요동 정벌이 급물살을 탔지만 이성계의 위화도 회군으로 좌절됐다. 조선이 개국된 이후에도 명나라와 사이가 좋지 않았는데 정도전이 다시금 요동 정벌을 주장하고 나섰다. 당시 명나라는 조선의 정치에는 간섭하지 않았으나 요동 문제에 대해서는 유독 민감했다. 요동은 중국으로 가는 중요한 육상 통로였고 외교사절과 상인들의 왕래가 빈번한 만큼 영유권 다툼이 치열할 수밖에 없었다. 명나라로서는 정도전이 눈엣가시였다.

그러던 중 태조 3년(1397)에 표전문 사건이 일어났다. 표전문이란 표문과 전문을 일컫는데, 조선이 중국 황제와 황태자에게 보내는 공식 문서를 뜻한다. 명나라는 표문이 불손하다는 트집을 잡으며 정도전의 소환을 요구했다. 그러나 당시 조정의 중심에 있었던 정도전을 명나라로 보내자는 이는 아무도 없었다. 이에 하륜이 정탁과 정도전 대신 표문 제찬에 참여한 권근을 대동해 명나라로 가 해명하며 사건은 일단락되었다.

이를 계기로 정도전은 더욱 요동 정벌에 박차를 가했다. 하지만 군량미와 병력을 확보하기 위해 사병 혁파를 강행하다 이방원이 일으킨 왕자의 난으로 목숨을 잃었다. 이로써 요동 정벌도 물거품이 되었다.

단 하나의 실수, 범을 알아보지 못하다

정도전은 조선을 개국하며 유교를 바탕으로 왕도정치를 실현하고자 했다. 그러나 어찌 보면 재상정치라 할 수 있었다. 조선의 첫 세자로 개국에 지대한 공을 세운 방원이 아니라 서자인 방석을 앉히려 한 것만 봐도, 강력한 왕권보다는 신권 중심의 정치를 펴려 한 것으로 보인다.

방석은 이성계의 둘째 부인인 강씨의 소생으로, 그것도 둘째 서자다. 이성계의 첫째 부인에게는 아들이 여섯이나 있었는데, 방석이 그들을 모두 제치고 세자가 되었다. 방석이 세자의 자리에 오른 데는 정도전의 힘이 컸다. 물론 태조와 그의 둘째 부인인 강씨의 세가 그만한 힘을 발휘한 것도 있었다. 이방원에게 정도전은 같은 하늘 아래 살지 못하는 불구대천지원수가 되었다.

이방원은 문무를 모두 갖추었는데 그의 행보로 본다면 아주 강력한 왕권을 행사하고도 남을 인물이었다. 정도전에겐 맞지 않는 왕이었다. 그리하여 정도전은 늘 이방원과 왕족의 사병을 경계했다. 정도전의 사병 혁파 주장에 이방원은 난을 일으켰고, 결국 그는 목숨을 잃었다. 정도전은 조선 초 내내 신원을 회복하지 못하다가 고종 때 흥선대원군에 의해 관직이 회복되었다. 경복궁을 만든 정도전의 공을 인정해서였다.

법전인《조선경국전》을 지어 태조에게 올렸는데, 이는 조선 최초의 법전인《경국대전》의 모체가 되었다.《고려국사》37권을 찬진했고, 저서로는《삼봉집》,《경제문감》,《불씨잡변》,《심문천답》등 많은 작품을 남겼다.

서출이란 신분의 비밀

실록에 따르면 김전(金戩)이 중이 되었다가 종(노비)의 아내와 간통해 딸을 낳았는데, 이 딸이 정도전의 외할머니라 한다. 그리고 정도전의 외할아버지는 이름이 우연(禹延)인데, 우현보(禹玄寶)의 자손이 김전의 먼 인척으로 이 사실을 알고 있어 정도전이 출세하면서 그 세 아들을 죽였다 한다. 그러나 실록에 나오는 우현보는 단양 우씨이고, 정도전의 외할아버지는 영주 출신의 우연(禹淵)이다. 정도전의 아버지인 정운경의 행장(行狀)에 어머니 우씨는 영주 출신 산원(散員, 정8품의 무관직) 우연의 딸이라고 적혀 있다. 그러니 실록의 기록은 틀리다 할 수 있다.

《태조실록》〈정도전 졸기(卒記)〉편을 보면 정도전에 관한 비평이 난무하다. 그의 죽음을 "남은 등과 더불어 어린 서자의 세력을 믿고 자기의 뜻을 마음대로 행하고자 하여 종친을 해치려고 모의하다가, 자신과 세 아들이 모두 죽음에 이르렀다."라고 실록은 평하고 있다. 이 기록은 태종 이방원이 왕이 된 후 편찬한 것인데, 승자에 의해 패자가 폄하된 기록이라 추정할 수 있겠다. 정도전의 출신 성분과 관련한 실록의 기록 또한 이방원 측의 인신공격일 수 있다.

함께 읽으면 좋은 페이지 · 왕자의 난 1차 · 2차(280쪽)

전하께선 실록을
보실 수 없사옵니다

두문동 그리고 맹사성

　맹사성은 고려 수문전제학(修文殿提學) 맹희도의 아들이며
자는 자명(自明), 호는 고불(古佛), 동포(東浦)이다. 최영의 손녀
사위이고, 온양 출신이다. 우왕 12년(1386)에 급제하여 벼슬살
이를 시작했다.

　두문동(杜門洞)은 지금의 북한 황해도 광덕산 서쪽에 있는
골짜기인데, 고려가 망하고 조선이 개국하면서 두 임금을 섬
길 수 없다고 생각한 이들이 들어가 모여 살던 곳이다. 기록
에 따르면 모두 72명이 살았는데, 그중엔 맹사성의 조부인 맹
유도 있었다. 맹사성의 아버지인 맹희도 역시 두문동에 들어
갔으나 황희와 함께 낙향했다. 그러고는 벼슬길에 나서지 않
았다. 하지만 맹희도는 아들인 맹사성을 격려하며 백성을 위
한 관리가 되도록 지지했다. 할아버지와 아버지의 뜻을 받들
어 맹사성은 실제로 백성을 위해 살다 떠났다. 그는 평생을 청
렴결백했는데, 훗날 그가 남긴 것은 검은 소와 비가 새는 낡은

집이 전부였다. 나라의 녹봉만으로 생활한 그는 그마저도 아껴 백성에게 나눠주었다.

— 두문동 72인은 불에 타 죽었는데, 영조 대에 이르러 영조가 그곳에 충절을 기리는 비석을 세우고 제사를 지내주었으며, 그들의 자손을 등용하기도 했다.

좌천도 시련도 모두가 내 것이다

맹사성은 최영 장군의 손녀딸과 결혼했다. 고려 말 이성계가 위화도 회군으로 권력을 장악한 후 최영을 숙청했는데, 그의 아들이자 맹사성의 장인인 최담 역시 목숨을 잃었다. 맹사성 또한 연루되어 외직으로 좌천되었다.

조선 개국 이후에는 태조 5년(1396)에 개국공신 정희계의 시호를 최견이 지어 올렸다. 그러나 당시 예조의랑(禮曹議郞)으로 있던 맹사성이 잘못됨을 아뢰지 않았다는 이유로 파직당했다. 태종 4년에는 노비 문제로 인해 온수로 유배되기도 했다. 맹사성은 시련을 묵묵히 받아들였다. 이유 불문하고 모든 것이 제 것이라 여겼기 때문이다.

음악을 사랑한 맹사성

맹사성은 음악을 사랑했다. 1411년에는 예조에서 음악에 능통한 맹사성을 서울에 머물게 했다는 기록이 있다. 하륜은 그에게 악공을 가르치도록 태종에게 청했다. 맹사성은 악기도 직접 만들어 사용할 만큼 음악에도 천부적인 자질을 보였다. 맹사성은 박연과 함께 중국 음악인 아악과 우리나라 음악인 향악을 조합해 새로이 정리하고 조선에 맞는 궁중음악도 정비했다.

태종의 사위 대조림을 법대로 집행하다

태종 8년(1408)에 맹사성은 큰 위기를 맞았다. 목인해 반역 사건인데, 목인해는 관노로 있다가 활을 잘 쏘아 태종 이방원의 눈에 들어 왕자의 난 때도 공을 세웠다. 목인해는 태종의 사위인 조대림의 집을 드나들며 그를 꾀어 반역을 도모하다가 일이 발각되자 조대림에게 그 죄를 전가했다. 이로 인해 맹사성은 목인해와 조대림을 모두 잡아다가 국문했는데, 조대림이 곤장을 많이 맞았다. 태종은 당연히 노했다. 감히 자신의 사위를 윤허도 없이 곤장을 쳤으니 죄가 있건 말건 괘씸했다. 이에 태종은 맹사성과 그의 아들인 맹귀미까지 사형에 처하라고 명했다.

맹사성은 이 일로 하옥되어 심한 고문을 받았는데 태종은 그에게 모약왕실(謀弱王室), 즉 왕실을 약하게 하려고 도모했다는 죄를 거짓으로 자백받았다. 맹사성의 스승인 권근은 병든 몸으로 여(轝, 임금의 가까운 사람들이나 높은 벼슬아치들이 타던 수레 형태의 탈것)를 타고 달려왔고, 하륜, 성석린 등이 태종에게 엎드려 살려줄 것을 호소했다. 맹사성은 죽음은 면했으나 곤장 100대를 맞고 한주로 유배되었다.

1411년 태종은 맹사성을 방면하고 쌀과 콩 20석을 하사하며 그를 다시 기용했다. 왕의 눈치를 살피지 않고 법대로 일을 진행한 맹사성은 이 일로 태종의 신뢰를 얻었으며, 세종 시대의 주역으로 성장했다. 이후 맹사성은 이조참판, 예조판서, 호조판서를 역임했고, 세종 대에 이조판서, 우의정, 좌의정을 거쳤다. 그 어디의 당파에도 들지 않고 늘 솔직하고 검소하게 살았으므로 왕들의 아낌을 받을 수 있었다. 맹사성은 세종의 업적에도 많은 노력을 기울였다.

"전하! 전하께서는 실록을 보실 수 없사옵니다"

세종 13년(1431)에 《태종실록》이 편찬되자 세종은 무척이나 궁금했다. 세종이 맹사성에게 실록을 보여달라고 청했다. 그러자 맹사성이 다음과 같이 아뢰었다.

> "이번에 편찬한 실록은 모두 가언(嘉言, 본받을 만한 좋은 말)과 선정(善政, 백성을 바르고 어질게 잘 다스리는 정치)만이 실려 있어 다시 고칠 것도 없으려니와 하물며 전하께서 이를 고치시는 일이야 있겠습니까. (그러하오나) 전하께서 만일 이를 보신다면 후세의 임금이 반드시 이를 본받아서 고칠 것이며, 사관(史官)도 군왕이 볼 것을 의심하여 그 사실을 반드시 다 기록하지 않을 것이니 어찌 후세에 그 진실함을 전하겠습니까." 《세종실록》 13년(1431) 3월 20일

세종은 맹사성의 직언을 받아들였다. 그리고 조선의 임금은 그 누구도 실록을 마음대로 볼 수 없게 되었다. 세종 또한 맹사성을 누구보다 아꼈고 믿었기에 그의 뜻을 따른 것이었다.

맹사성은 굉장한 효자였다. 그의 아버지인 맹희도가 병이 깊어지자 사직하고 돌보았다. 그런 일이 여러 번 있게 되자 세종 또한 맹사성이 필요했으므로 그의 사직상소를 모두 윤허할 수 없었다. 대신 궁궐 어의로 하여금 맹희도의 약을 짓게 하여 하사했다.

1435년, 맹사성은 나이가 많아 직을 사양하고 물러났다. 하지만 나라에 긴한 대소사가 있으면 꼭 맹사성에게 의논했다.

초가집과 검은 소

맹사성은 평소 검은 소를 타고 다녔다. 아버지를 뵈러 갈 때도 남루한 옷차림에 피리 하나 들고 검은 소를 타고 다녔다. 그의 행차는 늘 이렇듯 검소하여 아무도 그가 나라의 재상임을 알지 못했다고 한다. 검은 소가 맹사성에게 온 사연은 이러했다. 어느 날 맹사성은 아이들에게 괴롭힘을 당하여 울고 있는 소를 데려다 돌보게 되었다. 그런데 아무리 기다려도 주인이 나타나지 않았다. 이때부터 맹사성은 검은 소를 기르며 함께했는데, 훗날 맹사성이 죽자 소 또한 곡기를 끊고 그를 따라 죽었다.

맹사성은 1438년 79세의 나이로 생을 마감했다. 그의 죽음에 세종 또한 매우 슬퍼했는데, 맹사성이 남긴 것이라곤 허름한 집 한 채와 피리 하나, 검은 소가 다였다고 한다. 앞서 언급했듯 나라에서 받은 녹봉을 아껴 백성에게 나눠주었다 하니 그 살림이 궁색할 수밖에 없었다.

《세종실록》〈맹사성 졸기〉 편에는 아무리 낮은 사람이 방문해도 관대를 갖추고 대문 밖에 나와 맞이했고, 배웅을 할 때도 손을 모아 몸을 구부리며 손님이 떠난 후에야 집으로 들었다 전한다. 목인해 반역 사건 당시 맹사성의 사형을 극구 반대하며 나섰던 성석린은 맹사성에게 선배였다. 그런 그도 맹사성의 집을 지나칠 때면 꼭 말에서 내려 지나갔는데 세상을 마칠 때까지 그 귀찮은 일을 했다 하니, 이 일 또한 맹사성의 성품을 알려주는 대목이다.

3. 황희 黃 喜
1363~1452

24년간 최장수 재상이
비 새는 초가집이 웬 말인가

조선의 최장수 영의정

황희는 판강릉부사(判江陵府事) 황군서의 아들이며, 자는 구부(懼夫)다. 출생해서 신기(神氣, 정신과 기운)가 보통 아이와 달랐다고 실록은 기록하고 있다. 그가 처음 맡은 관직은 음직(蔭職, 과거를 거치지 않고 조상의 공덕에 의하여 맡은 벼슬)인 복안궁녹사였다. 그러다 혼인과 동시에 관직을 그만두고 학문에 열중하여 1383년 진사시(국자감시, 고려 시대에 국자감에서 진사를 뽑던 시험)에 합격했다. 창왕 1년인 1389년에 문과에 급제하며 성균관학관(成均館學官)이 되었다.

고려가 망하고 황희 역시 두문동에 들어갔으나 재주를 아낀 72현이 그를 다시 내보냈다. 그리고 태조 대에 성균관학관으로 다시 관직 생활을 시작했다. 세종 대에 이르러 영의정에 올랐는데, 그 기간이 무려 18년으로 조선을 통틀어 최장수 영의정이다. 재상만 24년을 지냈다.

청백리 황희

청백리(淸白吏)는 조선 최고의 관료상이다. 업무 수행 능력과 청렴(淸廉), 근검(勤儉), 도덕(道德), 경효(敬孝), 인의(仁義) 등의 덕목을 겸비한 관리에게 주어지던 호칭인데, 의정부(議政府), 육조(六曹)의 2품 이상 당상관과 사헌부, 사간원의 수장이 천거하고 임금의 재가를 얻어서 의정부에서 뽑았다. 청백리가 되면 그 후손들에게도 음직으로 벼슬을 할 수 있는 특혜가 주어졌다. 조선에서는 총 217명이 선정되었는데, 대표적인 인물로 맹사성, 황희, 최만리, 이현보, 이황 등이 있다.

— 사림이 정권을 잡고 있던 시기에 청백리에 오른 이들이 많은데, 너도나도 청백리가 되고자 했던 욕심이 청백리의 본뜻을 퇴색시켰다.

황희가 영의정으로 있을 때 김종서는 공조판서였다. 어느 날 공청에서 모였는데 김종서가 공조를 시켜 술과 과일을 올렸다. 황희가 술과 과일의 출처를 물으니 하인이 공조판서가 시장할까 걱정하여 잠시 공비(관가의 비용)로 장만했다 일렀다. 이에 황희는 불같이 역정을 내며 죄를 물으려 했다. 김종서가 황희를 찾아가 사죄했으나 만나주지 않았다. 여러 재상들이 만류하니 김종서를 불러 호되게 책망했다고 한다.

또 한번은 그의 아들이 참의에 이르러 집을 고치고 집들이를 했다. 그 자리에는 친구들과 고관들이 모였는데 황희가 자리를 박차고 일어났다. 이유인즉, 선비는 본디 청렴해야 하고 비가 새는 초가집에서 정사를 살펴도 잘될지 의문인데, 이처럼 호화스럽게 집을 꾸민 것으로 보아 뇌물이 오고 갔음이 분명하다는 것이었다. 참석한 손님들 모두 무안해했다.

직언도 아끼지 않았던 황희, 왕들의 사랑을 아낌없이 받다

황희가 본격적으로 태종의 신임을 받게 된 것은 지신사(知申事) 박석명의 천거 덕분이었다. 박석명은 오랫동안 기밀을 관장하고 있었다. 그가 사면을 여러 번 청하였으나 태종이 윤허하지 않았다. 박석명과 같은 믿을 만한 이가 없다는 이유에서였다. 이에 박석명은 황희를 천거했다. 태종은 지신사가 된 황희를 후하게 대우했다. 또한 기밀 사무를 오로지 그에게만 맡겼으니, 하루 이틀 동안이라도 보지 못하면 반드시 불러서 보았다.

그러나 황희에게도 위기가 닥쳤다. 태종 18년(1418)에 불거진 세자 폐위 문제 때문이었다. 태종은 양녕대군을 폐하고자 했는데 이를 황희가 만류하고 나선 것이었다. 이때 이미 태종은 양녕대군에게서 마음이 떠나 세종을 다음 계승자로 점찍어놓은 상태였다. 그러나 세자를 폐위하려면 대신들의 동의가 필요했다. 황희는 폐장입유(廢長立幼), 장자를 폐하고 아랫사람을 세우면 반드시 재앙을 부를 것이요, 세자가 미쳤다고 하나 그 성품이 가히 성군이 될 것이니 치유에 주력하기를 청했다. 황희는 끝내 자신의 소신을 굽히지 않았고 그 결과 귀양길에 올라야 했다.

황희가 다시 정계에 진출하게 된 것은 세종이 즉위하고 상왕으로 물러나 있던 태종이 그를 다시 불러들였기 때문이다. 세종 또한 황희에게 좋은 감정일 수는 없었다. 그의 왕위 계승을 반대하고 나섰기 때문이다. 그러나 사적인 감정은 뒤로하고 나라를 먼저 위했던 세종은 그를 의정부 좌참찬에 기용했다.

태종도, 세종도 그를 매우 아꼈다. 황희가 예조판서로 있을 때 병이 들었는데 태종은 내의를 보내 병을 치료하게 하고 조석으로 안부를 물었다. 세종 또한 황희가 하혈하는 병을 앓아 치료가 어렵게 되자 요동으로 사람을 보내 명의에게 묻도록 했다. 태종과 세종 모두 그의 됨됨이와 정사에 관한 소신, 재주를 높이 샀기에 하루라도 황희를 보지 않으면 안 될 정도였다. 그렇기에 황희는 세종을 보필하며 재상 직에 무려 24년간을 있었다.

황희는 국가의 법을 정리하여 《경제육전》을 간행했으며, 저서로는 《방촌집》이 있다. 또한 농법을 개량하고, 예법을 개정했으며, 천첩 소생의 천역을 면제하고, 국방을 강화했고, 문물제도를 정비·진흥하는 등 매우 다양한 업적을 남겼다.

역사가 남긴 황희의 오점

황희는 세종 9년(1427)에 인사를 하지 않는다고 사람을 때려죽인 사위 서달로 인해 직에서 파면되었다. 그가 사위 서달을 방면했기 때문이다.

1428년에는 난신 박포의 아내가 자신의 종을 죽이고 정상이 드러날 것을 두려워해 서울로 도망했다. 이때 황희의 집 마당 북쪽 토굴에 숨어서 여러 해를 살았는데, 황희가 박포의 아내와 간통했다고 실록은 기록하고 있다. 또한 황희가 장인에게 물려받은 노비가 세 명이고 아버지에게서 물려받은 것도 많지 않았는데, 집 안에서 부리는 자와 농막(農幕, 농사짓는 데 편리하도록 논밭 근처에 간단하게 지은 집)에 흩어져 사는 자가 매우 많았다 하니 그가 남겼다는 비 새는 초가집과 기운 이불, 서책이 무안하기도 한 기록이다.

그리고 박용의 아내에게서는 말을 뇌물로 받아 사직을 청한 적이 있고, 한때는 금을 받은 적이 있는데 이 때문에 '황금대사헌'으로 불리기도 했다.

그는 1449년에 영의정에서 물러나 경기도 파주에 반구정이라는 정자를 짓고 여생을 보내다 1452년에 생을 마감했다. 그의 나이 89세였다. 재상 직에 너무 오래 있었던 탓에 비난을 듣기도 했다. 후배를 위해 스스로 물러날 수도 있었건만 그러지 않았기 때문이다.

음악에 미치다

피리 불던 청년

박연은 삼사좌윤 박천석의 아들로, 고려 우왕 1378년에 태어났다. 본관은 밀양이며 초명은 연(然), 자는 탄부(坦夫), 호(號)는 난계(蘭溪)다. 조선 전기의 문신이자 음율가이며, 고구려의 왕산악, 신라의 우륵과 함께 우리나라 3대 악성으로 꼽힌다. 그의 음악적 천재성은 학문과 벼슬을 중요시하던 조선 시대에 묻힐 수도 있었지만, 시대와 왕을 잘 만난 덕에 마음껏 발휘할 수 있었다.

그의 가문은 고려 때부터 중앙의 고위 관직을 지냈는데, 박연도 조부와 아버지의 영향을 받아 학문에 열중했다. 그리고 잠재적인 재주를 피리로 달래며 성장했는데 그 솜씨가 특별했다.

그가 음악을 얼마나 좋아했는지는 성현의 《용재총화(慵齋叢話, 조선 전기의 학자 성현成俔의 수필집으로, 문장이 아름다워 조선 시대 수필 문학의 우수작으로 꼽는다)》에 전해지는데, 일화 하나를 소개하자면 아래와 같다.

박연이 한양으로 과거시험을 보러 왔다가 장악원의 피리 잘 부는 광대를 보았다. 박연은 그에게 가르침을 받고자 자신의 솜씨를 보였다. 광대는 그를 비웃으며 소리와 가락이 상스럽고 박자도 맞지 않거니와 습관이 오래돼서 고치기 힘들겠다 했다. 박연은 포기하지 않고 광대에게 매일 찾아가 배움을 게을리하지 않았다. 그러던 어느 날 박연의 피리를 듣던 광대가 무릎을 꿇으며 그에게 예를 갖추었다. 그러고는 그의 솜씨에 탄복하며 이제 자신이 박연을 따라갈 수 없다 말했다. 이 일화는 신분을 따지지 않고 배움을 구한 진정한 선비의 모습과 박연의 음악적 열정이 어느 정도인지를 말해준다. 그는 피리 외에도 여러 악기를 배우고 익혔는데 그 수준이 매우 남달랐다.

그러나 박연은 음악에 대한 열정을 잠시 내려놓고 학문에 정진하여 과거 급제와 함께 벼슬길에 올랐다.

세종, 음악의 천재를 알아보다

세종은 왕으로 즉위하며 박연을 불러 악학별좌(樂學別坐)에 임명했다. 악학은 음악에 관한 학문으로, 세종은 박연에게 음악에 관한 모든 것을 맡아보게 했다.

이때까지만 해도 국가 행사에 쓰이던 음악은 신라 시대부터 내려오던 향악과 당나라의 당악, 송나라에서 전해지던 아악 등이 섞여 있었다. 말자하면 정리가 되어 있지 않았다. 누구 하나 음악의 중요성을 깨닫지 못했는데 세종은 달랐다. 조선 시대의 다양한 제도를 새롭게 만들던 세종은 음악을 재정비하는 데 관심을 두었고, 그 덕분에 박연의 재주가 빛을 보게 되었다.

세종이 박연을 악학별좌에 앉힌 것은 그의 재주를 먼저 알았기 때문이다. 세종과 박연의 인연은 태종 대에 시작되었다. 박연은 태종 5년인 1405년에 문과에 급제하고, 1411년 진사시에 합격했다. 그는 집현전 교리를 거쳐 지평, 문학을 역임했다. 문학(文學)은 세자시강원에 소속되어 세자나 대군에게 글을 가르치던 정5품 벼슬인데, 이때 대군으로 있던 세종과 인연을 맺었다. 세종이 박연의 타고난 음악적 기질을 알아본 것이다.

음악의 기준을 마련하고 궁중음악을 정비하다

박연은 여태까지 정리되어 있지 않았던 악보를 만들었다. 향악, 당악, 아악을 통해 보법, 즉 악보의 기본과 악기에 그림을 더해 악서(樂書)도 만들었다. 많은 아악기 또한 생산했다. 석경, 생포, 방경, 훈축, 토악, 대고, 영고, 뇌고, 노고, 편종 등을 제작 또는 개조했다. 세종 8년부터 세종 10년 여름까지 궁궐의 행사에 쓰일 편경(아악기의 하나로, 두 층의 걸이가 있는 틀에 한 층마다 두께에 따라 서로 다른 여덟 개씩의 경쇠를 매어 달고 치는 타악기)과 특경(아악기로, 석부石部에 속하는 타악기. 편경보다 크고 한 가자架子에 하나만 달며, 풍류를 그칠 때에 친다) 등 모두 528매를 만들었다. 편경은 여러 악기를 조율하는 데 꼭 필요한 악기로, 박연이 만든 편경은 중국의 경보다 음이 더 잘 맞았다고 한다.

박연은 향악을 폐하고 아악을 궁중음악에 사용하도록 개혁했다. 그가 아악을 새롭게 창작한 것이다. 세종 13년 정월 하례에 그가 새로 정비한 아악이 처음으로 연주되었다. 세종은 궁중음악의 기준을 마련한 그에게 안장을 얹은 말까지 하사하며 매우 만족해했다. 그러나 원래 아악은 중국의 음악으로, 불만을 표시한 대신들도 있었다. 박연은 1445년에 아악 연구를 위해 중국으로 가기도 했다. 박연은 좋은 음악이 있으면 국경을 가리지 않고 그것을 받아들이고 연구해야 한다는 소신을 굽히지 않았다. 그런 그의 의지 덕분에 조선 시대의 음악이 발전할 수 있었다.

천재도 사람이기에 실수는 있다

세종 15년(1433) 7월, 박연은 말실수로 모함을 받게 된다. 그가 승문원 터를 보며 호걸이 날 자리라고 의미 없이 뱉은 말을 권도가 세종에게 아뢴 것이었다. 박연이 한 말이 아무리 별뜻 없는 말이라 하지만, 왕실에서 보기에는 망령된 소리임이 분명했다. 세종은 요망스런 말로 사람들을 현혹하게 한 죄로 박연을 벌하는 것이 마땅했으나, 아악을 전담해 많은 공을 세웠으므로 벼슬만을 파직한 채 악학에는 출사하게 했다.

또 세종 30년에는 휴가를 얻어 고향에 내려갔는데 누이가 죽었다. 그런데 급한 일을 핑계로 나흘 만에 장사 지내고 재산을 나누어서는 서울로 올라왔다. 또 악학제조로서 사사로이 악공을 데리고 영업 행위를 했다며 사헌부에서 죄를 물을 것을 청했다. 세종은 다시금 박연을 파직했는데 그해 말 다시 복직되었다. 이 기록은 모두 실록에 전해지는데, 그의 총애를 질투한 모함일 수도 있고 사실일 수도 있다. 박연이 음악에 고집을 부리는 것을 두고 사람들은 세상일에 통하지 않은 학자라고 했다. 그러나 세종은 박연이야말로 세상일에 통하지 않은 학자가 아니라, 세상일에 통달한 학자라 했다.

_《세종실록》 10년(1428) 2월 20일

소설 같은 말년, 모두가 그를 인정하다

박연의 셋째 아들 박계우는 문종 때 세조가 일으킨 계유정난으로 목숨을 잃었다. 이때 며느리는 정난공신의 노비가 되었고 박연은 외방에 안치되었다. 박연 또한 목숨을 잃을 상황이었으나 태종, 세종, 문종 대까지 걸친 원로대신으로서 그 공을 인정받아 파직으로만 그쳤다.

박연이 한강에서 배를 타고 고향으로 내려갈 때 피리를 불었는데, 듣는 이의 가슴을 매우 슬프게 했다 전한다. 낙향한 지 4년 만에 81세의 나이로 쓸쓸히 생을 마감했다. 유배 당시 부인이 죽어 아내의 고향에 돌아가 상을 치르게 해달라는 청을 올렸으나 세조는 허락하지 않았다.

세조가 악학도감 성임을 불러 묻기를 "배우면 박연(朴堧)에게 미칠 수 있을까?" 하니, 성임이 답하기를 "박연에게는 미칠 수 없으나 배우면 혹시 깨달음이 있을까 합니다." 했다.

_《세조실록》 7년(1461) 7월 23일

관노에서 천재 과학자로

천민 출신의 과학자

장영실은 동래현(東萊縣) 관노(官奴)였다. 아버지는 본래 원나라 사람이고, 어머니는 기생이었다. 아버지가 귀순했는데 어머니의 출신 성분이 기생이었으므로 관노가 되었다. 실록에 처음 언급된 것은 세종 대이나,《세종실록》에 따르면 그는 태종이 보위에 있을 때부터 궁궐 생활을 했다. 성품이 정교하고 솜씨가 보통 사람보다 뛰어나 태종이 보호했다고 전한다. 장영실은 태종 대부터 궁중 기술자로 종사했다.

노비라는 굴레

장영실은 재주가 뛰어나 천민 출신임에도 세종의 총애를 받았다. 실록에서도 언급할 만큼 그가 지닌 과학기술은 모두를 놀라게 했다. 세종은 그런 장영실에게 관직을 주고 싶었다. 그러나 뜻대로 되지 않았다.

한번은 이조판서 허조와 병조판서 조말생에게 의논했는데, 허조는 기생의 소생을 상의원(尚衣院)에 임용할 수 없다 했고, 조말생은 가능하다 했다. 그 뒤 다시 의논했는데 유정현이 상의원에 임명할 수 있다는 의견을 내놓자, 장영실을 상의원 별좌(別坐)에 앉혔다. 상의원은 임금의 의복과 궁내의 일용품, 보물 따위의 관리를 맡아보던 관아고, 별좌는 정5품의 벼슬이었다.

후일 세종 15년(1433)에 장영실이 자격궁루(自擊宮漏, 물시계)를 만들자 세종은 그에게 별좌보다 높은 직책을 하사하고 싶었다. 이에 영의정 황희와 좌의정 맹사성을 불러 의논했다. 실록의 기록을 보면 장영실을 생각하는 세종의 마음을 엿볼 수 있다.

"영실의 사람됨이 비단 공교한 솜씨만 있는 것이 아니라 성질이 똑똑하기가 보통에 뛰어나서, 매양 강무할 때에는 나의 곁에 가까이 모시어서 내시를 대신하여 명령을 전하기도 했다. 그러나 어찌 이것을 공이라고 하겠는가. 이제 자격궁루를 만들었는데 비록 나의 가르침을 받아서 했지만, 만약 이 사람이 아니었더라면 암만해도 만들어내지 못했을 것이다. 내가 들으니 원나라 순제(順帝) 때에 저절로 치는 물시계가 있었다 하나, 만듦새의 정교함이 아마도 영실의 정밀함에는 미치지 못했을 것이다. 만대에 이어 전할 기물을 능히 만들었으니 그 공이 작지 아니하므로 호군(護軍)의 관직을 더해주고자 한다." _《세종실록》 15년(1433) 9월 16일

황희와 맹사성도 장영실의 재주를 잘 알고 있었으므로 세종의 뜻을 거스르지 않고 전례를 따져 동의했다. 장영실은 정4품의 호군이 되었다.

시계의 천재, 조선 최초 자동 물시계인 자격루를 만들다

시계가 없던 시절에 낮에는 해 그림자를 통해 하루의 시간을 알았고, 밤에는 별의 움직임을 통해 시간을 쟀다. 그러나 해가 나지 않을 때나 별이 뜨지 않은 날에는 이러한 방법을 쓸 수 없었다. 그런데 장영실이 물시계인 자격루를 만든 것이다. 원리는 매우 간단하나 그 시대에는 가히 획기적인 발명품이었다. 큰 항아리에 작은 구멍을 뚫어 물을 부으면 작은 구멍으로 물방울이 조금씩 떨어진다. 그 떨어진 물을 다른 항아리에 받아 늘어난 물의 양을 재서 시간을 알려주는 것이 물시계의 원리다.

장영실은 여기서 그치지 않고 사신목인(司辰木人), 즉 시간을 알려주는 나무인형을 만들어 자동으로 시간을 알려주게 했다. 사람의 힘을 빌리지 않은 것이다. 장영실은 자신이 수집한 여러 정보를 모아 물시계를 뛰어넘어 자동 물시계를 만들어냈다. 또 천문 관측 시설인 간의대와 천문 관측 기구인 혼천의도 만들었다.

장영실은 유독 시계 만드는 재주가 뛰어났다. 그는 천체의 운행을 관측하는 혼천의와 물시계를 결합해 천문기구를 만들고자 했다. 그래서 세종 20년(1438)에는 또 하나의 자동 물시계인 옥루를 만들었는데, 옥루는 물시계와 천문시계를 합친 종합 물시계였다. 세종은 경복궁 자신의 침전 옆에 흠경각을 지어 그 안에 옥루를 설치하기까지 했다.

장영실은 해 그림자를 이용해 시간을 알려주는 해시계인 앙부일구(仰釜日晷)와 현주일구(懸珠日晷)도 만들었다. 현주일구는 크기가 작아서 누구나 들고 다닐 수 있었다. 그 밖에도 해시계인 정남일구(正南日晷), 밤낮으로 시각을 잴 수 있는 일

성정시의(日星定時儀), 규표(圭表, 천문 관측 기계의 하나로 가장 먼저 만들어진 관측 기기) 등을 만들었다.

1441년에는 측우기를 발명했다. 동활자인 경자자(庚子字)를 보완해 금속활자인 갑인자(甲寅字, 구리활자)의 주조를 지휘 감독하기도 했다.

돌연 사라진 천재 과학자

《세종실록》 24년(1442) 3월 16일에 기록하기를, 대호군 장영실이 만든 안여(安輿, 임금이 타는 가마)가 견실하지 못하여 부러지고 허물어졌으므로, 의금부에 내려 국문하게 했다는 기사가 있다. 세종이 직접 타다가 부서진 것도 아니었다. 검수하는 과정에서 부서진 것인데, 사헌부는 왕의 안위와 관련된 것이므로 장영실을 비롯해 함께 참여한 이들을 불경죄로 다스릴 것을 주청했다.

세종은 장영실에게 내려질 곤장 100대에서 20대를 감형해 주고는 직첩을 회수했다. 이것이 장영실에 대한 마지막 기록이다. 물론 연산군 대와 중종, 명종 대에 장영실이 만든 기구로 인해 언급이 되긴 하지만 그가 어디로 갔는지, 어디에서 생을 마감했는지는 아무런 기록도 단서도 없다.

천민 출신인 장영실에게 벼슬을 주고자 그렇게 노력했던 세종은 왜 갑자기 마음이 바뀌었을까? 타지도 않은 가마가 부서졌다. 장영실은 그저 감독이었을 뿐이다. 가마가 부서졌다고 많은 발명품을 남긴 과학자를 그대로 내쳤다고 생각하기에는 미심쩍은 점이 있다. 세종은 더는 장영실의 재주가 필요 없었던 걸까?

용맹한 장수인가,
뛰어난 문신인가

무인 출신 집안의 문인

김종서는 무관인 도총제(都摠制) 김추(金錘)의 아들이다. 본
관은 순천이고, 자는 국경(國卿), 호는 절재(節齋)다. 태종 5년
(1405)에 문과에 급제해 관식 생활을 시작했다. 세종 1년에 사
간원우정언(司諫院右正言)으로 등용되어 지평, 집의, 우부대언
을 지냈다. 경차관(敬差官)으로 자주 파견되었는데, 경차관은
임시 벼슬로 전곡(田穀)의 손실이나 민정을 살피는 일을 했다.
1433년에는 좌대언(左代言)이었던 김종서에게 이조의 인사권
을 관장하도록 했다. 이는 김종서에 대한 세종의 두터운 신임
을 알 수 있다.

강직한 김종서, 고집불통 김종서?

세종 10년(1428)에 양녕대군이 법을 어기고 간통한 일이
있었다. 이 일로 양녕대군은 폐세자 되었고, 태종은 승하하며
그를 외방으로 보내 서울행을 금지시켰다. 혹시나 모를 역모

를 걱정한 것이었다. 그런데 양녕대군이 서울을 오가며 광패를 부렸다. 이에 김종서가 여러 번 상소했다. 양녕대군의 작록을 회수하고 서울 출입을 금지시키라는 것이었다. 즉 왕족을 벌하라는 것이었다. 세종은 형인 양녕대군을 대신해 왕에 오른 것이 늘 불편하였다. 세종은 김종서의 상소를 들어주지 않았다. 김종서 또한 뜻을 굽히지 않았다. 세종은 화가 나서 김종서의 관직을 깎아버렸다. 그러나 그의 강직한 성품을 잘 알고 있었기에 추후 다시금 높은 관직을 제수했다.

6진을 개척하다

김종서의 가장 큰 업적은 6진을 개척한 것이다. 6진은 두만강 하류에 위치한 종성, 온성, 회령, 경원, 경흥, 부령의 여섯 진이다. 최윤덕이 압록강 상류 지역인 여연, 자성, 무창, 우예에 4군을 설치함으로써 김종서의 6진과 함께 오늘날 우리나라 국토의 모양을 이루게 되었다. 4군 6진의 개척으로 국경선을 확보한 것이다.

조선 초기 한반도 북쪽에는 여진의 여러 부족이 살고 있었는데 이들이 종종 국경을 침범했다. 민가를 습격해 재산을 빼앗거나 불을 지르는 등 백성들을 괴롭히는 일이 잦자, 세종은 1433년 김종서를 함길도 도관찰사에 제수해 북방 개척에 착수했다. 북방 개척은 무려 6~10년에 걸쳐 이루어졌는데, 여진족을 몰아낸 김종서는 세종의 사민(徙民) 정책을 시행했다.

사민 정책은 세종 때 실시한 것으로, 남쪽 백성들을 북쪽으로 이주시키는 정책이다. 두만강 유역을 차지하긴 했지만 그 지역에 백성이 없었다. 척박한 땅을 개척하는 만큼 사민 정책 후 그 지방 사람을 관리로 임명하는 토관 제도를 같이 시행했다.

6진을 개척하고 여진족을 몰아내던 김종서가 1438년 사직을 청했으나 들어주지 않았다. 문관부터 목숨을 담보로 하는 무관의 일까지 수행하며 '죽지 않는 호랑이'란 별명을 얻었지만 김종서가 느꼈을 법한 내면의 고단함은 누구도 쉽게 헤아릴 수 없었을 것이다. 1437년에는 세종이 김종서에게 어의(御衣), 자신의 옷을 내주었으니 그의 공을 충분히 알 수 있다.

용맹한 장수인가, 뛰어난 문신인가

김종서는 6진을 개척하고 나서 1440년에 형조판서에 제수되고, 예조판서, 우찬성을 역임했다. 1449년에 권제 등이 고친 《고려사》가 잘못되었다 하여 개찬했다. 1450년 좌찬성으로 평안도 도체찰사(都體察使, 조선 시대에 전쟁이 났을 때 군무를 맡아보던 최고의 군직. 의정이 겸임했다)를 겸했고, 다음 해 우의정에 올랐다.

세종이 승하하고 2년 뒤인 1452년(문종 2)에 《세종실록》의 총재관이 되었고, 《고려사절요》 35권을 편찬 간행했다. 문종이 재위 2년 만에 갑작스레 죽음을 맞이하자 영의정 황보인, 우의정 정분과 함께 좌의정으로 있던 김종서는 문종의 유명을 받았다. 12세의 어린 나이였던 단종의 보필을 명 받은 것이었다.

세조에게 가장 위협적인 인물 김종서

김종서는 계유정난의 첫 번째 희생양이었다. 용맹한 장수이자 뛰어난 문신이었던 김종서는 당시 수양대군으로 있던 세조에게 가장 큰 걸림돌이었다. 《단종실록》은 이용과 결탁하여 반역하고자 했던 김종서를 효수했다고 전한다. 그러나 이 기록은 잘못된 것이다. 《단종실록》은 세조가 왕위에 오른 뒤 편찬된 것이고, 당연히 자신의 야망을 이루고자 김종서를 죽였다고 남길 수는 없었다.

단종 1년(1453) 10월 10일 밤이었다. 김종서를 찾아간 수양대군(세조)은 그에게 청이 있다면서 편지 하나를 내밀었다. 김종서가 물러서서 편지를 달에 비춰 보는데, 임어을운(林於乙云)이 철퇴로 김종서의 머리를 내리쳤다. 6진을 개척하고 세종의 신임을 받았던, 문종의 유명을 받았던 김종서의 마지막이었다. 이날 그의 두 아들도 수양대군에게 살해되었는데, 억울한 누명까지 쓰고 죽음을 맞아야 했다.

영조 대에 이르러 복위되다

김종서가 역적으로 몰려 죽은 지 정확히 293년 만에 그의 복위 문제가 거론되었다. 영조는 1746년 단묘조(단종)의 상신(영의정, 좌의정, 우의정을 통틀어 이르는 말) 김종서, 황보인, 정분의 관작을 추복했다. 김종서를 복위하는 것은 선왕(세조)에 대한 불충이자 그의 왕위 찬탈을 인정하는 셈이었다. 그러나 세조가 자신의 아들인 예종에게 훈계하기를 "나는 고난을 주었지만, 너는 태평을 주라."는 하교가 있었다. 영조는 그 뜻을 수양대군, 즉 세조로 인해 죽어야 했던 많은 인물들의 관작을 추복하라는 것으로 해석했다. 또한 대신들 역시 다음과 같이 아뢰었다.

"태종께서는 정몽주(鄭夢周)를 죽이고 나서 곧바로 시호를 내려

포장하는 은전을 베푸셨는데, 두 상신의 일은 정몽주의 경우와 똑같습니다. 김종서, 황보인을 제거하지 않고서는 정난의 거사를 이룩할 수 없었기 때문에 광묘(세조)께서 어쩔 수 없이 죽였던 것입니다. 그러나 예종(睿宗)을 훈계함에 이르러서는, '나는 고난을 주었지만, 너는 태평을 주라.'는 하교가 있었습니다. 예종께서 대리(代理, 대리청정)함에 이르러 드디어 당시 연좌되었던 모든 사람을 다 석방하셨으니……." _《영조실록》 22년(1746) 12월 27일

영조는 김종서의 관작을 추복하고 그의 후손을 등용했다.

함께 읽으면 좋은 페이지 · 세조(40쪽), 계유정난(284쪽)

죽음으로 대신한 충심

"낳았느냐, 낳았느냐, 낳았느냐?" 세 번의 물음

절개를 지킨 충신으로 유명한 성삼문은 도총관을 지낸 성 승(成勝)과 현감 박첨(朴襜)의 여식 사이에서 태어났다. 학문과 글솜씨가 매우 탁월했고, 매화와 대나무를 사랑해 호를 매죽 헌(梅竹軒)이라 지었다. 불의에 굴하지 않는 선비 정신의 상징 인 매화와 사시사철 곧고 푸르게 자라는 이유로 지조와 절개 의 상징이 된 대나무의 조합, 매죽. 성삼문과 매우 잘 어울리 는 호이기도 하다.

그의 이름엔 전해지는 일화가 있다. 그의 어머니인 박씨가 꿈을 꾸었는데 하늘에서 아이를 낳았느냐고 세 번이나 크게 물 었다 한다. 그래서 세 번의 물음이라는 뜻의 삼문(三問)이라는 이름을 붙였다는 것이다. 이는 구전되는 이야기지만, 성삼문 의 절개를 높이고자 만들어진 일종의 영웅 신화와 비슷하다.

가장 어린 집현전 학자

성삼문은 세종 17년(1435)에 18세의 나이로 생원시에 합격했다. 그 후 21세의 나이로 3년에 한 번씩 열리던 문과 과거에 급제했다. 이때 답지에 점수를 매기던 시험관이 세종에게 두 개의 답안을 내놓았다. 장원을 가리지 못해서였다. 세종이 직접 답안지를 보았는데 우열을 가리기 힘드니 두 사람 모두 장원으로 뽑으라 명했다. 성삼문과 또 다른 집현전 학자 하위지(河緯地)였다. 성삼문은 가장 어린 나이로 집현전 학자가 되었다. 이때에 같이 발탁된 집현전 동기로 박팽년, 신숙주, 하위지, 이개 등이 있다.

그리고 1447년 정3품 이하의 문신들이 특별하게 치르던 문과중시에서 장원했다. 성삼문은 세종의 총애를 받으며 집현전에서 마음껏 능력을 발휘했다.

훈민정음과 《동국정운》

세종은 복잡한 한자를 쓸 수 없는 백성들을 안타깝게 생각했다. 그래서 누구나 쉽게 쓸 수 있는 우리나라만의 글자를 만들고 싶었다. 중국의 간섭을 받던 시기이기에 중국이 싫어하지 않겠냐며 세종의 명에 반대하는 학자도 있었다. 이에 굴하지 않고 1443년 성삼문, 정인지, 신숙주, 박팽년 등 집현전 학자들이 훈민정음을 만들었다.

그 후 성삼문은 세종의 명으로 요동에 유배된 명나라 학자 황찬(黃瓚)을 13번이나 찾았다. 그에게 음운학을 배워 한자음을 정리하기 위해서였다. 성삼문은 집현전 학자들과 함께 한자음을 정리한, 우리나라 최초의 음운서인 《동국정운(東國正

韻)》을 편찬했다.

문종의 유지를 받들어 단종을 끝까지 지키려 한 성삼문

성삼문은 세종을 보필하며 문종이 세자였던 시절부터 함께했다. 문종 역시 세종과 마찬가지로 학문을 좋아해 학자들을 가까이했다. 그러나 문종은 즉위하면서부터 병에 시달렸다. 자신의 삶이 얼마 남지 않음을 예견하며 성삼문, 김종서, 신숙주 등에게 어린 단종을 부탁했다. 문종의 동생인 수양대군은 기회를 엿보다 김종서를 먼저 처단했다. 그러고는 성삼문에게 공이 있다며 어이없게도 정난공신의 칭호를 내려주었다. 성삼문은 이를 사양하는 상소를 올렸다. 성삼문은 단종을 보필하며 1454년 집현전부제학이 되었고, 예조참의를 거쳐 예방승지의 자리에까지 올랐다. 그러나 결국 단종은 수양대군의 강압에 이기지 못하고 왕좌를 물려주었다. 성삼문은 왕의 옥새를 새 왕에게 전달하는 임무를 맡았는데, 수양대군의 즉위식에서 옥새를 끌어안고 대성통곡했다.

그러나 성삼문은 단종을 포기하지 않았다. 집현전 학자들과 함께 단종 복위 운동을 꾀했다. 명나라 사신을 위한 연회장에서 수양대군을 제거하기로 한 것이었다. 하지만 김질이 장인인 정창손과 함께 이 사실을 밀고함으로써 거사는 실패로 돌아갔다. 성삼문은 억울했으나 죽음이 두렵지는 않았다. 성삼문에게 왕은 단종뿐이었다. 왕을 지켜내지 못했으니 죽음으로써 충신의 예를 다해야 했다.

"신에게 대군은 나리일 뿐입니다"

성삼문은 갖은 고문에 시달렸다. 《대동야승》과 《연려실기술》에 따르면 그는 수양대군을 왕이라 칭하지 않았다. 성삼문에게 수양대군은 그저 나리일 뿐이었다. 두 왕을 모시지 않겠다는 의지였다. 살을 지지는 단근질이 가해졌다. 함께 가담한 자를 수양대군이 재차 물었으나 성삼문은 끝까지 발설하지 않았다.

세조 2년(1456) 6월 21일 수양대군(세조)이 명했다. 백관(百官)들을 군기감(軍器監) 앞길에 모아서 빙 둘러서게 한 다음 거열(車裂, 사람의 팔과 다리를 각각 다른 수레에 묶고, 그 수레를 반대 방향으로 끌어서 찢어 죽임)하여서 두루 보이고 저자에 3일 동안 효수하라 했다.

성삼문은 수레에 실려 죽음을 맞이하러 갔다. 가족들도 죽음을 피해가지 못했다. 아래는 그가 남긴 〈절명시〉다. 딱히 해설을 달지 않아도 절절한 그의 심정이 그대로 전해진다.

"북소리 높이 울리며 사람 목숨 재촉하는데(擊鼓催人命)
고개 돌려 바라보니 해는 서산에 걸렸어라(回顧日欲斜)
황천길에는 주막집 하나 없다 하거늘(黃泉無一店)
오늘 밤 누구 집에서 쉬어 갈 수 있을까(今夜宿誰家)"

성삼문의 시신은 팔과 다리가 찢어지고 목이 베인 채 저잣거리에 3일 동안 걸려 있었다. 그의 가족과 혈족들 모두 참형에 처해졌다. 아녀자만이 노비로 전락해 목숨만 부지했다. 당대의 높은 학자이자 왕을 사랑한 성삼문의 최후는 너무나 참혹했다. 이때 죽임을 당한 여섯 명을 사육신(死六臣)이라 하는데, 성삼문도 그중 하나다.

성삼문은 200년 뒤 숙종 대에 이르러서야 역모의 혐의가 풀려 관직이 회복되었다. 또 영조 대에는 이조판서로 추증(追贈, 나라에 공로가 있는 벼슬아치가 죽은 후에 품계를 높여주던 일)되었다. 이때 내린 시호가 충절을 기려 지은 충문(忠文)이다.

함께 읽으면 좋은 페이지 · 단종 복위 운동(288쪽)

8. 한명회韓明澮
1415~1487

뛰어난 지략가인가,
모리배인가

한명회는 칠삭둥이였다

한명회의 아버지는 한기(韓起)이며 어머니는 이적(李逖)의 딸로, 1415년에 태어났다. 그의 할아버지는 조선의 개국공신으로, 명나라에 가서 조선이라는 국호를 받은 한상질(韓尙質)이다.

한명회를 따라다니는 대표적인 이야기는 그가 원래 미관말직인 궁궐 문지기였다는 것과 칠삭둥이라는 것이다. 실제로 그는 이씨가 일곱 달 만에 낳았다. 낳고 보니 배 위에 검은 점이 있었는데 그것이 태성(台星, 자미성紫微星 가까이에 있는 세 별. 천자天子를 상징하는 자미궁紫微宮을 지킨다고 하며 삼공三公에 비유한다)과 두성(斗星, 북두칠성)을 닮았다고 실록은 전한다. 그가 살아생전 누린 권세를 상징하는 표현이기도 하다.

지략가이기도 한 한명회의 초년 운은 좋지 않았다. 일찍 어버이를 여읜 그는 학문에 열중했으나 번번이 과거에 떨어졌다. 마흔이 다 되어 조상 덕으로 경덕궁직을 얻었다.

계유정난의 설계자, 운명을 시험하다

한명회는 일찍이 교리(校理, 조선 시대에 집현전, 홍문관, 교서관, 승문원 따위에 속하여 문한文翰의 일을 맡아보던 문관 벼슬)인 권람(權擥)과 망형우(忘形友, 마음으로 사귀어 교제하는 벗)를 맺은 사이였다. 어린 단종이 즉위하고 재상들이 정권을 잡자 한명회는 기회를 엿보았다. 단종을 보필할 이는 재상들뿐이었고 왕좌를 지켜줄 최측근, 즉 대비나 왕대비가 아무도 없었다. 어좌의 주인이 바뀔 수도 있는 상황이었다. 단종의 셋째 삼촌인 안평대군은 이미 대신들의 줄에 서 있었으므로 임금이 되기는 어려웠다. 빠른 판단으로 상황 정리를 끝낸 한명회는 수양대군을 자신의 왕이자 권세의 발판으로 삼았다.

권람을 이용해 한명회는 수양대군을 만났다. 만일 수양대군의 뜻이 자신과 다르다면 왕을 바꾸려 한다는 역모 죄로 죽음을 면치 못할 일이었다. 한명회는 수양대군을 마치 난세를 극복할 왕처럼 대우하며 예를 갖추었다. 이미 왕의 자리를 노리고 있던 수양대군은 한명회의 아부가 싫지 않았다. 한명회의 계략으로 왕위 찬탈에 탄력을 받은 수양대군은 그를 두고 자신의 장자방(張子房, 장방을 뜻하며 선견지명이 있는 책사를 일컫는다)이라 했다.

승승장구는 한명회를 두고 한 소리여야 한다

김종서, 황보인 등을 처치하며 계유정난에 성공한 한명회는 1등 정난공신(靖難功臣, 공으로 내리는 훈호, 즉 나라에 공을 세운 사람에게 주던 칭호)이 되었다. 그 뒤 사육신 사건으로 또다시 좌리공신(佐理功臣)에 책록되었다. 1468년(예종 1)에 남이의 옥사를 처리한 공으로 익대공신(翊戴功臣)이 되었고, 성종 즉위 후에는 좌리공신에 책록되었다. 모두 1등 공신으로 조선 최고의 4관왕이라는 기록을 세웠다. 예종과 성종은 한명회와 인연이 깊은 왕이다. 한명회의 큰딸은 예종에게 시집갔고, 둘째 딸은 성종에게 시집갔으니, 두 왕의 장인이었다.

세조의 책사였던 한명회는 초기 군기녹사를 시작으로 사복시 소윤, 승정원 동부승지, 좌부승지, 우승지, 좌승지, 승정대부, 이조판서, 상당군에 봉해졌으며, 병조판서, 종1품인 숭록대부, 상당부원군, 우의정, 좌의정을 비롯해 조선 시대 최고의 으뜸 벼슬인 영의정까지 두루 섭렵했다.

그러나 머리만 비상하다고 최고의 자리에 오를 수 있는 것은 아니다. 한명회는 세조에게 신임을 얻은 이후로 그가 시키는 일은 전혀 마다하지 않았다. 왕의 명에 군말 없이 모든 일을 행했다. 오지인 북방으로 파견 나가는 것 또한 싫은 내색 없이 따랐다. 그럼으로써 세조의 마음을 더욱 얻었다. 한명회는 자신의 인생을 스스로 개척해나갔다.

그런 한명회에게도 위기가 찾아왔다. 세조 14년(1467) 이시애의 난이 있었는데, 이때 반역을 도모했다고 하여 하옥되기도 했다. 그러나 곧 무혐의로 풀려났다. 성균관에 서적이 없다며 사비를 털어 경서(經書)와 사기(史記)를 인쇄하는 비용을 대기도 했다.

예종이 일찍 승하하자 어린 원자(제안대군)를 두고 세조의 큰아들 의경세자(덕종, 성종이 보위에 오르고 추존되었다)의 소생인 자을산군, 즉 성종을 왕위에 올렸다. 자신의 사위를 왕으로 옹립하며 또 한 번 정권을 장악했다. 한명회는 한강에 압구정이란 정자를 지었는데, 명나라 사신을 접대하며 구설에 올라 영의정을 사임했다.

죽고 나서 모든 것을 잃은 한명회

앞서 언급했듯 한명회는 두 왕의 장인이었다. 그러나 자식 복은 없었다. 한명회의 큰딸이자 예종의 첫째 왕비인 장순왕후 한씨는 인성대군을 낳고 얼마 지나지 않아 생을 마감했다. 그때 나이 17세였다. 그녀가 낳은 인성대군마저 어미를 따라 일찍 죽었다. 성종의 첫째 왕비인 공혜왕후 한씨도 한명회의 여식이다. 그녀 또한 성종이 즉위하고 5년 뒤 19세의 나이로 생을 마감했다. 그녀도 소생이 없었다.

성종 15년(1484), 한명회는 나이가 많다는 이유로 벼슬을 그만두고 물러났다. 그리고 1487년 73세의 나이로 세상을 떠났다. 모든 것을 가졌던 그의 사후는 처참했다. 연산군 10년(1504)에 윤씨의 폐위 문제와 사사사건이 관련있다 하여 무덤이 파헤쳐졌고, 시체는 토막이 났다. 목은 잘려 길거리에 걸렸다. 훗날 중종반정으로 신원이 회복되었다. 아래는 사신이 기록한 한 부분이다. 한명회의 권세를 가히 상상해볼 만하다.

"권세가 매우 성하여 따르는 자가 많았고 빈객이 문에 가득했다. 성격이 번잡한 것을 좋아하고 재물을 탐하고 색을 즐겨서 토지와 노비 등의 뇌물이 잇달았고, 집이 많았으며 첩을 많이 두어 그 세력을 만천하에 떨쳤다……."

함께 읽으면 좋은 페이지 · 계유정난(284쪽)

9. 신숙주申叔舟
1417~1475

일찍 쉬어버리는
숙주나물은 먹지 않겠다

기억력의 천재, 외국어에 능통했던 신숙주

신숙주의 아버지는 공조참판을 지낸 신장(申檣)이며, 어머니는 지성주사 정유(鄭有)의 딸이다. 신장의 셋째 아들로 태종 17년 6월에 대어났다. 《세종실록》에서 전하기를, 신장이 술을 과하게 좋아해서 세종이 이를 말렸지만 결국 과음으로 세상을 떠났다 한다. 그때 신숙주의 나이 16세였다.

어려서부터 보통 아이들과 달리 한 번 읽고 본 것은 절대 잊어버리지 않았다. 기억력이 대단히 좋았던 그는 세종 20년 (1438)에 초시(初試, 과거의 첫 시험)와 복시(覆試, 초시에 합격한 사람이 2차로 보던 시험)에 연이어 장원했다. 그리고 또 생원(生員)에도 합격했다. 나이 21세였다. 1년 뒤 문과에서도 우수한 성적을 거두며 본격적으로 관직 생활을 시작했다.

세종이 승하하기 전까지 그의 신임을 받으며 집현전 부수찬, 응교, 직제학, 사헌부 장령, 집의 등을 두루 거쳤다. 집현전 학자로서 훈민정음을 창제하는 데도 큰 보탬이 되었다.

신숙주는 외국어에 재주가 많았다. 26세에 서장관(書狀官)이 되어 일본에 다녀왔다. 서장관은 외국에 보내는 사신 가운데 기록을 맡아보던 임시 벼슬인데, 가장 뛰어난 문관을 뽑아 보내는 것이 관례였다. 일본어에 능통한 신숙주는 일본을 다녀와 일본의 산천, 풍속, 관제 등을 상세하게 기록한 《해동제국기》를 만들었다.

신숙주가 일본어에만 능통한 것은 아니었다. 이후 명나라에도 수차례 서장관이 되어 다녀왔고 사신을 접대하는 자리에도 빠지지 않았다. 국내외의 중요한 문제들을 해결하는 데 공을 세웠다. 이 외에도 몽고어, 여진어, 인도어와 아라비아어까지 통역 없이 대화가 가능할 정도로 유창했다.

변절자란 오명, 무엇이 진실일까?

문종은 자신의 죽음을 예견하고 있었다. 그래서 성삼문과 신숙주, 김종서, 박팽년 등에게 어린 단종을 부탁했다. 문종이 승하하고 어린 단종이 즉위하자 신숙주는 세조의 줄에 섰다. 세조가 일으킨 계유정난에서 2등 공신으로도 책록되었다. 그때 문종의 유지를 받든 사람은 거의 다 죽임을 당했다. 그들과 달리 목숨을 부지한 신숙주를 두고 사람들은 변절자라 칭했다. 마음이 변해버린 신숙주를 일찍 쉬어버리는 숙주나물에 비유하며 비하하기까지 했다.

계유정난이 일어나기 1년 전 세조(수양대군)는 왕명을 받아 중국으로 가게 되었다. 어린 단종이 즉위하고 얼마 되지 않아서였다. 야심이 큰 세조를 조선에서 격리하기 위한, 일종의 좌천이기도 했다. 실록에 따르면 이때 세조가 신숙주의 의향을 떠보고 중국으로 동행할 것을 제의했다고 한다. 그리고 둘은 중국으로 떠났다. 중국에서 그들에게 무슨 일이 있었는지는 아무도 알지 못한다. 동갑내기였던 두 사람이 어떤 일을 도모했는지는 그날의 하늘과 땅, 바람만이 간직하고 있을 뿐이다.

세조가 즉위하며 출세 가도를 달리다

세조가 즉위하고 신숙주는 한명회와 마찬가지로 네 차례나 공신에 책록되었다. 그러나 좌익, 익대, 좌리공신은 1등이었으나 계유정난의 공신에선 2등이었다. 한명회와 함께 가장 화려한 공신 이력을 가지고 있다.

1454년 도승지를 시작해 병조판서, 좌우찬성, 대사성을 거쳐 40세의 젊은 나이로 우의정이 되었다. 세조 3년의 일이었다. 그리고 5년 뒤인 1462년 최고의 벼슬인 영의정에 제수되었다.

세조가 죽고 예종이 즉위하자 한명회, 구치관과 함께 원상(院相, 조선 시대에 왕이 죽은 뒤 어린 임금을 보좌하여 정무를 맡아보던 임시 벼슬)이 되었다. 예종의 뒤를 이어 성종이 12세의 나이로 즉위하자 또다시 영의정에 재직했다. 6년 뒤 59세의 나이로 생을 마감했다.

아무런 변명도 없었던 신숙주, 많은 업적을 남기다

신숙주는 타고난 기품이 고상하고 마음이 너그러우며 활달했다고 실록은 전한다.《성종실록》1475년 6월 21일의 기록을 보면 신숙주의 성격을 가늠할 만한 사건이 있다. 이조에서 신숙주를 제집사(祭執事)로 임명했다. 그런데 관원이 잊어버리고 첩(牒)을 주지 않았다. 이 일로 관원이 파직을 당하게 되자 신숙주는, 관원은 첩을 전달했지만 자신의 잘못으로 출근하지 않았다고 거짓으로 복죄(服罪)했다. 관원은 신죽주 덕분에 탄핵되지 않았지만 대신 그가 파면되고 말았다. 사람들은 이 일을 두고 신숙주의 후덕함을 추앙했다.

언어학자로 일생을 바친 신숙주는 다양한 책을 편찬하는 데 업적을 남겼다.《세조실록》과《예종실록》,《동국통감》의 편찬을 통괄했고,《국조의례의》도 개찬했다. 외국어에 능통한 그는 중요한 외교문서를 대부분 작성했다. 지은 책으로는《보한재집》이 있다.

글씨에도 재주가 있어 〈몽유도원도〉의 찬문에 글씨가 남아 있고, 명나라 사신 예겸의 시집에도 해서체가 남아 있다. 특기 사항으로는, 1460년(세조 6)에 강원, 함길도 도체찰사가 되어 전쟁에 출정한 일이 있다. 야인(野人)의 침입이 잦아졌기 때문이었다.

애서가(愛書家), 책과 함께 묻히다

유명(遺命, 임금이나 부모가 죽을 때에 남긴 명령)으로 검소하게 장례를 치르고 불교의 법을 쓰지 말게 했으며, 서적을 함께 묻도록 했다. 기록에는 신숙주의 죽음에 애석해하지 않는 이가 없었다고 전한다.

그림으로
최고의 벼슬을 얻다

생애가 알려지지 않은 당대 최고의 화가

안견은 생몰년이 알려지지 않은 조선 초기 최고의 화가다. 자는 가도(可度), 득수(得守)이고, 호는 현동자(玄洞子), 주경(朱耕)이다. 안견은 옛 그림을 섭렵하며 장점들을 자신의 것으로 승화시켰는데, 특히 산수화에 뛰어났다. 초상화와 사군자, 의장도에도 능했으며 그의 화풍은 일본 무로마치시대의 수묵산수화 발전에 많은 기여를 했다.

안견이 언제, 어디서 태어났으며, 어디서 생을 마감했는지를 보여주는 기록은 없다. 다만 세종 대부터 실록에 언급되었으며, 안평대군과 친분이 남달랐던 그가 수양대군(세조)으로 인해 안평대군이 목숨을 잃을 때까지 살았다는 기록이 윤휴의 《백호전서》에 있다. 그러므로 세조 시대까지 살았던 것으로 추정된다.

〈몽유도원도〉를 그리다

안평대군은 안견을 가까이했다. 안평대군은 세종의 셋째 아들인데, 원래 왕위 계승자가 되지 못한 대군들은 벼슬도 하지 못한 채 풍류를 즐기며 여생을 보내야 했다. 안평대군은 학문과 서화를 좋아했다. 시, 서, 화에 능하여 삼절(三絶)이라 불리기도 했다. 그래서 화원들의 왕래가 잦았다. 특히 안평대군은 안견의 재주를 높이 샀다. 안견은 안평대군이 소장한 고화들을 접하면서 그의 그림에 많은 영향을 받았다.

세종 29년(1447)에 안평대군은 안견을 급히 불렀다. 그러고는 지난밤 꾼 꿈을 그림으로 남겨달라 청했다. 박팽년과 함께 복숭아밭에서 노닐었는데, 그 광경을 잊을 수 없다는 것이었다. 안견은 비단 화폭에 왼쪽에는 현실 세계를, 오른쪽에는 꿈의 세계를 그렸다. 이 그림이 바로 〈몽유도원도〉로, 그림 속의 두 세계는 묘한 산들과 함께 전체적으로 조화를 잘 이루고 있다.

〈몽유도원도〉에는 안평대군의 발문부터 김종서, 신숙주, 정인지, 박팽년, 서거정, 최항, 이개, 성삼문 등 당대 최고의 학자와 문인 20여 명의 친필이 붙어 있다. 이들의 찬문은 안견의 예술적 가치를 더욱 높여준 계기가 되었다. 그만큼 안견의 그림 솜씨가 빼어났으니 가능한 일이었다.

안견의 작품으로 유일하게 남아 있는 〈몽유도원도〉는 현재 일본의 덴리대학이 소장하고 있다. 아마도 임진왜란 때 일본에 빼앗긴 것으로 추정된다.

그림이 최고의 벼슬을 선사하다

안견은 도화원(圖畵院, 조선 시대에 그림에 관한 일을 맡아보던 관아) 소속으로 종6품인 선화(善畵)였다. 그런 그가 체아직(遞兒職, 현직을 떠난 문무관에게 계속해서 녹봉을 주려고 만든 벼슬)인 정4품 호군(護軍)으로 승진했다. 이는 아주 파격적인 승진이었다. 도화서는 원래 종6품 선화가 최고의 자리로, 그다음인 종7품인 선회(善繪), 종8품직인 화사(畵史), 종9품직인 회사(繪史) 등 네 자리가 전부다. 종9품인 회사만 두 명으로, 보직을 받을 수 있는 인원은 5명에 불과했다. 신분도 양반보다 낮은 중인이었다. 그런 안견을 세종은 정4품의 품계인 호군에 제수했다. 안견의 재주가 얼마나 뛰어났고, 세종의 총애가 얼마나 깊었는지를 보여준다.

또한 안견은 세종 30년(1448)에 의궤(儀軌, 나라에서 큰일을 치를 때 후세에 참고하기 위해 그 일의 처음부터 끝까지의 성과를 자세하게 적은 책)에 관한 명을 받게 되는데 아래와 같다.

"무릇 예기(禮器, 제사에 쓰는 그릇)를 만드는 데 있어 처음에는 비록 지극히 상세하나, 전(傳)하기를 오래하면 반드시 그 참을 잃게 된다. 이제 〈대소가의장도(大小駕儀仗圖)〉를 조사해본즉 모두 잘못되어 고의(古儀, 옛것)에 맞지 않으니, 지금 만든 동궁 의장(東宮儀仗)은 호군 안견으로 하여금 법에 의하여 그 〈대소가의장도〉를 그리게 하고, 또한 그로 하여금 개정하게 하여 잘 단장해서 책을 만들고, 신·구관(新舊官)이 서로 교대할 때에는 장부를 두어 인수인계하게 하라."

_《세종실록》 30년(1448) 3월 5일

이 기록이 살아생전 안견에 대한 마지막 기록이다. 후에 세조와 성종 대서 언급되긴 하나 그의 행적은 아니고, 화가로서 뛰어났던 그의 재주와 세종의 신임을 기록하고 있을 뿐이다.

어디선가 화공으로서 생을 마감했을 그의 영향은 죽어서도 계속되었다. 신사임당, 김시, 양팽손, 이정근 등이 안견의 화풍을 따랐고, 이들을 안견파라고 했다.

신분까지는 새로 그리지 못한 안견

화공은 양반보다 낮은 신분이므로 안견이 정선과 김홍도, 장승업과 함께 조선의 4대 화가로 손꼽힐지라도 신분까지 새로 그리지는 못했다.《성종실록》10년(1479)의 기록을 보면 안견의 아들인 안소희(安紹禧)의 이야기가 전해진다. 안소희는 과거에 급제했는데 화공의 아들이라 감찰(監察)이 될 수 없다는 것이었다. 이미 과거에 급제했는데 무슨 문제가 되느냐고 성종이 되물었으나, 안소희는 아버지의 신분으로 인해 결국 감찰이 되지 못했다.

자유로운 영혼의 소유자

세종과 모두의 총애를 받은 천재 김시습

김시습의 호는 매월당(梅月堂), 청한자(淸寒子), 동봉(東峯), 벽산청은(碧山淸隱), 췌세옹(贅世翁) 등이며, 법명은 설잠(雪岑)이다. 생육신의 한 사람이기도 하다. 아버지는 김일성으로, 1435년에 무반 집안에서 태어났다. 시습이란 이름은《논어》〈학이편〉에 나오는 '학이시습지 불역열호(學而時習之, 不亦說乎)', 즉 "배우고 때때로 익히면 어찌 기쁘지 아니한가."라는 구절에서 따온 것이다.

김시습 하면 가장 먼저 떠오르는 일화가 세종과 당시 재상으로 있던 허조(許稠)의 이야기다. 김시습은 생후 8개월 때부터 글을 알았으며, 세 살 때부터 한시를 지었다고 한다. 다섯 살에 문리(文理)를 깨닫고《중용(中庸)》,《대학(大學)》에도 통달해 재상 허조가 찾아와 그를 시험했다. 허조는 늙을 노(老) 자로 시를 지어보게 했다. 그러자 어린 김시습이 아래와 같은 시를 지었다.

"늙은 나무에 꽃이 피니, 마음은 늙지 않았네[老木開花心不老]"

김시습의 시에 탄복한 허조는 이를 세종에게 알렸고, 김시습은 겨우 다섯 살의 나이에 왕을 알현했다. 세종은 김시습의 천재성을 알아보고 비단 50필을 내주고는 훗날 다시 만날 것을 약속했다.《정조실록》15년 2월 21일에 "김시습은 다섯 살에 신동이라 하여 세종의 특별한 인정을 받았다."라고 기록되어 있다. 그리고 이 이야기는 김시습이 지은 한시를 통해서도 전해진다. 율곡 이이는 그를 두고 '백세(百世)의 스승'이라고 칭송하기도 했다.

신동의 불우한 초년 시절, 스님이 되다

김시습이 열다섯 살 때 어머니가 세상을 떠났다. 아버지의 재혼으로 김시습은 외가에 맡겨졌다. 그런데 3년 후 그를 돌봐주던 외숙모까지 세상을 버렸다. 다시 집으로 돌아왔으나 아버지마저 병을 앓고 있었다. 그쯤에 훈련도정 남효례의 딸과 혼인했다.

신동으로 불리던 그는 과거시험에서 낙방했다. 재수를 위해 삼각산(三角山) 중흥사로 들어가 학문에 열중했는데, 세상은 그를 도와주지 않았다.

1455년 김시습은 세조가 단종을 몰아내고 왕좌를 차지한 사실을 알게 되었다.《숙종실록》에 따르면 김시습은 이를 개탄스럽게 여겨 책을 모두 태워버린 후 스님이 되어 방랑의 길을 떠났다고 한다. 벼슬에 뜻을 버리고 절개를 지켰다고 하여 그는 원호, 이맹전, 조려, 성담수, 남효온과 함께 생육신의 한 사람이 되었다.

20세의 젊은 나이로 김시습은 9년 동안 전국 곳곳을 방황하며 《탕유관서록》, 《탕유관동록》, 《탕유호남록》 등을 남겼다. 김시습의 재주를 아껴 세조가 불렀으나 끝내 응하지 않았다.

조선의 첫 소설가, 세상을 두 번 버리다

1465년 김시습은 남산에 금오산실을 짓고 6년 남짓 그곳에서 생활했다. 그의 나이 31세 때였다. 여기서 조선 최초의 한문소설인 《금오신화》가 탄생했다. 현재 전하는 소설로는 〈만복사저포기〉, 〈이생규장전〉, 〈취유부벽정기〉, 〈용궁부연록〉, 〈남염부주지〉 총 다섯 편이 있다.

《금오신화》에 실린 소설들은 소재가 자유롭고 분방하다. 죽은 영혼, 귀신이 등장해 현생의 사람과 만나 억울함을 풀거나 사랑을 나눈다. 사회 풍토가 내포된 소설은 김시습의 지독한 고독과 백성들의 아픔, 희망적인 메시지가 어우러져 완성되었다.

금오산실에서 은둔 생활을 하던 김시습은 돌연 한양으로 돌아와 농사를 지으며 작업하던 《산거백영》을 정리했다. 1481년(성종 12)엔 환속(還俗, 스님이 다시 속인이 됨)해서 안씨라는 여자와 혼인도 했다. 그러나 1483년 다시 방랑의 길을 나섰다. 그 이유는 확실치 않으나 전해지는 풍문으로는 성종이 중전 윤씨, 즉 아내를 버렸기 때문이라고 한다. 그리고 1493년에 59세로 충남 부여의 무량사에서 병사했다.

시를 통해 과감하게 정사를 꾸짖다

"사또가 어질어도 헐떡일 생활인데(長官仁愛猶能喘)

승냥이, 이리를 만났으니 가련하도다(幸遇豺狼是可憐)

이고 진 유랑민 길마다 가득하니(婦戴翁提盈道路)

굶주림과 추위가 어찌 흉년 탓이리오(豈遭飢凍不豊年)"

_ 김시습, 〈영산가고(詠山家苦)〉 5수

김시습은 많은 한시를 남겼다. 그는 소설가이자 자유분방한 시인, 사상가이기도 했다. 그가 지은 시에는 나랏일에 대한 울분, 백성의 애환이 담겨 있다. 김시습이 남긴 발자취는 후세에 재평가되며 자주 회자되었다.

"방랑 생활로 그 자취를 감추거나 혹은 은둔해 살면서 몸을 깨끗이 했으니, 그 충성과 그 절개에 대해서는 사람들이 이론의 여지가 없었습니다……. 단종이 임금의 자리를 내어놓은 뒤에는 절간에 의탁하여 종신토록 벼슬하지 않았습니다. 이이가 말하기를 '절의를 높이 세우고 윤리 강상을 부식한 것은 비록 백대의 스승이라 해도 근사할 것이다.' 했습니다." _《정조실록》15년(1791) 2월 21일

"근세 사람 김시습이 출가하여 우리나라 곳곳을 다니며 지은 시문이 당시 제일이었습니다." _《중종실록》37년(1542) 7월 27일

"사인(士人) 김시습은 광묘조(光廟朝) 때부터 입선(入禪)하여 머리 깎고 세상을 피했다가, 중간에 환속하여 아내를 얻었으나 자손이

없습니다. 그의 문장과 절행(節行)이 우뚝하여 숭상할 만하니, 증직(贈職)시키고 사제(賜祭)해야 합니다.” _《숙종실록》 25년(1699) 2월 10일

정조의 명으로 이이(李珥)가 〈김시습전〉을 지었다. 그리고 정조 6년에 이조판서로 추종되었다. 사육신이 죽임을 당했을 때 아무도 그 시체를 수습하지 못하고 있었다. 그런데 김시습이 거두어 매장했다고 《연려실기술》은 전하나 확실하지는 않다.

벼슬보다 책이 더 좋건만

주자학(성리학)의 대가 퇴계 이황

동방의 주자(朱子, 송나라의 유학자 주희를 높여 이르는 말)라
고도 불리는 이황은 1501년 11월 25일에 예안(지금의 경상북도
안동)에서 태어났다. 아버지는 진사 이식(李埴)이며 후에 좌찬
성으로 추증되었다. 이황은 이식의 7남 1녀 중 막내아들로 태
어났다. 그러나 생후 7개월 만에 아버지가 죽어 홀어머니 밑
에서 자랐다. 자는 경호(景浩), 호는 퇴계(退溪), 퇴도(退陶), 도
수(陶叟)다. 예안의 퇴계(退溪)에 살면서 이 지명에 따라 호를
퇴계로 삼았으며, 늘그막에 산수가 좋은 도산에 집을 지어 호
를 도수라 고쳤다.

이황이 본격적으로 학문을 익히게 된 것은 12세에 작은아
버지 이우(李堣)로부터 《논어》를 배우기 시작하면서다. 이우는
이황의 스승이자 아버지 대신이었다.

1528년(중종 23)에 소과에 합격, 1534년에 식년시에서 급
제했다. 실록에 따르면 이황은 벼슬에 뜻이 없었으나 늙은 어
머니를 위해 벼슬을 했다 한다.

이황이 성리학의 대가로 평가되는 만큼, 실록 또한 그가 얼마나 성리학에 빠져 있었는지를 〈이황 졸기〉 편에서 전하고 있다.

"오로지 성리학에 전념하다가 《주자전서(朱子全書)》를 읽고서는 그것을 좋아하여 한결같이 그 교훈대로 따랐다. ……도가 이루어지고 덕이 확립되자 더욱더 겸허했으므로 그에게 배우려는 학자들이 사방에서 모여들었고 달관(達官), 귀인(貴人)들도 마음을 다해 그리워했는데, 학문 강론과 몸단속을 위주로 하여 사풍(士風)이 크게 변화되었다."
_《선조수정실록》 3년(1570) 12월 1일

— 성리학 : 중국 송나라, 명나라 때 주돈이(周敦頤), 정호(程顥), 정이(程頤) 등에서 비롯하고 주희(朱熹)가 집대성한 유학의 한 파. 이기설(理氣說)과 심성론(心性論)에 입각하여 격물치지(格物致知)를 중시하는 실천 도덕과 인격과 학문의 성취를 역설했다. 우리나라에는 고려 말기에 들어와 조선의 통치 이념이 되었고, 길재, 정도전, 권근, 김종직에 이어 이이, 이황에 이르러 조선 성리학으로 체계화되었다.

벼슬보다 책이 더 좋았던 이유는 무엇일까?

실록 〈이황 졸기〉 편에는 다음과 같은 기록도 있다.

"을사년 난리에 거의 불측한 화에 빠질 뻔하고 권간들이 조정을 어지럽히는 꼴을 보고는 되도록 외직에 보임되어 나가고자 했고, 얼마 후 형 해가 권간을 거슬러 억울한 죽음을 당하자 그때부터는 물러가 숨을 뜻을 굳히고 벼슬에 임명되어도 대부분 나가지 않았다."
_《선조수정실록》 3년(1570) 12월 1일

그의 형인 이해는 명종 5년(1550)에 권신 이기(李芑, 간신으로 칭해지며, 을사사화 때 소윤 윤원형과 손잡고 대윤을 몰아내 보익공신 1등에 봉해졌다)의 사주로 사간 이무강(李無彊)의 탄핵을 받아 무고 사건에 연좌된 구수담(具壽聃, 윤원형의 사주를 받은 대간의 탄핵으로 사사되었다)의 일파로 몰렸다. 이해는 장 100대를 맞고 갑산(甲山)으로 유배 가던 도중 죽었다. 실록에는 이해가 가장 혹독한 화를 입었다고 기록되어 있다.

이황은 이후 벼슬에 뜻을 두지 않았다. 인간의 내면에서 선과 악의 근거를 찾고 연구하던 이황에게 충격적인 사건이었다. 이황은 번번이 병을 핑계로 관직을 거부했다. 명종은 명예나 이익을 좇지 않고 벼슬에서 물러난 이황의 태도를 가상히 여겨 누차 관작을 높여 제수했으나 사양했다. 명종은 그가 병이 나면 어의를 내려보내 돌보게 하고 음식을 내리기도 했다. 이황은 명종이 승하하고 선조가 왕위에 오르자 잠시 명종의 행장을 정리했다.

그러나 선조가 직을 내리니 또 사양하고 물러갔다. 선조가 다시 여러 번 청하자 1568년 홍문관과 예문관 대제학을 겸임하기도 했다. 그리고《명종실록》편찬에 참여했다. 그는 선조에게 유학에서 성인이라 일컫는 요순(堯舜, 고대 중국의 요임금과 순임금)처럼 성인이 되기를 바라는 마음으로《성학십도》를 지어 바치기도 했다.

그러나 이황에게 사람을 떠나보내는 슬픔을 먼저 알려준 이가 있다. 바로 첫째 부인 허씨다. 허씨는 허찬의 딸로 1521년 이황과 혼례를 올렸으나 6년 만에 세상을 떠났다. 허씨의 삼년상을 치르고 1530년에 권질의 딸을 부인으로 맞았으나 권씨 또한 1546년에 세상을 먼저 떠났다. 항간에는 권씨가 정신병을 앓았다고도 전해진다. 권질의 집안은 연산군 대에 갑자사화와 중종 대인 1519년 기묘사화를 겪었는데, 이때 권씨 부인의 아버지인 권질은 무고한 옥사로 유배되었고 작은아버지는 장살, 즉 매를 맞아 죽었다. 그런 충격으로 정신이 옳지 않았다고 전한다. 그런 권씨를 이황은 마음으로 감싸 안았다고 한다.

어쨌거나 이황은 장성하여 사랑하는 이를 셋이나 떠나보냈다. 이황이 주장한 심성론은 이와 같은 아픔이 밑거름이 되었고, 그는 더욱 학문에 정진했다.

이기호발설

이기호발설(理氣互發說)은 요약하자면, 사단(四端, 사람의 본성에서 우러나오는 네 가지 마음. 인仁에서 우러나오는 측은지심, 의義에서 우러나오는 수오지심, 예禮에서 우러나오는 사양지심, 지智에서 우러나오는 시비지심을 이른다)과 칠정(七情, 사람의 일곱 가지 감정으로 기쁨[喜], 노여움[怒], 슬픔[哀], 즐거움[樂], 사랑[愛], 미움[惡], 욕심[欲], 또는 기쁨[喜], 노여움[怒], 근심[憂], 생각[思], 슬픔[悲], 놀람[驚], 두려움[恐]을 이른다)을 각각 이(理, 만물의 이치, 원리, 질서)의 발현과 기(氣, 활동하는 힘, 기운)의 발현으로 구분하는 이황의 주리론(主理論)적 학설이다.

이기호발설은 중국 송나라 때 주자를 중심으로 하는 성리학의 이기론(理氣論)에서 비롯되었다. 이기론은 이(理)와 구체적인 존재를 구성하는 요소인 기(氣)가 서로 조화되어야 하나의 물질이 생성된다는 사상인데, 이 둘은 '하나이면서 둘이요,

둘이면서 하나(一而二 二而一)'라는 불상리(不相離), 불상잡(不相雜)의 관계를 갖는다.

그러나 이황은 인간의 관점을 성정(性情)에 적용하여 이기호발설을 펼쳤다. 인간의 본성을 성(性), 그것이 드러난 형태를 정(情)이라 했다. 성과 정으로 작용하는 것이 심(心)이라 보았다. 또 성을 본성인 본연지성과 후천적으로 발생하는 기질지성으로 구분 지었다.

성과 정이 드러나는 작용도 둘로 나누어 설명했는데, 본연 그대로의 마음을 도심(道心), 어떤 작용으로 일어나는 것을 인심(人心)이라 했다. 이황은 주자의 논리를 근거로 측은지심, 수오지심, 사양지심, 시비지심의 사단을 본연지심에서 드러난 정이라고 하고, 희로애락애오욕의 칠정을 기질지성에서 드러난 정이라고 주장했다. 결과적으로 사단을 도심, 칠정을 인심이라 했는데, 사단은 이의 작용으로 나타나고, 칠정은 기의 작용으로 나타난다는 것이 이기호발설이다. 이 주장으로 인해 기대승(奇大升, 성리학자이며 32세에 이황의 제자가 되었다)과 서신으로 사단칠정 논쟁을 벌였는데, 무려 그 기간이 8년이었다. 기대승은 이황의 논리대로 따르자면 사단에는 기가 없고, 칠정에는 이가 없는데, 사단과 칠정은 모두 이와 기의 결합에 의해 이루어진다는 이기겸발설(理氣兼發說)을 주장했다. 결국 이황은 기대승의 의견을 수용해 사단은 이가 발한 것이나 기가 그 이를 따르고 있고, 칠정은 기가 발한 것이나, 이가 그것을 타고 있다(四端理發而氣隨之 七情氣發而理乘之)고 정정했다.

이기호발설은 인간의 본체론과 심성론에 관한 이론인데, 이황은 특히 심성론에 치중하여 이를 계속 연구해 발전시켰다.

그러나 후일 이이는 사단이란 칠정 가운데 선한 부분만을 가려 뽑아 말하는 것으로, 사단이 칠정 속에 포함된다는 이른바 '칠정포사단(七情包四端)'의 논리를 주장했다.

도산서원, 많은 인재를 배출하다

도산서원이 활성화되기 전부터 이황은 인재 교육에 힘썼다. 명종 5년(1550)에 풍기군수로 내려갔는데 백운동서원을 제사만 지내는 공간으로 쓰지 말고 인재를 육성하는 곳으로 쓸 수 있게 해달라고 청을 올렸다. 곧 백운동서원은 소수서원이란 사액을 받고 인재를 육성했다. 우리나라 최초의 사액서원이다. 1551년에는 계상서당을 지어 인재를 양성했다.

이황은 자신이 머물던 도산에 1561년 도산서당을 세웠다. 그는 이곳에서 제자들을 가르치며 지냈다. 많은 인재들이 그에게 배움을 청하고자 몰려들었다. 그중에는 이이도 있었다.

이황은 선조 3년(1570) 12월 1일 70세의 나이로 생을 마감했다. 사후 영의정으로 추증되었다. 1574년에는 도산서당 뒤편에 서원을 세워 그의 위패를 안치했다. 선조는 한석봉이 쓴 편액을 하사했다. 1600년에 이황의 글을 모아 51권 31책으로 구성된 문집이 편찬되었다.

이황은 《도산십이곡》을 비롯해 많은 시를 남겼으며, 그가 쓴 편지글은 《퇴계사절요》로 간행되었다. 《자성록》, 《주자서절요》, 《이학통록》, 《계몽전의》, 《전습록논변》, 《경서석의》, 《심경후론》 등의 저술이 있다. 이황의 사상은 영남 지방을 중심으로 계승되어 영남학파를 이루었다. 일본 성리학에도 많은 영향을 주었다.

13. 신사임당申師任堂
1504〜1551

재혼은 절대 아니 됩니다

친정살이의 진실

신사임당의 본명은 전해지지 않으며, 신인선이라는 설도 있지만 정확하지는 않다. 신사임당은 그녀의 당호다. 사임당 외에도 시임당, 임사제라고도 했다. 그녀의 당호 사임당은 중국 주나라 문왕의 어머니인 태임(太妊)에서 비롯된 것이다. 태임은 성품이 뛰어나고 덕이 높았으며 특히 자식 교육 방식이 남달랐는데, 그런 그녀를 본받고자 지은 것이다.

신사임당은 연산 5년(1504)에 태어났다. 아버지는 신명화이고, 어머니는 세조 때 원종공신 이유약의 손자인 이사온의 딸로 외동이었다. 사임당의 아버지는 과거에 급제했으나 벼슬은 하지 않았다.

그녀가 친정살이를 한 것은 남편과 문제가 있어 그런 것이 아니었다. 조선 시대 부계 중심 문화는 17세기 이후에 완전히 정착한 것으로, 고려를 거쳐 조선 초기, 중기까지 남자가 여자의 집에 가서 혼인하고 자식을 낳고 생활하는 게 보편적인 결혼 풍습이었다. 그렇기에 신사임당이 친정에서 머무른 것은 특별한 일이 아니었다. 또한 어머니인 이씨는 외동딸이어서 신사임당과 더욱 돈독했다. 신사임당은 외할아버지인 이사온의 사랑을 유독 많이 받았는데 그에게 학문과 시 등을 배웠다.

중종 17년(1522)에 남편 이원수와 혼인했다. 이원수의 아버지 이천은 관직을 하지 않은 인물인데, 그 사촌들인 이기와 이행은 1519년 기묘사화 때 한성부윤과 공조판서를 지냈다. 그들은 좌의정과 영의정에도 올랐는데, 이기는 외척 윤원형과 결탁해 을사사화를 일으킨 인물이기도 하다.

신사임당은 38세인 1541년에 친정살이를 그만두고 서울로 올라왔다. 신사임당은 이원수와 결혼해 총 4남 3녀를 두었다. 이중 이이도 외할머니 댁인 강릉에서 태어났다.

어머니란 이름에 묻힌 여성 화가

신사임당은 어려서부터 바느질과 자수, 시와 그림 솜씨가 빼어났다. 그녀는 안견의 영향을 받았고, 7세 때부터 그의 그림을 모방해 산수도를 그렸다. 특히 풀벌레와 포도를 그리는 재주가 남달랐다. 그녀의 영향으로 조선 후기에 풀벌레를 그린 초충도가 유행했다. 이이가 쓴 〈선비행장〉에 신사임당의 그림에 관한 글이 있다.

"포도를 그리셨는데 세상에 흉내낼 수 있는 사람이 없었다. 그 그림을 베껴 그린 병풍과 족자가 세상에 많이 전해지고 있다."

또 이이를 흠모하여 가르침을 받은 송시열은 "서화에서도 절묘한 경지에 이르러 이것을 얻은 자는 구슬을 안은 듯 보배로 여겼다."라고 전했으며, 명종 때의 학자 어숙권은《패관잡기》에 신사임당의 그림이 안견에 버금간다고 적었다.

신사임당에 대한 기록이 많지 않아서 그녀의 그림에 대한 평가를 남긴 이들이 그녀의 가족이거나 이이의 지인들이지만, 그녀의 재능이 뛰어나지 않았다면 이러한 평이 전해지지도 않았을 것이다.

그러나 신사임당은 뛰어난 화가보다는 현모양처로 더 많이 알려져 있다. 그녀의 아들이자 대학자인 이이로 인해 더욱 그럴 수밖에 없었다. 여자는 아무리 재주가 뛰어나도 그에 걸맞은 평가를 받지 못하던 시대에 태어난 탓에 화가보다는 아내이자 어머니라는 이미지에 묻혀 재주가 부각되지 못한 점이 아쉽다.

그 어머니에 그 딸?

작은 사임당이라고 전해지는 신사임당의 맏딸 이매창은 그녀가 26세에 낳았다. 그녀의 영향을 받아서인지 시(詩), 서(書), 화(畵)에 뛰어난 솜씨를 보였다. 조선 중기 명필로 이름을 떨친 황기로(黃耆老)가 평하기를, 부녀자 중의 군자(君子)라 했다. 신사임당과 마찬가지로 풀벌레 그림을 잘 그렸으며 거문고에도 재주가 남달랐다.

절대 재혼은 아니 됩니다

명종 6년(1551), 신사임당의 남편 이원수가 수운판관(水運判官, 조선 시대에 세곡稅穀 따위를 실어 올리는 수상 운송에 관한 일을 맡아보던 전함사典艦司에 딸린 벼슬)에 임명되어 이선과 이이 두 아들을 데리고 평안도로 갔다. 이원수는 50세가 되던 그해 음직으로 관직을 받은 것이었다. 그사이 병을 앓고 있던 신사임당은 5월 17일 새벽에 유명을 달리했다. 이이는 이때의 충격으로 금강산에 들어가 불도(佛道)를 닦기도 했다. 그때 신사임당은 48세였고, 이원수는 51세였다. 신사임당은 이원수에게 자신이 죽더라도 재혼은 절대 하지 말라 일렀다. 그러나 이원수는 신사임당의 유언을 따르지 못하고 재혼했다. 실록은 이원수의 첩이 이이를 사랑하지 않았다고 기록하고 있다. 훗날 신사임당은 아들 이이로 인해 정경부인에 증직되었다.

— 신사임당에 관한 자료는 거의 없고 이이가 지은 〈선비행장〉에서 그녀의 삶과 재주를 엿볼 수 있다. 〈선비행장〉은 신사임당이 죽고 난 후 그녀의 일대기를 간략하게 기록한 글이다. '선비'는 자신의 죽은 어머니를 높여 부르는 말이다.

아홉 번의 장원급제, 1등이 제일 쉬웠다

9번의 장원, 공부가 제일 쉬웠다

개혁과 실천의 대학자로 불리는 율곡 이이의 자는 숙헌(叔獻), 호는 율곡(栗谷), 석담(石潭), 우재(愚齋)다. 중종 31년(1536) 12월 26일에 외할머니 댁인 강릉에서 태어났다. 아버지는 증 좌찬성 이원수이며, 어머니는 사임당 신씨다. 효성이 지극해 실록에 전하기를 12세 때 아버지가 병들었는데 팔을 찔러 피를 내어 드렸고, 조상의 사당에 나가 울면서 기도했더니 병이 나았다고 한다.

총명하여 7세에 경서를 통달하고 글을 잘 지어 신동이라 했다. 실제로 명종 3년(1548)에 진사시에 합격했는데, 13세로 최연소 합격자였다. 이후로 1558년 별시에서 장원했으며, 1564년 실시된 대과에서 문과의 초시, 복시, 전시에 모두 장원으로 합격했다. 이외에도 생원시, 진사시를 포함 무려 아홉 번의 과거에 장원으로 합격했다. 그야말로 이이에게는 장원이, 공부가 제일 쉬웠던 듯하다.

22세인 1557년에 성주목사 노경린의 딸과 혼인했다. 여러 관직을 거쳤지만 관직에서 물러나기도 했고, 다시 부름을 받아 올라오기도 했다. 홍문관과 예문학의 대제학을 지냈고 말년에는 이조판서, 병조판서에 제수되었다.

시련을 단단한 밑거름으로 삼다

명종 6년(1551)이었다. 그때 이이의 나이 16세였는데, 그의 어머니인 신사임당이 죽었다. 그 충격으로 삼년상을 끝낸 이이는 금강산에 들어가 불교를 공부했다. 그러다 이듬해 하산해 외가에서 지냈다. 이때 〈자경문(自警文)〉을 지어 스스로를 경계했다. 〈자경문〉은 11개의 조항으로 되어 있는데, 이이는 이 글을 자기 수양의 조문으로 삼았다. 그러고는 성리학에 전념했다. 이황과 함께 성리학에 관한 논변을 나누기도 했다.

이이는 수많은 저술을 남겼다. 《성학집요》, 《동호문답》, 《경연일기》, 《천도책》, 《역수책》, 《문신책》, 《격몽요결》, 《만언봉사》, 《학교모범》, 《육조계》, 《시폐칠조책》, 《답성호원서》 등이 있다. 광해군 때 《율곡문집》이 간행되었고, 영조 대에 《율곡전서》가 편찬되었다.

뜻을 펼치지 못하다

이이는 선조 즉위 후 《동호문답》, 《만언봉사》 등의 글을 올려 당쟁을 해결할 방책을 제시하고 사회제도 개혁을 주장했으나 크게 확산되지는 못했다. 선조 8년(1577)에는 왕의 학문 지침서인 《성학집요》를 지어 올렸다.

이이가 주장한 정치개혁은 경장(更張)이었다. 이때 조정은 당파 싸움으로 나랏일조차 제대로 이뤄지지 못하고 있었다. 이이가 주장한 경장론은 느슨해진 가야금의 줄을 다시금 팽팽하게 당기듯 조정 또한 그러한 개혁을 강행해야 한다는 주장이었다.

이이의 역사철학에 따르면 모든 시기는 창업(創業), 수성(守成), 경장의 3기로 구분된다. 말 그대로 창업이 이뤄지면 그 혁명의 이념과 정신을 잘 행하고 전수하는 수성의 시기가 온다. 수성의 시기가 오래되면 모든 제도가 병드는 시기가 필연적으로 오게 마련인데, 이때 경장을 해야 한다는 것이었다. 경장할 때 제대로 고치지 못하면 나라에 큰 병폐가 생긴다는 개혁론이다.

쉽게 비유하자면 자손이 옛집을 지키고 있는데 지은 지 오래되고 나무도 썩어 곧 무너지려 하므로 목수를 만나야 했다. 그런데 목수를 구하기 위해서 집주인은 천 리 길을 가서라도 목수를 만나야 하는 게 옳은 것이냐, 아니면 앉아서 집이 무너지기를 기다리는 게 옳은 것이냐 하는 문제다. 이이는 폐단이 생긴 정치도 이와 같은 맥락이어서 경장을 해야 한다고 주장했다. 그러나 그의 경장론은 생전에 실현되지 못했다. 그 누구도 부귀영화의 달콤한 늪에서 나오고 싶지 않았기 때문이다.

이이는 죽기 1년 전인 1583년에 병조판서로 있었다. 선견지명이 있었는지 그는 선조에게 《시무육조》를 바치며 십만양병설을 주장했다. 즉 10만의 군사를 길러 외적의 침략에 대비하자 했다. 그러나 이이가 당시 동인의 탄핵을 받아 관직에서 물러나는 바람에 이 주장은 묵살되었다. 1년 뒤인 1584년 1월 16일, 49세의 나이로 생을 마감했다. 그리고 10년 뒤 임진왜란이 발발했다.

경장론 외에도 이이는 조제보합론(調濟保合論)을 펼쳤는데, 각 당에서 군자만을 인용하자는 내용이었다. 즉 각 당 안에는 대인도 있고 소인도 있으니 대인을 가려 뽑자는 논리였다. 이때 동인과 서인을 이끌던 심의겸과 김효원의 갈등을 해결하고자 양시양비론(兩是兩非論)을 제시하였다. 그러나 두 사람의 갈등은 이이의 노력에도 불구하고 해결되지 못했다. 이이는 제자 교육에 힘썼으며 향약과 사창법(社倉法)을 시행하기도 했다.

기생 유지와의 사랑

이이는 선조 7년(1574)에 황해도 관찰사로 임명되어 그곳으로 떠났다. 해주 관아에 도착하여 짐을 풀고 저녁상을 받는데 동기, 즉 나이 어린 기생이 이이를 모시기 위해 들었다. 원래 지방에 새로운 관료가 내려오면 그 지방 최고의 기생으로 하여금 모시게 하는 일이 종종 있었다.

유지는 그때 당시 12세였고, 이이는 39세였다. 유지는 선비의 딸인데 일찍 부모를 잃어 기적에 오르게 되었다 전한다. 이이는 유지를 아꼈다. 간혹 술시중을 들게 했으나 밤시중은 거부했다. 세월이 흐름에 따라 유지 또한 성숙해져 갔다. 그러나 이이는 유지를 품지 않았다. 오로지 정신적으로 사랑하고 아꼈다.

이이는 1583년 누님에게 문안을 갔는데 이때 유지를 대동했다. 여러 날 술을 같이 나누었고 그것이 마지막이었다. 이이가 유지와 이별하고 강이 흐르는 밤고지 마을에서 하루를 자는데, 깊은 밤 문을 두드리는 이가 있어 열어보니 유지였다.

유지도 그것이 마지막이라는 것을 알았던 모양이다. 이들은 또 밤새 이야기만을 나누었다. 이이가 이 사실을 사람들이 의심할까 노래를 짓고 사실을 적어, 정에서 출발하여 예의에 그친 뜻을 남겼으니 보는 이들은 그리 짐작하라 일렀다.

"1583년 9월 28일 병든 늙은이 율곡이 밤고지 강 마을에서 쓰다."라는 이 시는 유지가 소중히 간직했고, 〈유지사(柳枝詞)〉라고 일컫는 노래와 시는 오늘날 이화여대에 소장되어 있다.

이 이야기는 율곡 문집 초고본에 그대로 있었으나 후세에 모범이 될 만한 일이 아니므로 삭제했다고 전한다. 당시 율곡 문집을 편찬하던 박세채는 《남계견문록》에, 이이가 세상을 떠나자 유지는 서울로 올라와 삼년상을 치렀다고 기록했다.

이이에게는 부인 노씨가 있었지만 아들을 낳지 못했다. 소씨와의 사이에 딸 하나를 두었지만 일찍 죽었다. 소실 이씨와 김씨에게서 서자(庶子) 둘과 서녀 하나를 두었다. 서녀는 김집의 소실이 되었다. 이이는 양자를 들이지 않고 첫 서자인 경림으로 하여 대를 잇게 하였다.

사연 없는 인생이 어디 있을까

화려한 가족사

정철의 자는 계함(季涵)이고, 호는 송강(松江)이다. 〈관동별곡〉, 〈사미인곡〉, 〈속미인곡〉 등을 지었는데, 표현이 아름답고 서정적이어서 가사문학의 대가로 불린다. 〈관동별곡〉은 강원도 관찰사가 되었을 당시 강원도의 장관에 취해 지은 시다. 〈사미인곡〉과 〈속미인곡〉은 관직을 버리고 고향에 돌아가 4년간 있으면서 쓴 작품이다.

정철의 아버지는 돈녕부판관 정유침이다. 정유침은 벼슬이 없었다. 딸이 인종의 후궁으로 간택됨에 따라 음직으로 돈녕부판관이 되었다.

정철의 큰누나는 인종의 후궁으로 귀인(貴人)이었다. 그러나 소생은 보지 못했다. 누나 덕분에 어릴 적 궁중에 자주 출입했는데, 이때 대군으로 있던 명종과 가깝게 지내며 친분을 쌓았다. 이와 같은 인연이 있어서 정철이 과거에 급제했을 때 명종이 매우 기뻐했다. 또한 누대 위에서 정철이 나가는 것을 바라보기도 했다 하니 은총이 특별했다.

　누이동생은 성종의 셋째 아들 계성군 순(恂)의 양자인 계림군(桂林君)에게 출가했다. 명종 즉위 후 문정대비가 수렴청정하자 소윤 일파는 대윤 일파를 제거한 을사사화 때 '인종이 사망할 당시, 윤임이 계림군을 추대하려 했다'고 모함했다. 정철의 매제인 계림군은 압송, 참수되었다. 이때 정철의 부모 형제도 무사치 못했는데 큰형은 유배 가다 죽었다. 정철은 어리다는 이유로 화를 면했으나 아버지를 따라 유배지를 전전하며 어린 시절을 보내야 했다.

　명종 6년(1551)에 특별히 사면되어 온 가족이 고향으로 향했다. 이때 인종의 스승이었던 김인후(金麟厚)와 이황의 제자인 기대승에게 10년 동안 배움을 얻었다. 그리고 이이, 성혼과도 교류했다.

원칙과 소신을 지키다

　정철이 정언(正言, 사간원에 속한 정6품 벼슬)에 임명되었을 때다. 왕실의 종친인 경양군(景陽君)이 서얼 처남을 죽인 사건이 있었다. 처남의 재물이 탐나 처와 종을 빼앗았고 때려죽여서 강물에 던진 것이었다. 경양군은 성종의 손자로, 성종의 여덟째 아들인 이성군의 아들이었다. 정철이 사건을 논하며 법대로 처벌할 것을 청했다. 명종은 정철을 설득해 사건을 덮으려고 했다. 하지만 원칙주의자인 정철은 그럴 수 없었다. 제아무리 종친이라고는 하나 사람을 죽인 일이었다. 정철은 계속해서 처벌을 주장하다가 결국 파직되었다. 그러고는 선조 즉위 후 이조좌랑으로 관직 생활을 다시 시작했다.

정철이 벼슬에 있는 동안 그를 유언비어로 공격하는 이가 많았다. 풍문이 퍼져 모든 사람이 그를 소인이라 여겼다. 그리하여 평소 정철을 잘 아는 이들 또한 소문에 현혹되어 그가 정말 소인인가 의심하는 이들도 있었다. 이와 같은 사건에 선조가 직접 해명한 기록이 있으니 아래와 같다.

"그러지들 마라. 간원도 반드시 누구에겐가 사주를 받았을 것이다. 나는 이렇게 논하는 의도를 안다. 이는 정철을 제거하려고 하는 것인데……. 정철의 사람됨을 보건대 그 마음은 정직하고 행동은 방정하다. 오직 그 말이 강직하기 때문에 시대에 용납받지 못하고 남에게 미움을 받을 뿐이다. 지난번 인대(引對)했을 적에 강직한 말로 간사한 자를 배척하기에 나는 진실로 그가 오늘날 이런 비방을 받을 줄 알았다. 만약 정철에게 죄를 준다면 이는 주운(朱雲, 중국 한나라 때 충신)을 죽이는 일이 된다."

_《선조수정실록》 16년 9월 1일

당파 싸움은 인간의 평가마저 새로 만든다

정철은 서인의 영수였다. 정철 살아생전 동인과 서인으로 당이 갈려 그 싸움이 대단했다. 당연히 동인은 정철을 싫어할 수밖에 없었다. 정철도 사람인지라 매번 자신을 탄핵하는 동인이 싫었다. 당시 조정에서는 서인이 동인보다 상대적으로 세력이 약했다.

그러던 와중 서인이 득세하게 되는 사건이 일어났다. 바로 정여립 모반 사건이다. 이 사건으로 정철은 동인을 대거 축출했다. 정여립은 원래 서인이었는데 동인이 집권하자 동인으로 전향해서 서인을 비판한 인물이었다. 정여립이 도중에 관직을 그만두고 낙향한 적이 있는데, 이때 정여립이 대동계(大同契)를 조직해 그들과 함께 반란을 일으키려 한다는 고변이 왕에게 전해졌다. 고변으로 정여립은 그의 아들과 함께 도망가다 자결했다. 모반을 인정해버린 셈이었다. 정철은 이를 계기로 정계에서 동인을 몰아냈다. 서인 중에는 사사로운 원한을 보복하는 이들도 있었다.

정철을 따라다니는 꼬리표 중 하나가 바로 권신이라는 비판이다.《선조실록》〈정철 졸기〉에는 전부 그를 지탄하는 글뿐이다. 이 실록은 동인의 분파인 북인 측에서 편찬했는데, 그 평이 대단히 지나치다는 의견이 있다.《선조수정실록》〈정철 졸기〉 편에서는 정철을 상당히 다르게 평가하고 있다. 정철은 단지 결백이 지나쳐 의심이 많고 용서하는 마음이 적은 것이 평생의 단점이며, 권간과 적신으로 지목하는 것은 문제가 있다고 논하고 있다. 정철의 성품을 유추해볼 수 있는 기록은 아래와 같다.

"이발(李潑)과 이산해(李山海)는 한때 권세를 장악했던 자들로서 정철은 그들의 친구였으니, 정철의 재주로서 조금만 비위를 맞추었더라면 어찌 낭패를 당하여 곤고하게 되어 종신토록 굶주린 신세가 되기까지야 했겠는가. 그런데도 그는 한 번도 기꺼이 굽히려 하지 않았다." _《선조수정실록》 26년(1593) 12월 1일 〈정철 졸기〉

왕들의 미움을 받다

정철은 왕들의 신망을 받았으나 그 끝은 좋지 못했다. 앞서 명종 대에 경양군 사건으로 파직되어 명종이 승하할 때까지 그는 조정에 복귀하지 못했다. 언급했듯 명종은 정철을 매우 아꼈다. 그런 그를 파직까지 하며 끝내 부르지 않은 것은, 자신의 뜻을 끝끝내 굽히지 않는 정철의 외골수적인 성격을 잘 말해준다.

또한 정철은 선조의 사랑도 받았다. 그런데 좌의정이 된 1591년 건저문제(建儲問題)로 선조의 미움을 사게 된다. 건저(建儲)는 왕의 자리를 계승할 왕세자를 정하는 일인데, 광해군을 왕세자로 책봉하자고 건의한 것이었다. 그러나 선조는 당시 인빈 김씨를 아껴 그녀의 소생인 신성군을 마음에 두고 있었다. 이 일로 정철은 다시 파직되어 진주로 유배되었다. 1592년 임진왜란이 일어났을 때 잠시 복직했으나 동인들의 모함으로 강화에서 만년을 보냈다.

가사문학의 대가, 술꾼 정철

〈사미인곡〉과 〈속미인곡〉은 정철이 50세 무렵 서인과 동인의 당파싸움으로 인해 관직에서 물러난 시점에 탄생한 작품이다. 선조 18년(1585)에 정철은 고향으로 내려가 4년 동안 지냈다. 두 작품 모두 선조에게 바친 사모곡이다. 〈사미인곡〉은 선조에 대한 충심과 그리움을 표현한 것인데, 한 여인이 지아비를 사모하는 형식으로 풀어냈다. 내용 중에는 임을 그리워한 나머지 살아서 임의 곁에 갈 수 없다면 차라리 죽어 벌이나 나비가 되어 꽃나무에 앉았다가 향기를 묻혀 임께 옮기겠다고 읊었다. 매우 섬세하며 아름다운 정철의 사미인곡은 〈미인별곡〉, 〈별사미인곡〉 등 다른 이들의 작품에 많은 영향을 주었다. 〈속미인곡〉 또한 이 시기에 같이 탄생한 작품으로 역시 선조에 대한 마음을 은유적으로 노래했다. 〈속미인곡〉은 두 여인의 대화체로 되어 있어 가사문학에 새로운 틀을 마련한 것이기도 하다. 성격이 불같고 음주가 과해 옆 사람들에게 실수를 곧잘 저지르던 정철의 성격과는 대조되는 작품이기도 하다. 그의 감수성을 잘 보여주는 작품들이다.

정철은 애주가였다. 벼슬을 그만두고 강화에 살다가 59세에 죽었는데 그 사인이 술병이었다. 실록에도 그의 술 사랑이 전해지는데 술버릇이 조금 고약했다. 시인이자 정철의 문인인 권필이 그의 묘소에서 읊은 아래 시를 보면 그가 얼마나 술을 좋아했는지 알 수 있다.

"빈산에 낙엽 지고 비 쓸쓸히 내리는데, 송강 재상 풍류는 이곳에서 적막하네. 섭섭타. 술 한잔 올리지도 못하나니, 그 옛날 장진주사(정철이 지은 권주가) 오늘을 말한 듯."

함께 읽으면 좋은 페이지 · 기축옥사(311쪽)

노장은 대단했다

영의정 집안에서 다소 늦은 출사

권율의 본관은 안동이고, 자는 언신(彦愼), 호는 만취당(晩翠堂), 모악(暮嶽)이다. 아버지는 영의정 권철로, 영의정이란 직이 말해주듯 명종 때부터 선조 초까지 뛰어난 신하였다. 그리고 권율의 사위는 오성과 한음으로 유명한 이항복이다.

권율은 이처럼 화려한 가문의 자손임에도 벼슬이 다소 늦었다. 선조 15년(1582) 늦은 나이로 문과에 급제했는데, 그때 나이 45세였다. 또한 성적은 병과였는데, 병과는 과거 합격자의 성적에 따라 나누던 등급으로 3등급에 해당했다. 임진왜란 발발 10년 전이었다. ― 문과의 경우 갑과, 을과, 병과로 나뉘며 합격자 수는 갑과 3인, 을과 7인, 병과 22인이었다.

권율은 정9품인 승문원정자로 벼슬을 출발했다. 그러고는 종6품, 정6품의 관직을 거쳐 정5품인 호조정랑, 전라도 도사 등의 관직을 거쳤다. 임진왜란 직전인 1591년 의주목사가 되었지만 파직되었다. 전란이 일어나자 광주목사로 다시 제수되었다.

이치 전투

권율은 전쟁이 시작되자 전라도관찰사 이광과 방어사 곽영의 휘하에 들어가 중위장(中衛將)이 되어 북진했다. 가는 도중 용인에서 왜군과 접전이 있었으나 패했다. 이때 권율은 시간을 끌며 느리게 공격할 것을 건의했으나 수용되지 않았고, 이광 등은 즉시 공격을 감행했다. 전쟁에 패하자 권율은 자신의 군사를 이끌고 남원으로 물러나 의용군을 모집했다. 당시 전라도는 왜군의 침략에서 무사한 지역이었는데, 고바야카와 다카카게가 전라도를 침범하기 위해 전주로 이동할 계획을 세우고 있었다. 정보를 입수한 권율은 동복현감 황진과 함께 금산 서쪽의 이치로 이동해 방어진지를 구축했다. 그때 그들이 이끈 군사는 1,500명 정도였다.

왜군은 이보다 10배나 많은 1만 5,000여 명의 부대를 이끌고 왔는데 권율이 세운 목책을 파괴하려고 하자 화살과 돌로써 왜군의 접근을 막아냈다. 종일토록 교전해 적병을 대파했다. 시체가 쌓이고 피가 흘러 초목까지 피비린내가 났다고 실록은 전한다. 그러는 와중 황진이 총을 맞아 사기가 떨어졌으나 권율의 독려와 뛰어난 지휘력으로 왜군을 물리치며 승리했다. 이치 전투를 승리로 이끌며 왜군의 전라도 진출을 막은 권율은 그 공으로 전라도 관찰사가 되었다. 왜군은 임진왜란의 3대 전투를 일컬을 때 이치 전투를 첫째로 쳤다.

이후 권율은 군사 1만 명을 이끌고 도성 수복을 위해 북진하다 수원의 독성산성에 잠시 주둔하며 사태를 살폈다. 이때 한성에 주둔해 있던 왜군 총대장 우키타 히데이에는 군사 2만과 함께 독성산성으로 향했다. 그러고는 길을 차단하고 공격을 퍼부었다. 권율은 이 전투 또한 승리로 이끌고 도성 수복을 위해 다시금 전진했다. 그다음 거점이 바로 행주산성이었다.

행주대첩

행주산성에 주둔한 권율은 목책과 함께 성책을 이중으로 쌓아 성을 보호했다. 병력 중 4,000명을 뽑아 전라도 병마절도사 선거이로 하여 금천에, 1,000여 명의 병사는 소모사 변이중으로 하여 양천에 두어 왜군을 견제하도록 하고, 혹시 모를 사태를 대비해 권율을 돕기로 했다.

이때 승장(僧將) 처영이 승의병(僧義兵, 승려들로 조직한 의병) 1,000명을 이끌고 권율을 따라 행주산성으로 들어왔다. 아군은 5,000여 명이 전부였다. 왜군은 이치와 독성산성에서 권율에게 패했기에 이를 갈고 있었다. 진두에 나서본 적이 없었던 왜군의 총대장 우키타 히데이에를 비롯해 본진의 장수들이 일곱 부대로 나뉘어 행주산성으로 총공격을 퍼부었다. 왜군의 병력은 3만여 명으로 우세였다.

우리 병사의 무기는 궁시(弓矢, 활과 화살)와 도창(刀槍, 칼과 창) 외, 변이중이 만든 화차(火車, 불로 적을 공격하는 데 쓰던 수레), 권율이 만든 수차석포(水車石砲, 돌을 멀리 보내는 포)가 있었다. 일본은 포르투갈 사람이 전한 조총(화승의 불로 터지게 만든 구식 총)으로 전쟁에 나섰다. 일본은 이 조총을 너무 믿고 있었다. 이들은 거의 제1성책도 넘지 못하고 고전하고 있었다. 이에 총대장 우키타가 직접 공격에 나섰는데 많은 희생자를 내면서도 전진을 멈추지 않았다. 이로 인해 제1성책이 무너지고 제2성책까지 다다랐다. 권율은 동요하는 아군과 승의병을 독려하여 다시금 반격을 가했다. 이때 화살이 모두 떨어져 투석전을 펼치게 되었는데, 부녀자들이 긴 치마를 잘라 짧게 만들어 입고 돌을 날랐다. 백성까지 모두 일치단결해 행주대첩이라 불리는 대승을 거두었다. 부녀자들이 치마를 짧게 잘라 입고 나른 돌로 적에서 큰 피해를 입혀서 행주치마라는 명칭이 여기서 생겨났다는 이야기가 전해지지만 역사적 근거는 없다.

실록에서는 권율이 일개 진으로 행주의 승첩을 이루었다며, "난이 발생한 후론 한 사람도 진을 치고 적과 대적한 사람이 없었는데, 권율은 서생으로서 능히 행주의 대첩을 이루었으니 여러 진의 모든 장수나 관직이 높은 무장들이 어찌 부끄럽지 않겠는가."라고 평했다.

당시 명나라 군이 순찰하던 중 대승을 거두었다는 소식을 듣고 사대수(査大受, 명나라 선봉장)가 예물을 보내 치하했다. 3개월 뒤엔 명나라 장수 송응창이 조선에 아래와 같은 내용의 외교문서를 보냈다.

"왜놈들이 조선 왕국을 함몰시키니 삼도(三都)와 모든 군현들이 소문만 듣고도 무너졌으며, 의병을 불러모아 대란을 평정하고 국토를 지켜 회복을 꾀한 한 사람의 영웅 걸사도 없었다. 들리는 소문에는 술이나 마시며 시나 짓고 기생이나 끼고 산에 노닐어 치란(治亂)을 모르는 체하며 나라의 존망은 관심 밖에 붙이는 자가 있다고 하였다. 그런데 오직 전라도 관찰사 권율만은 외로운 성을 굳게 지키면서 많은 백성들을 불러모아 여러 차례 기묘한 꾀를 써서 가끔 대적을 물리쳤고, 근일에는 또 모래 자루를 곡식인 것처럼 만들어 왜적을 유인, 이들을 죽였으니 이는 실로 왕국의 위기 시의 충신이며 나라를 중흥시킨 명장이다. 본부에서는 심히 가상하게 여겨 장차 별도로 구제(具題)를 행하려 한다. 지금 홍단견(紅段絹) 4단(端), 백은(白銀) 50냥을 본관에서 상으로 주어 충성과 용기를 권장한다. 왕은 벼슬을 더하여 본국의 막료와 재신을 고무하라."

_《선조실록》 26년(15930 2월 24일

행주대첩의 공으로 권율은 군대를 총괄하는 도원수(都元帥)가 되었다.

노장은 힘들다

도원수가 된 권율이 파직당한 일이 있는데, 도망간 무관 하나를 즉결처분한 일 때문이었다. 선조 28년(1595)에 전장이 두려운 무관 하나가 전주로 도망을 놓았고 권율이 잡지 못했다. 이는 군사들의 사기를 떨어트리는 아주 중요한 문제였다. 뒤에 순시차 전주에 갔다가 붙잡아 그 자리에서 목을 베었다. 무관의 안사람이 호남체부에 호소하여 조정에 알려졌고, 권율은 파직되었다. 이 일을 두고 권율은 쓸쓸히 웃으며 이렇게 말했다.

"대장이 된 지 3년 만에 도망병 하나를 베었다가 해직까지 되었으니, 일을 할 수 있겠는가."

그러나 한성부판윤으로 다시 기용되었고, 비변사당상을 겸했다. 1596년에 충청도 순찰사에 이어 다시 도원수가 되었다.

1597년 정유재란이 일어나자 명나라 제독 마귀와 함께 울산에서 진영을 치고 있었으나, 명나라가 돌연 퇴각하는 바람에 뜻을 펼치지 못했다. 또 순천왜교(倭橋, 예교라고도 함)에 주둔하고 있던 왜군을 치려 했는데 전쟁의 확대를 염려한 명나라의 비협조로 이마저도 실패했다.

임진왜란 7년간 군대를 지휘한 권율은 1599년 노환으로 직을 사임하고 고향에 돌아갔다. 그리고 그해 7월 유명을 달리했다. 그야말로 노장은 지칠 대로 지쳐 있었다. 권율은 출사하여 죽을 때까지 전쟁만 한 셈이었다. 그러니 어찌 고단하지 않을 수 있었을까. 죽어 부귀영화가 무슨 소용이 있겠냐마는, 권율은 사후 영의정에 추증되었고, 1604년에는 선무공신 1등과 영가부원군에 책봉되었다. 헌종은 그의 업적을 기려 행주에 기공사(紀功祠)란 사당을 지어 배향했다. 권율이 왜란에서 활약한 공훈은 《권원수실적》이라는 책으로 간행되기도 했다. 행주산성에는 그의 공을 기념하기 위해 세운 행주대첩비가 있다.

관직 생활이
전쟁보다 어렵네

재상들의 혜안, 명장을 알아보다

이순신의 본관은 덕수(德水)이고, 자는 여해(汝諧), 시호는 충무(忠武)다. 아버지는 이정(李貞)인데, 할아버지 이백록과 마찬가지로 과거에 급제하지 못해 벼슬은 하지 못했다. 그렇다고 이순신의 가문이 초라한 것은 아니었다. 그의 5대조 이변(李邊)은 대제학과 영중추부사(정1품)를 지냈다. 증조부 이거(李琚)도 병조참의(정3품)를 지낸 인물이었다.

이순신은 어려서부터 굉장히 활달했다. 특히 나무를 깎아 화살을 만들어 동네에서 전쟁놀이를 자주했다고 유성룡의 《징비록》에서 전한다. 유성룡은 선조 때 명재상이다. 이순신과 유성룡의 인연이 어디서 시작되었는지는 알 수 없으나, 이순신은 유성룡의 천거로 관직을 제수받았다. 유성룡이 기록한 《징비록》에 이순신의 기록이 있고, 실록에는 유성룡이 이순신을 두고 다음과 같이 말했다는 기록이 있다.

"신의 집이 이순신과 같은 동네에 있기 때문에, 신이 그의 사람됨을 깊이 알고 있습니다. 성종 때 사람 이거의 자손인데, 직사를 감당할 만하다고 여겨 당초에 신이 조산 만호로 천거했습니다."

_《선조실록》 선조 30년(1597) 1월 27일

이순신이 큰 공을 세우지 못하고 낮은 직위에 있을 때 대부분의 기록이 유성룡의 《징비록》에서 나왔다. 아마도 유성룡은 이순신의 재주를 미리 알아본 듯하다. 이이 또한 이순신이 훈련원 봉사(종8품)에 있을 당시 그를 만나보기를 청했다. 그러나 이순신은 이이가 당시 이조판서로 인사권을 행사하는 중요 직책에 있었기에 거절했다. 다소 늦은 나이에 출사한 이순신은 유성룡과 이이 같은 인물의 덕을 볼 수도 있었겠으나, 이를 사양한 것이었다.

올라갔다, 내려갔다, 굴곡 많은 관직 생활

이순신은 명종 20년(1565)에 20세의 나이로 보성군수를 지낸 방진의 딸과 혼인했다. 그러고는 학문에 열중하여 문과에 응시했으나 낙방했다. 무인이었으나 문인의 기질도 확실히 타고난 이순신이었다. 문과에 급제하지는 못했지만 그가 남긴 《난중일기》와 시를 보면 그가 얼마나 뛰어난 문장가인지를 알 수 있다.

— 이순신의 관직 생활을 간단 요약하여 연표로 아래와 같이 나열한다.

1572년(선조 5) 훈련원 별과에 응시했으나 낙방했다. 시험 도중 말이 넘어져 다리가 부러졌는데, 버드나무 껍질을 벗겨

다친 다리를 동여맨 후 과정을 모두 마쳤다.

1576년(선조 9) 식년무과에 병과로 급제했다. 이순신의 나이 31세였다. 첫 직책은 함경도 동구비보의 권관으로, 종9품 무관이었다. ― 종9품은 최하위 품계다. 품계 중 '정'과 '종'이 있는데, 같은 9품이라도 종보다 정이 더 높다.

1579년(선조 12) 훈련원 봉사로 임명되었는데 종8품이었다. 그러나 이때 병조정랑으로 있던 서익이 가까운 사람을 특진시키려 하자 이를 반대하여 8개월 만에 충청도 절도사의 군관으로 좌천되었다.

1580년(선조 13) 종4품인 발포(고흥군) 수군만호로 파격적인 승진을 했다. 여기서 주목할 만한 점은 처음으로 수군에 배치되었다는 것이다. 그러나 행운은 그리 오래가지 못했다. 병기의 상태를 점검하기 위해 서익이 군기경차관으로 발포에 내려왔는데, 이순신이 병기를 제대로 관리하지 못한다고 상부에 보고하여,

1581년(선조 14) 훈련원 봉사로 다시 강등되었다.

1583년(선조 16) 다시 강등되어 건원보(함경도 경원군) 권관으로 변방에 배치되었다. 이때 여진족의 침입이 있었다. 이순신은 우두머리를 생포하는 공을 세워 한 달 만에 정7품인 훈련원 참군으로 승진했다. 그러나 아버지 이정이 세상을 떠나는 바람에 삼년상을 치러야 했다.

1585년(선조 18) 사복시 주부인 종6품으로 복직했다. 그의 나이 40세였다.

1586년(선조 19) 유성룡의 천거로 조산 만호(萬戶, 각 도의 여러 진에 배치한 종4품의 무관 벼슬)로 특진하여 다시 변방으로

나갔다.

1587년(선조 20) 8월에 녹둔도 둔전관이 되었다. 여기서 이순신은 처음으로 백의종군(白衣從軍, 벼슬 없이 군대를 따라 싸움터로 감)했다. 조산 만호였던 이순신은 둔전을 관리하기 위해 녹둔도로 향했다. 그해 풍년이 들었는데 여진족이 갑자기 침입해 전투가 벌어졌다. 아군이 11명 죽고, 160여 명이 잡혀갔으며, 말도 15필 약탈당했다. 이에 이순신과 이경록이 반격을 가해 적의 머리를 베고 포로가 된 백성 50여 명을 구했다. 이 사건으로 책임을 지게 된 북병사(北兵使) 이일이 이순신에게 그 죄를 덮어씌웠다. 이순신은 사형은 면했지만 백의종군하게 되었다.

1588년(선조 21) 이일과 군사를 이끌고 여진족을 급습하는 전투에서 공을 세우며 백의종군에서 벗어나 아산으로 돌아왔다. 이때부터 임진왜란이 일어나기까지 순조로운 승진이 이어졌다.

1589년(선조 22) 전라도 순찰사 이광의 군관으로 복직했고, 10월에는 선전관으로 옮겼다. 12월에는 정읍 현감에 제수되었다.

1590년(선조 23) 유성룡의 천거로 평안도 강계도호부 관내 고사리진 병마첨절제사(종3품)로 임명되었다. 그러나 예외적인 승진에 대신과 삼사의 반대에 부딪혀 취소되었다. 한 달 뒤 평안도 만포진 병마첨절제사에 또 제수되었으나 다시 대신들의 반발로 무산되었다.

1591년(선조 24) 종4품인 진도군수에 임명되었다가, 부임 전에 가리포(완도) 수군첨절제사(종3품)로 옮겼는데, 다시 며칠 만에 전라좌도 수군절도사(정3품)에 제수되었다. 그의 나이 46세에 당상관 벼슬에 이르렀다.

조선의 최대 위기, 임진왜란의 발발

1592년(선조 25) 4월 13일, 일본군이 명나라로 가야겠으니 길을 내어달라는 구실로 부산에 나타나며 왜란이 시작되었다. 7년 동안 이어진 전란으로 조선의 영토와 백성의 삶은 처참하게 파괴되었다. 전쟁 보름 만에 한양인 서울이 함락되고(5월 2일), 선조는 6월 22일 궁궐을 버리고 의주로 피란했다.

1592년 5월 전라 수군절도사로 있던 이순신은 원균의 요청을 받아 경상도 해역으로 출정하게 되었다. 실록에 따르면, 이때 왜병들이 바다를 건너오자 경상우수사 원균은 전함과 전쟁 도구를 모두 버리고 수군 1만여 명을 해산, 옥포만호 이운룡, 영등포만호 우치적과 육지를 찾아 도망했다고 한다.

이순신은 거제 앞 나루에서 왜적을 격파했다. 왜선 30척을 만나 대파하니 살아남은 적은 육지로 도망했다. 이에 적들의 배를 모두 태우고 돌아왔다.

그리고 다시 노량진(鷺梁津)에서 적선 13척을 불태웠는데 적이 모두 물에 빠져 죽었다. 이때 전투에서 이순신은 왼쪽 어깨에 탄환을 맞았다. 종일 전투를 독려하다 전투가 끝난 후에야 사람을 시켜 칼끝으로 탄환을 파내게 했다.

6월에는 당포(唐浦)에서 적선을 만났다. 적장이 큰 군함을 타고 층루에서 전투를 독려하고 있었다. 이순신이 휘하 병력을 진격시켜 집중 사격하니 왜장이 먼저 화살에 맞아 떨어져 죽었다. 이 당포해전에서도 승리했다.

그리고 당항포(唐項浦)에서도 전투를 벌였는데, 왜선 30척을 무너뜨리고 승리했으며, 또 영등포(永登浦)에서도 적을 물리쳤다. 이순신은 공으로 자헌대부(資憲大夫, 정2품 문무관의 품계)가 되었다.

1592년 7월, 몇 차례 해전에 패한 일본은 모든 함대를 모아 총공격을 강행했다. 이순신은 이억기, 원균과 합류해 견내량(見乃梁)에 정박 중인 적선을 한산도 앞바다로 유인했다. 그러고는 학익진(鶴翼陣, 학이 날개를 편 듯이 치는 진. 적을 둘러싸기에 편리한 진형이다) 전술로 층각선(層閣船) 7척, 대선 28척, 중선 17척, 소선 7척을 파괴했다. 이 싸움을 지휘한 일본 장수 와키사카 야스하루는 겨우 탈출했고 적선 10척만이 간신히 도망했다. 이 전투가 유명한 한산도대첩이다.

그리고 안골포에서 지원하러 온 왜군을 물리쳤으며, 부산포에서 적의 병선 100여 척을 파괴했다. 이러한 공으로 이순신은 정2품인 정헌대부(正憲大夫, 정2품 상上 문무관의 품계)에 또 봉해졌다.

1593년(선조 26) 이순신은 군영을 한산도로 옮길 것을 청했다. 한산도는 거제의 남쪽에 있는데 왜선이 호남을 침범하려면 반드시 거쳐야 할 길목으로, 산세가 빙 둘러쳐져 배를 숨기기에 편리하다고 판단했기 때문이다. 이에 선조가 그대로 따랐다. 8월에는 삼도수군통제사로 승진하여 해군을 통솔했다. 이 기간에 여러 차례 해전이 벌어졌고, 명나라와 일본 사이에 화의가 시작되어 전쟁은 잠시 소강상태로 접어들었다.

1596년(선조 29) 이순신의 청으로 한산도에서 무과를 치러 군사를 뽑았다.

또다시 백의종군

1597년(선조 30) 이순신은 일본군을 공격하라는 명을 따르지 않아 파직되었고, 서울로 압송되어 갖은 고문을 당했다. 사건의 개요는 이러하다. 요시라라는 인물이 있었다. 쉽게 설명하자면 일본의 스파이였다. 그가 일본의 무장 가토 기요마사와 사이가 좋지 않다 말하며 조선에 전하길, 가토가 조선을 침략할 것이니 먼저 막으라는 것이었다. 선조가 이순신에게 출정할 것을 명했으나, 그는 이것이 함정임을 알고 출정하지 않았다.

1597년 3월부터 4월까지 한 달간 투옥된 상태에서 혹독한 문초를 받았다. 그는 풀려나며 또다시 백의종군하라는 명을 받았다. 그러나 불행은 여기서 그치지 않았다. 4월 13일 그의 어머니가 돌아가셨는데 나흘이란 말미를 얻어 겨우 장례만을 치르고 전쟁터로 떠났다. 이순신은 《난중일기》에 빨리 죽기만을 기다릴 뿐이라고 기록했다.

1597년 7월 전쟁이 다시 시작되었다. 이순신 대신 통제사가 된 원균이 칠천해전에서 크게 패했다. 기록에는 이억기와 최호 등은 물에 뛰어들어 죽고, 원균은 해안에 내렸다가 적에게 죽임을 당하고, 배설은 도망하여 한산도에 이르렀는데 조정에서 명하여 주류했다고 한다. 선조는 다시금 이순신을 기용하여 통제사로 삼았다. 이순신에게 남은 배는 10여 척이 전부였다.

명량대첩

1597년(선조 30) 진도에 도착한 이순신은 병선을 수습해 10여 척을 얻었다. 이때의 적장은 구루시마 미치후사(《난중일기》에는 '마다시'로 기록)로 수전을 잘한다고 소문난 이였다. 이순신과 왜적은 진도 울돌목에서 접전을 벌였는데, 마다시는 200여 척을 거느리고 있었다. 이순신은 이 해전에서 적의 배 130여 척을 대파하며 큰 승리를 거뒀다. 그야말로 기적 같은 승리였다. 왜군은 명량의 대패로 진격을 멈추었고, 그 뒤로는 주로 남해안 일대에서 해전이 벌어졌다. 명나라와 조선의 연합군인 조명연합군이 왜군을 공격하는 양상으로 바뀐 것이었다.

그러나 이순신에게는 또다시 불행이 찾아왔다. 셋째 아들이 죽은 것이다. 이때 이순신의 나이 52세였다. 늙은 아비는 통곡했다. 《난중일기》에는 "집안 편지를 사람이 와서 전했다. 겉봉에 통곡이란 글을 보고 면(아들)이 전사한 것을 알았다. 나도 모르게 간담이 떨어져 목 놓아 통곡하고 통곡했다……. 오늘 하룻밤을 보내기가 한 해 같다."라고 기록했다.

노량대첩, 나의 죽음을 알리지 마라

1598년(선조 31) 11월 19일, 이순신이 노량해전에서 전사했다. 그의 죽음과 함께 왜란도 끝났다.

도요토미 히데요시가 사망하면서 일본은 철수를 준비했다. 이순신은 노량에서 퇴각하는 왜군과 최후의 해전을 벌였다. 적선 200여 척을 불태우고 무수히 많은 물건을 노획했다. 이순신은 도망가는 왜선을 쫓아 남해 경계까지 추격하다가 날아온 탄환을 가슴에 맞았다. 좌우에서 부축하니 "싸움이 지금

한창 급하니 조심하여 내가 죽었다는 말을 하지 말라."라고 유언했다. 이때 이순신의 조카 이완(李莞)이 이순신의 명령에 따라 그의 죽음을 숨기고 싸움을 독려했다.

해전이 끝난 후 이순신의 죽음을 알게 된 모든 병사들이 통곡했다. 그의 운구 행렬이 이르는 곳마다 백성들이 모여들어 제사를 지냈고, 수레를 붙잡고 우는 이들이 많아 앞으로 나아갈 수가 없었다고 실록은 전한다. 조정에서는 그가 죽자 우의정(右議政)에 추증했다.

선조 37년(1604)에 선무공신 1등과 덕풍부원군에 봉해졌다. 인조 21년(1643)에는 충무의 시호를 받았고, 효종 10년(1659)에는 남해의 전적지에 비석이 세워졌다. 숙종 33년(1707)에는 충청도 아산에 있는 이순신의 사당에 현충이란 호가 내려졌다. 정조 17년(1793)에는 영의정으로 추증되었다. 2년 뒤 그의 문집인《이충무공전서》가 왕명으로 간행됐다.

이순신은 1592년부터 1598년 11월 18일 노량해전까지 20회가 넘는 전투를 치러 모두 승리한 불패의 장수였다.

거북선

거북선이 첫선을 보인 것은 사천해전에서였다. 언제 만들어졌는지는 분명하지 않는데,《난중일기》2월 8일의 기록에 "거북선에 사용할 돛베[帆布] 29필을 받다."라는 부분이 있다.

선조 25년(1592)에 거북선에 대한 기록이 나온다.

"이순신이 자의로 만든 거북선은, 배 위에 판목을 깔아 거북 등처럼 만들고, 그 위에 우리 군사가 겨우 통행할 수 있을 만큼 십자

(十字)로 좁은 길을 내고, 나머지는 모두 칼, 송곳 같은 것을 줄지어 꽂았다. 앞에는 용의 머리를 만들어 입은 대포 구멍으로 활용했으며, 뒤에는 거북의 꼬리를 만들어 꼬리 밑에 총 구멍을 설치했다. 좌우에도 총 구멍이 각각 여섯 개가 있었으며, 군사는 모두 그 밑에 숨어 있도록 했다. 사면으로 포를 쏠 수 있게 했고 전후, 좌우로 이동하는 것이 나는 것처럼 빨랐다. 싸울 때에는 거적이나 풀로 덮어 송곳과 칼날이 드러나지 않게 했는데, 적이 뛰어오르면 송곳과 칼에 찔리게 되고 덮쳐 포위하면 화총(火銃)을 일제히 쏘았다. 그리하여 적선 속을 횡행(橫行)하는데도 아군은 손상을 입지 않은 채 가는 곳마다 바람에 쓸리듯 적선을 격파했으므로 언제나 승리했다."

_《선조수정실록》 25년(1592) 5월 1일

함께 읽으면 좋은 페이지 · 임진왜란(316쪽)

18. 허 준 許 浚
1539~1615

의과 시험도 치르지 않은
최고의 의사

무관 집안에서 서자로 태어나다

허준의 자는 청원(清源)이고, 호는 구암(龜巖)이며, 본관은 양천(陽川)이다. 허준은 무관의 가문에서 태어나 자랐다. 할아버지는 경상도우수사(慶尙道右水使)를 지낸 허곤이며, 아버지 또한 무관으로 용천부사를 지낸 허론이다. 허준은 허론의 서자다. 정실부인에게서 태어난 게 아니라 소실인 영광 김씨에게서 태어났다. 허준의 어머니 또한 천한 출신이 아니라 양반 가문의 서녀였을 것으로 추측한다. 그러했기에 어려서부터 별다른 차별과 어려움 없이 학문에 열중할 수 있었다. 허준은 어려서 경전과 사서 등에 밝았다고 전한다. 그러나 서자인 탓에 허준은 양반이 아닌 중인일 수밖에 없었다.

허준의 이복형 허옥은 내금위에 있었고, 동생 허징은 문과에 급제해 벼슬을 지냈다. 허징은 선조 때 영의정을 지낸 노수신의 서녀에게 장가들어 노수신의 사위가 되었다. 서자인 허징이 과거시험을 볼 수 있었던 것은 허통(許通, 조선 시대 서얼

들에게 금고법을 풀어 과거에 응시하도록 허락한 제도) 제도 덕분이었을 것이다.

수수께끼 의관 허준

허준이 언제, 어떻게 의학을 접하고 공부했는지를 보여주는 기록은 전혀 없다. 단지 유희춘의 《미암일기(眉巖日記)》에 허준에 관한 기록이 있는데, 선조 2년(1569)에 이조판서 홍담에게 허준의 천거를 부탁했다고 한다. 그리고 몇 년 뒤 종4품인 내의원첨정과 정3품인 내의원정에 올랐다는 기록이 있다. 허준은 의술 덕분에 유희춘과 인연을 맺게 되었다. 유희춘의 병을 치료하는 데 참여하기도 하고, 특히 유희춘의 얼굴에 생긴 종기를 치료하면서 그의 신임을 얻었다고 전한다.

그러나 《미암일기》에도 허준이 언제 내의원에 들어갔는지를 알 수 있는 기록은 없다. 《양천 허씨 세보》에서는 1574년(선조 7)에 의과에 급제했다고 하나 확실한 사료가 없다.

다만 실록에 허준이 처음으로 등장하는 시기는 선조 8년(1575)으로, 명의 안광익과 함께 허준이 진맥했다는 기록이 있다. 그리고 선조 20년(1587)에는 선조의 병을 치유해 내의원에 상을 내렸는데 허준은 녹비(鹿皮), 즉 사슴 가죽을 받았다.

허준에 대한 기록은 그다지 많지 않다. 드라마로 각색된 허준의 일대기를 보면 많은 이야기들이 사실인 양 전해지지만, 그중 하나인 스승 유의태란 인물은 실존 인물이 아니다.

명의로 승승장구하다

선조 23년(1590)에 광해군이 천연두를 앓았는데 허준이 병을 고쳤다. 자식을 둔 아비로서 선조가 허준에게 큰 상을 내리고 싶은 심정은 당연했다. 당시 기록을 보면 천연두는 매우 위험하여 여염집에서는 한집안 식구들이 잇달아 죽은 일도 있었다. 광해군은 불과 열흘 사이에 위급해져 다시 살아날 가망이 없었다. 그런데 다행히도 허준이 살린 것이었다. 허준을 당상관에 가자(加資, 조선 시대에 관원들의 임기가 찼거나 근무 성적이 좋은 경우 품계를 올려주던 일)하지 않으면 그 공을 갚을 수 없다고 선조는 말했다. 그리고 조정에 한 자급을 빌리고 싶으니 조정에서도 허락하는 것이 온당할 듯하다 했다. 조정 대신들에게 빚을 지면서까지 허준의 공을 치하하고 싶은 선조의 간절한 마음을 알 수 있다. 이때 허준이 받은 품계는 정3품 당상관인 통정대부의 벼슬이다. 당시 신분상 허준에게 허용된 벼슬은 종3품의 당하관이 최고였다. 이에 대신들이 계속하여 상소를 올리니 선조는 더는 논하지 말라고 명했다. 이 일을 계기로 허준은 선조뿐만 아니라 광해군의 신뢰까지 얻게 되었다.

임진왜란이 준 또 하나의 벼슬

임진왜란이 발발하자 명망 있는 벼슬아치들이 모두 도망을 놓았다. 특히나 선조가 경성을 떠날 때는 참담할 지경이었다. 갖가지 핑계를 대며 선조의 행차에 따라나섰던 이들이 몇 남아 있지 않았다. 임시 조정에 머물던 광해군과 왕자군을 따르는 사람도 거의 없었으며, 선조가 의주에 도착했을 때는 남아 있는 문무관이 겨우 17명이었다. 그리고 환관 수십 인과 어의 허준, 액정원 4~5명, 사복원 3명이 처음부터 끝까지 선조 곁을 지켰다.

이때의 공으로 허준은 공신에 책봉되었는데 종1품인 숭록대부에 봉해졌다. 선조는 여기서 그치지 않고 1606년 차도가 없던 병이 호전되자 허준을 양평군(陽平君)에, 그리고 관직의 최고봉인 정1품 보국숭록대부에 봉하려 했다. 그러나 대신들의 반대로 무산되었다. 서자 출신인 허준을 정1품인 최고 관직에 올리려는 사대부는 아무도 없었다.

유배지에서 《동의보감》을 편찬하다

1608년 선조가 승하했다. 원래 왕이 죽으면 주치의 격인 어의들이 유배를 가는 일이 비일비재했다. 하늘의 부름을 받아 돌아간 것이지만, 의술이 부족하여 임금이 죽었다는 억지 아닌 억지를 부리는 일이 잦았다. 허준도 예외는 아니었다. 선조 생전에 총애를 한몸에 받았으니 탄핵이 이어지는 것도 무리는 아니었다. 광해군 또한 허준을 많이 아꼈지만 결국 대신들의 탄핵을 무시하지 못하고 그를 유배 보냈다.

허준은 유배지에서 일생 최고의 업적인 《동의보감》을 편찬했다. 《동의보감》은 원래 1596년(선조 29)에 명을 받아 여러 사람과 같이 편찬 작업을 하다가 정유재란으로 중지되었다. 그 뒤 다시 재개했으나 끝을 보지는 못했다. 이때 선조는 내장방서(內藏方書) 500권을 내주어 고증하게 했다. 허준은 유배 생활 1년 8개월 만에 《동의보감》 편찬을 마무리 지었다. 1610년에 완성된 《동의보감》은 국내 의서와 중국 의서를 참고하여 편찬한 것으로, 내경편(內景篇) 6권, 외형편(外形篇) 4권, 잡병편(雜病篇) 11권, 탕액편(湯液篇) 3권, 침구편(鍼灸篇) 1권이다. 한의학의 백과전서로서 오늘날까지 쉽게 접할 수 있는 의서이기도 하다.《동의보감》은 2009년에 유네스코 세계기록문화유산으로 등재되었다.

광해군 1년(1609)에 귀양에서 풀려난 허준은 광해군에게 《동의보감》을 바쳤다. 내의원으로 돌아온 허준은 죽기 전까지 주로 의서를 편찬했다. 허준은 어려운 한문으로 된 의서를 쉬운 한글로 편찬하기 시작했다. 급한 병이 났을 때의 대처법을 적은《언해구급방》, 천연두 치료법을 담은《언해두창집요》, 임신한 여성의 건강을 다룬《언해태산집요》등 많은 저술을 남겼다. ─ 언해(諺解)는 한문을 한글로 풀어서 쓴 것을 이르는 말이다.

허준이 언제 죽었는지도 정확하지 않다. 다만, 광해 7년(1615) 11월 13일 내관 허준에게 익사공인 보국숭록을 추증하도록 하라는 명을 내렸다는 기록이 있다. 허준은 죽어서 대신들이 반대하던 정1품의 품계에 오른 것이다.

19. 허 균 許 筠
1569~1618

시대의 이단아,
소설로 꿈을 펼치다

생각을 열다

허균의 본관은 양천(陽川)이며 자는 단보(端甫), 호는 교산(蛟山), 학산(鶴山), 성소(惺所), 백월거사(白月居士)다. 동지중추부사(同知中樞府事)를 지낸 허엽(許曄)의 셋째 아들로 태어났다. 아버지의 호가 초당인데, 지금 우리가 아는 초당두부의 초당이다. 그의 둘째 부인 강릉 김씨의 집이 강릉에 있었고 강릉의 바닷물로 두부를 굳혀 판매했는데, 관직을 한 이가 장사를 한다 하여 말들이 많았다.

아무튼 허균은 허엽의 셋째 아들로 태어나, 12세에 아버지를 여의었다. 이복형 허성은 이조와 병조판서를 역임했으며, 동복형인 허봉은 유희춘의 제자로 허균을 가르칠 정도로 학문이 수준급이었다. 천재 여류 시인으로 잘 알려진 허난설헌(許蘭雪軒)은 허균의 누나다.

허균이 자라며 사회에 대한 여러 가지 견해를 가지게 된데는 그의 스승 중 하나인 이달(李達)의 영향이 컸다. 삼당시인

(三唐詩人, 조선 중종과 선조 대에 걸쳐 이름을 떨친 세 시인. 백광훈, 최경창, 이달을 이른다) 중 한 사람인 이달은 시인으로 유명했으나, 서자인 이유로 벼슬을 하지 못했다. 이후 허균은 서자들과도 교류하며 그들과 가까이 지냈다. 그러나 이 일은 훗날 칠서지옥(七庶之獄) 때 부작용을 낳기도 했다. 그리고 유성룡에게 학문을 배웠다.

— 칠서지옥은 7명의 서자가 나라에 원망을 품고 강도 사건을 일으켰는데, 당시 대북파가 영창대군과 반대 세력을 제거하기 위해 확대한 옥사이다. 계축옥사라고도 한다.

이 밖에도 불교에 심취하며 한때 중이 되려고도 했다. 실록 〈허엽 졸기〉 편에는 그의 아들들을 칭찬하는 기록이 있는데, 아래와 같다.

"세 아들인 성(筬), 봉(篈), 균(筠)과 사위인 우성전, 김성립은 모두 문사로 조정에 올라 논의하여 서로의 수준을 높였기 때문에 세상에서 일컫기를 '허씨가 당파의 가문 중에 가장 치성하다.'고 했다."

뛰어나지만 제멋대로인 두뇌

허균은 초시에 급제하고, 1594년(선조 27) 정시문과에 급제, 1597년(선조 30)에는 중시에서 장원을 하며 사람들을 놀라게 했다. 이뿐만이 아니라 광해군 1년에는 월과에서 잇달아 세 차례 수석을 차지하여 품계가 올라가고 상까지 받았다. 타고난 성품이 총명하고 모든 서적을 두루 보아 글을 잘했다고 실록도 기록하고 있다. 그러나 그의 성격을 논하길, 사람됨이 경망하여 볼 만한 것은 없다고 했다.

머리가 비상하기는 했지만 그 머리가 제멋대로이기도 했다. 허균은 황해도 도사로 임명되었을 때 기생을 데리고 같이 살면서 거침없이 행동했다는 이유로 탄핵을 받아 파면된 일도 있다.

수안군수와 삼척부사로 있을 때는 불교를 숭상한다는 이유로 탄핵을 받아 파직당하기도 했다. 또 시관(試管, 일종의 시험 감독관)으로 있을 당시 조카와 사위를 합격시켰다는 탄핵을 받아 전라도로 유배되었다. 허균은 당대의 유명한 기생 매창과도 교류했는데, 이 밖에도 많은 기생을 알고 있었고 그만큼 자유분방하게 살아갔다.

허균도 파직당했다가 다시 임용되기를 반복하면서 관직 생활을 했다. 광해군이 왕에 오르자 인목대비 폐위론을 주장하여 신임을 받아 1617년 좌참찬(정2품)이 되었는데, 이것이 그의 마지막 벼슬이었다. 글재주와 학식이 뛰어나 명나라 사신을 영접하는 종사관이 되었을 때, 자신의 누나인 허난설헌의 시를 보여줘 이를 중국에서 출판하는 계기를 만들었다.

아직은 죽고 싶지 않소이다

앞서 말했듯 허균은 서자들의 처지를 누구보다 안타깝게 생각하여 그들과 친분을 나누며 살았다. 그런데 칠서지옥이 일어나자 난처한 상황이 되었다. 7명의 서자 중 허균과 잘 아는 이가 있었기 때문이다. 이 칠서지옥은 당파 싸움으로 확산되며 허균은 목숨이 위태로울 지경까지 몰린다. 그런데 머리가 비상한 허균은 당시 조정에서 힘을 발휘하던 이이첨에게 줄을 서서 목숨을 건졌고, 승진까지 하며 순탄한 벼슬길을 달릴 수 있었다.

그러나 그 시간도 오래가지는 않았다. 인목대비 폐위 사건 당시 한때 동지였던 기자헌이 허균으로 인해 유배를 가게 되었다. 기자헌의 아들인 기준격은 허균에게 글을 배우기도 했는데, 기준격이 아버지에 대한 보복으로 허균의 죄상을 폭로하며 상소를 올린 것이 시작이었다. 이 사건은 조카사위인 의창군을 왕으로 옹립하려 한다는 것으로 확산되었고, 허균은 결국 역적으로 몰려 능지처참되었다.

이때 이이첨은 한시라도 빨리 허균을 죽일 것을 주청했다. 광해군은 신문할 만한 단서가 있는데도 상세하게 캐묻지 않고 먼저 역적의 괴수(허균)를 사형에 처하라고 청하니 극히 타당하지 못하다 했다. 이 시기 광해군은 소생이 없었다. 그런데 허균의 딸이 후궁으로 간택된 상태였다. 이에 허균의 딸이 왕자를 낳으면 그의 세상이 될까 우려한 나머지 이이첨이 계략을 꾸몄다는 주장도 있다. 실록조차 허균의 일을 두고 이이첨을 비난했는데, 허균을 급히 사형에 처해 입을 봉하려는 것이라고 기록했다. 또한 기자헌조차 허균이 죽었다는 말을 듣고 "예로부터 형신(刑訊, 죄인의 정강이를 때리며 캐묻던 일)도 하지 않고 결안, 즉 사형할 죄로 결정한 문서도 받지 않은 채 단지 공초만 받고 사형으로 나간 죄인은 없었으니, 훗날 반드시 이론이 있을 것."이라고 했다. 어찌 되었건 시대의 이단아는 50세에 철들지 않은 채로 죽음을 맞았다.

시대를 앞선 사상

허균은 여러 학문에 능통했다. 불교, 도교뿐만 아니라 명나라를 자주 오간 허균은 이때 천주교 신도가 되어 천주교 책을 들여오기도 했다. 또 양명학(陽明學)도 접했다. 당시 조선은 주자학이 주류를 이뤘기에 이 외의 학설은 통용되지 않았으나, 허균은 잡학에 박식했다.

허균 하면 유명한 〈홍길동전〉이 있다. 서자가 주인공인 〈홍길동전〉에는 허균의 혁명적인 사상이 그대로 녹아들어 있다. 부패한 사회를 혁파하고 새로운 세상을 만들고자 하는 이상이 담긴, 당시 사회를 비판하는 최초의 한글 소설이다. 허균은 많은 이들이 읽기를 바라며 이 소설을 한글로 지었다. 허균의 저서인 《성소부부고》에도 그의 앞선 생각이 담겨 있다. 그러나 그런 사상을 가진 사람은 철부지로, 이단아로 치부되기 쉬운 세상이었다. 〈호민론(豪民論)〉에서 허균은 천하에 가장 두려운 것은 오직 백성이라 했다. 백성들은 물이나 불, 호랑이보다 더 두려운 것인데도 윗자리에 있는 사람들이 제 마음대로 이들 백성을 학대하고 부려먹고 있다고 논박했다.

〈유재론(遺才論)〉에서는 차별 문제를 고발했다. 하늘이 사람을 낼 때는 귀한 집 자식이라고 하여 풍부하게 주고 천한 집 자식이라 하여 인색하게 주지 않는다. 그래서 옛날의 어진 임금은 이런 것을 알고 인재를 더러 초야에서도 구하고, 더러 항복한 오랑캐 장수 중에서도 뽑았으며, 더러 도둑 중에서도 끌어올리고, 창고지기를 등용하기도 했다고 언급했다. 그 밖에도 인재를 등용함에는 적자와 서자에게 공평한 기회를 부여해야 한다고 주장하여 붕당 배척의 이론을 제시했다. 그가 남긴 작품으로는 〈교산시화〉, 〈성수시화〉, 〈학산초담〉, 〈도문대작〉, 〈한년참기〉, 〈한정록〉, 〈남궁선생전〉 등이 있다.

적반하장도 유분수지, 귀양이라니요!

여덟 살에 양자로 가다

윤선도의 자는 약이(約而), 호는 고산(孤山), 해옹(海翁)이다. 정철, 박인로와 함께 조선 시대 3대 가인(歌人), 시조문학의 최고봉으로 불렸다. 그러나 정철과 박인로가 가사를 지은 것과 달리, 윤선도는 단가와 시조를 창작한 점이 이들과 다른 특징이다.

윤선도의 아버지는 예빈시부정(禮賓寺副正)을 지낸 윤유심이다. 그의 둘째 아들로 태어난 윤선도는 8세 때 큰아버지인 윤유기의 양자가 되어 해남 윤씨의 대를 이었다. 윤유기는 강원도 관찰사였는데 양자인 아들 탓에 관직이 삭탈되었다. 윤선도가 성균관 유생으로 있으며 당시 최고의 권력가이자 권신이었던 이이첨의 난정(亂政, 어지러운 정치)을 비판하며 상소했기 때문이다.

한낱 유생이 실세를 규탄하는 상소를 올리다

윤선도는 광해군 4년(1612)에 진사(進士, 과거의 예비 시험인 소과의 복시에 합격한 사람에게 준 칭호)가 되었다. 그로부터 4년 뒤인 1616년에 성균관 유생으로 있으면서 광해군에게 〈병진소(丙辰疏)〉를 올렸다. 바로 예조판서 이이첨의 횡포를 구구절절 상소한 것이었다. 상소문의 내용을 잠시 보면 아래와 같다.

"신은 하찮은 일개 유자(儒者)로서 어리석고 천박하여, 비록 도성 안에 살지만 외방에 사는 몽매한 백성과 다를 바가 없으니, 조정의 일에 대해서는 백 가지 가운데 한 가지도 알지를 못하지만, 단지 눈으로 보고 귀로 들은 것을 가지고 성상께 우러러 진달합니다. 삼가 바라건대 성상께서는 유념해주소서.

관원들은 이이첨의 복심이 아닌 자가 없습니다. 간혹 그들의 무리가 아니면서 한두 사람 그 사이에 섞여 있는 자들은, 반드시 그 사람됨이 무르고 행실이 줏대가 없으며 시세를 살펴 아첨이나 하며 세상 되는 대로 따라 사는 자들입니다…….

신이 들으니, 임금은 어진 이가 없으면 정치를 할 수가 없다고 했습니다. 비록 훌륭한 임금이 위에 있더라도 임용된 신하가 불초한 사람이면 정치를 제대로 할 수가 없습니다……."

_《광해군일기》 8년(1616) 12월 21일

당연히 윤선도는 무사할 수 없었다. 양아버지인 윤유기도 파직되었다. 이 사건으로 윤선도는 6년이란 세월을 유배지에서 보내야 했다. 그러나 실록은 윤선도가 이 상소 덕분에 온 나라에 명망이 높아졌다 기록하고 있다.

후에 인조반정으로 유배에서 풀려나 의금부도사가 되었으나 사직하고 낙향했다. 재차 인조가 벼슬을 내렸으나 사양했다.

유배 생활도 나쁘지는 않구나

윤선도는 인조 6년(1628) 42세의 나이로 별시문과 초시에서 장원하여 봉림대군의 스승이 되면서 잠시 벼슬길에 나섰다. 1629년 형조정랑을 거쳐 1632년 한성부서윤, 1633년에 증광문과에 급제하여 문학(文學, 세자시강원에 속하여 세자에게 글을 가르치던 정5품 벼슬)에 올랐다. 그러나 경상감사 유백증(兪伯曾)이 윤선도가 탐욕을 부렸다고 보고하여 파직되었다.

1636년 병자호란이 일어나 인조를 뵙기 위해 강화도로 향하던 중 청나라에 굴복했다는 소식을 접하고는 다시 걸음을 돌렸다. 이때 제주도로 향하다 보길도를 발견하고는 그곳에 터를 잡았다. 보길도가 연꽃을 담았다고 하여 부용동이라 이름을 짓고, 보길도 곳곳에 건물과 정자를 지었는데 그 수가 무려 25채나 되었다고 한다. 연못 또한 만들어 아주 멋진 개인 정원을 꾸몄다. 자료에 따르면 그는 재산이 많았다고 한다. 윤선도는 65세가 되던 해 벼슬을 버리고 이곳에서 〈어부사시사(漁父四時詞)〉를 지었다.

그런 그가 또다시 유배를 가게 되었다. 1638년에 병자호란 당시 강화 근처까지 왔다가 문안도 하지 않은 채 돌아갔다는 이유로 탄핵을 받은 것이었다. 이 일로 다시금 영덕에 유배되었다.

효종 3년(1652)에는 왕명으로 복직했으나 서인 송시열과 서원 철폐를 놓고 논쟁을 벌이다 탄핵되어 삭직되었다.

1659년에는 효종의 장지 문제와 자의대비의 복상 문제를 둘러싸고 서인의 세력에 대응하다 1660년에 삼수로 유배되었다.

현종 12년(1671) 6월 30일 유명을 달리했다. 숙종 1년(1675)에 신원되어 이조판서로 추증되었다.

윤선도의 작품들

윤선도는 어려서부터 총명하고 글을 좋아해 모르는 학문이 거의 없었다고 한다. 그는 20여 년의 유배 생활과 19년의 은거 생활을 했다. 벼슬을 한 햇수보다 더 많았다. 그러나 이런 굴곡 많은 환경 덕분에 많은 작품을 남길 수 있었고 지금까지도 당대 최고의 시인으로 불리고 있다.

〈산중신곡〉, 〈산중속신곡〉, 〈고금영〉, 〈증반금〉, 〈어부사시사〉, 〈몽천요〉 등의 작품을 남겼다. 시문집으로는 정조의 특명으로 발간된《고산유고》가 있다.

21. 김만중金萬重
1637~1692

임금의 이야기나 지어볼까

어머니의 대단한 교육열

김만중의 본관은 광산(光山)이고, 아명(兒名)은 선생(船生), 자는 중숙(重淑), 호는 서포(西浦), 시호는 문효(文孝)다. 조선조 예학(禮學)의 대가인 김장생의 증손이며, 충렬공(忠烈公) 김익 겸의 아들이다. 김익겸은 병자호란 당시 강화로 가서 성을 지 키고 있다가 청나라 군에게 함락되자 자결했다. 이때 김만중 은 어머니인 윤씨의 배 속에 있었다. 그는 유복자로 태어난 셈 이다. 어머니 윤씨는 이조참판을 지낸 윤지(尹墀)의 딸이다.

윤씨는 남편이 죽자 두 아들을 홀로 키웠다. 윤씨는 집에 서 배운 학문이 꽤나 높았는데《소학》,《사략》,《당률》등을 직 접 가르치기도 했다. 또한 김만중과 그의 형인 김만기를 남부 럽지 않게 키우기 위해 갖은 정성을 쏟았다. 아들들에게 필요 한 서책은 값의 고하를 따지지 않았고, 이웃에 사는 홍문관서 리를 통해 책을 빌려 직접 교본을 만들기까지 했다. 그런 어머 니 덕에 김만기는 대제학을 지내고, 왕의 장인으로 광성부원 군(光城府院君)에 봉해졌다. 김만기의 여식이 숙종의 첫째 왕비

인 인경왕후인데 일찍 요절했다. 왕비가 된 지 4년 만에 천연
두 증세를 보이며 열병에 시달렸는데, 발병 8일 만에 생을 마
감했다. 그녀의 나이 20세였다. 그녀가 오래 살았더라면 김만
중의 삶 또한 달라졌을지도 모른다.

어찌 되었건 어머니의 희생과 정성을 보고 자란 김만중은
대단한 효자였다. 어머니를 위해 《구운몽》을 지었고, 유배 생
활 당시 어머니를 걱정하다 병으로 죽었다.

김만중도 당쟁의 여파를 피해 갈 수는 없었다

김만중은 효종 1년(1650)에 14세로 진사 초시에 합격했다.
이어 16세에는 진사에 일등으로 합격했으며, 현종 6년(1665)
에는 정시문과에 급제하여 벼슬길에 나섰다. 정언(正言), 지평
(持平), 수찬(修撰), 교리(校理)를 지냈다.

현종 12년에는 암행어사가 되었고, 세자의 스승인 겸문학
(兼文學)과 헌납을 역임하고 동부승지가 되었다. 그러나 1674
년 인선왕후가 죽고 나서 자의대비의 복상 문제로 서인이 밀
려나자 관직을 삭탈당했다. 당시 조정은 남인과 서인으로 나
뉘어 있었는데, 김만중의 집안은 전형적인 서인이었다. 이후
경신환국(庚申換局, 서인 일파가 반대파인 남인을 몰아내고 권력을
잡은 사건)으로 서인이 다시금 정권을 잡게 되자 김만중도 복
귀했다.

대사헌, 대제학을 지내고 지경연사(知經筵事, 경연청의 정2
품 벼슬)로 있다가 1687년 선천으로 귀양 갔다. 조사석이 희빈
장씨의 어미와 내연관계라는 소문이 있었는데, 김만중은 조사
석이 정승이 된 것은 희빈 장씨의 특별대우 때문이라고 항의

하다 유배된 것이었다. 이때 희빈 장씨는 숙종의 사랑을 받고 있어 종2품의 숙의(淑儀)에 있었다. 당시 김만중은 의금부에서 추국(推鞫, 특명으로 중죄인을 신문함)을 받고 하옥까지 되었다.

유배의 시작

김만중이 유배를 간 것은 이때가 처음이 아니었다. 일찍이 현종 대에 남인의 영수 허적이 정승에 적합하지 않음을 말하다 귀양 간 적이 있었다. 조사석의 일로 귀양을 다시 가게 되자 세상 사람들이 모두 그의 과감한 직언을 칭찬했다고 실록은 전한다.

진천으로 유배되었다가 1년이 지나 숙종 14년에 풀려났다. 그러나 곧바로 다시금 남해로 유배되었다. 1688년 남인의 지지를 받던 장희빈이 왕자를 낳자 시국이 바뀐 것이었다. 송시열 등 서인 세력이 장희빈의 아들을 원자로 삼으려는 숙종의 뜻에 반대하여 대거 축출되었다. 이로써 남인 세력이 정권을 잡게 되었다. 앞서 말했듯 희빈 장씨의 집안 문제였기에 김만중은 남해 노도로 유배되었고, 그곳에서 56세의 나이로 생을 마감했다. 숙종 24년에 관직이 복구되었고, 그의 효행에 대하여 정표(旌表, 착한 행실을 세상에 드러내어 널리 알림)가 내려졌다.

왕의 이야기나 적어볼까

김만중은 국문가사 예찬론자였다. 그는 우리말을 버리고 다른 나라 말로 시문을 짓는 것은 앵무새가 사람의 말을 하는 것과 같다 했다. 김만중은 자신의 창작물을 한글로 작업했다.

김만중은 우리말과 우리글에 상당한 애착을 보였다. 이 밖에 그의 작품에서 나타나는 흥미로운 점은 여성이 많이 등장한다는 것이다.

우리에게 잘 알려진 〈사씨남정기〉는 처와 첩의 갈등을 다룬 가정소설로, 근거는 없으나 내용이 숙종을 그린 것처럼 보인다. 내용은 대략 이러하다.

유현수는 현모양처인 사씨와 살다가 사씨가 아이를 낳지 못하자 교씨라는 여인을 첩으로 두었다. 그런데 교씨는 무척 간사하고 성품이 좋지 못해 사씨를 늘 괴롭혔다. 그러던 와중 교씨가 아이를 낳자 유현수는 사씨를 쫓아내고, 교씨를 정실로 삼는다. 유현수는 나중에서야 후회하고 교씨를 찾아 잘 살게 되었다는 내용이다. 희빈 장씨와 숙종의 이야기와 매우 흡사하다.

또 다른 그의 작품인 〈구운몽〉은 어머니를 위해 지은 것이다. 이 외에도 《서포만필》이라는 수필집과 《서포집》, 《고시선》 등이 있다.

함께 읽으면 좋은 페이지 · 숙종(90쪽)

오랑캐에게도
배울 점이 있습니다

불우했던 성장기

박지원의 본관은 반남(潘南)이고, 자는 미중(美仲) 또는 중미(仲美), 호는 연암(燕巖)이다. 시호는 문도(文度)다. 할아버지는 지돈녕부사를 지낸 박필균이고, 아버지는 박사유다. 아버지가 출사를 하지 못해 할아버지에게 모든 가족이 의지하며 살았다. 아버지는 박지원이 16세 때 죽었다.

박지원 일가는 가난했다. 어려서부터 세를 들어 살면서 여러 곳으로 이사 다녔다. 그가 24세 때인 1760년에 할아버지인 박필균이 죽자 생활은 더욱 궁핍해졌다. 박지원은 50세가 되어서야 친구인 유언호의 천거로 선공감감역(繕工監監役)이라는 말직으로 관직 생활을 시작한다. 그럼 그가 그 전까지는 무엇을 했을까. 박지원은 유명한 실학자이가 사상가였다. 그는 밤을 새워 독서를 하거나 학문을 닦았는데, 이로 인해 25세에 새치가 돋아나고 수염 또한 하얘졌다고 한다.

장인과 처삼촌에게 학문을 배우다

박지원은 영조 28년(1752)에 이보천의 딸과 결혼했다. 그때 16세였다. 이보천은 박지원에게 학문을 가르쳤다. 자신의 여식과 혼인을 했으니 과거에 급제라도 하여 벼슬을 하길 바랐다. 장인에게 《맹자》를 배우고 처삼촌인 이양천에게 《사기》를 배우며 본격적인 학문을 시작했다. 또한 영조의 사위인 8촌형 박명원의 영향을 받아 외국 문물에도 많은 관심을 가졌다. 후일 박명원을 따라 청나라를 다녀오게 되는데, 이는 박지원에게 지대한 영향을 끼쳤다.

이 시기 그는 많은 책을 섭렵하고 자신의 생각을 정리하며 실학자로서의 철학을 단단히 했다. 그리고 허위허식에 빠진 세태를 비판했다. 그러나 이런 사상은 가난에 시달리던 가족들을 더욱 힘들게 만들었다. 박지원은 성리학에도 능했고, 시문이나 그림 그리는 재주도 뛰어났다.

1761년 소과에 응시했으나 답안지에 고목과 노송만을 그려놓고 나왔다. 또 영조 46년에는 가족들의 소망으로 과거시험 1차에서 장원을 했으나, 2차 시험에서는 답안지를 백지로 제출하기도 했다. 이 일로 많은 이들의 비웃음을 샀지만 박지원은 과거라는 제도에 얽매여 인재를 등용하는 세상을 혼자 비웃었는지도 모른다.

연암으로 은거하다

영조가 승하하고 정조가 즉위하자 홍국영이 정권을 잡았다. 무슨 이유인지는 모르나 홍국영은 박지원을 미워했다고 한다. 박지원이 이때까지만 해도 벼슬을 하지 않았으므로 아마도 박지원의 당파가 크게 작용한 듯하다. 박지원의 가문은 노론이었는데 홍국영이 노론을 심하게 싫어했기 때문이다. 또한 박지원의 괴짜 같은 행동과 소문도 어느 정도 작용했을 것이다.

박지원은 관직에 나갈 수 없음을 스스로 깨닫고 황해도 금천의 골짜기인 연암골로 들어가 가족과 함께 정착했다. 이곳에서 학문 연구와 신문물 연구에 전념했다. 그의 호가 연암인 것은 이곳에서 유래했다. 박지원은 이곳에서 4년간 은둔하다가 홍국영이 몰락하자 다시 서울로 돌아왔다.

우울증이 작품을 낳다

박지원에 관한 자료를 찾다 보면 그가 젊은 시절 우울증을 앓았다고 나온다. 특히 20~30대 사이가 절정이었다. 사회 현실과 가난, 책을 통해 얻은 여러 가지 지식들이 한꺼번에 뭉쳐 더욱 병이 심했다. 우울증으로 괴로워하던 당시 박지원은 많은 작품을 탄생시켰다. 양반 계층의 타락상을 고발하고 봉건적 신분제도 타파를 주장하는, 개인의 자유와 법 앞에 만인이 평등한 사회, 즉 근대사회를 내다보는 파격적인 작품이 많았다.

〈양반전〉은 양반들의 위선과 무능함을 주제로 한 소설인데, 그 대략적인 내용은 이러하다. 가난한 양반이 양식이 없어 돈을 빌렸는데 그 돈을 갚지 못하자 이웃에 사는 부자가 돈을 대신 갚아주고 양반의 신분을 샀다. 그런데 양반 문서를 보니 구속이 많고 거추장스러우며, 그 행사하는 권한을 보니 도둑과 다를 바 없었다. 그야말로 양반은 겉포장만 번지르르했다. 부자는 양반 되기를 포기하고 다시는 양반 소리를 하지 않았다는 이야기다. 이 이야기는 신분제도를 비판하는 동시에 양인과 천민에 대한 양반들의 수탈과 천민들이 느끼는 양반에 대한 선망을 보여주었다.

또 다른 이야기인 〈허생전〉은 북벌론을 배격하고 주인공의 상행위를 통해 양반의 무능과 허위의식을 풍자한 작품이다. 경제사상과 인간에 대한 존엄성을 보여주는 〈허생전〉은 《열하일기》 후에 탄생한 작품이다.

박지원의 저서와 작품으로는 《열하일기》, 〈허생전〉, 〈민옹전〉, 〈광문자전〉, 〈양반전〉, 〈김신선전〉, 〈역학대도전〉, 〈봉산학자전〉, 연암골 생활을 바탕으로 지은 농서인 《과농소초》 등이 있다.

《열하일기》

박지원의 유명한 《열하일기》 창작은 정조 4년(1780)에 청나라 건륭제(乾隆帝)의 칠순 잔치를 축하하기 위해 8촌형 박명원이 청나라로 떠나며 시작되었다. 박명원이 평소 청나라에 관심이 많았던 박지원을 대동한 것이었다. 이곳에서 열하와 남만주 일대 등을 견문하고 문인, 영사들과의 만남, 청나라의 제도, 문물 따위 등을 상세하게 기록한 연행(燕行) 일기다. 그러나 일기라기보다는 박지원의 사상과 철학이 함께 담긴 사상서에 가깝다. 북학(北學, 조선 영조, 정조 때에 실학자들이 청나라의 앞선 문물제도 및 생활양식을 받아들일 것을 내세운 학풍)을 주장하는 내용이 두드러지고, 당시 사회문제를 풍자하기도 했다.

박지원은 《열하일기》에서 청나라의 좋은 점은 받아들여야 한다고 주장했다. 즉 오랑캐에게도 배울 점이 있다는 것이었다. 당시 조선은 청나라를 오랑캐라고 낮잡아 보았다. 청나라는 과연 대국이며 그들의 문물이 번성하고 있는데, 조선은 청나라를 배척하고 아직까지도 명나라에 치우쳐 있는 점도 지적했다. 이 작품은 당시 많은 이들에게 읽혔는데, 정조는 '문체반정(文體反正)'이라는, 즉 잡문체라며 반성하라는 전교를 내리기도 했다.

또 서구의 문물과 청나라의 기술을 받아들일 것과 상행위를 천한 직업으로 여길 것이 아니라 장사와 무역을 나라에서 장려해야 한다고 주장하며 여러 가지 개혁을 논했으나, 시대를 너무 앞선 탓에 이뤄지지는 못했다.

북학파의 영수

실학자인 박지원은 학문이 실생활에 유용하게 쓰이지 못한다면 그 학문은 죽은 것이라 했다. 그는 학문에서 가장 중요하게 여길 것이 바로 실용임을 강조했다.

북학파(北學派)는 북학을 주장한 실학의 한 파로, 박지원을 중심으로 노론 내에서 형성되었다. 당색은 노론이었으나 노론의 한 분파인 북학파로 분류되었다.

박지원의 제자로 박제가, 이덕무, 유득공 등이 있으며, 양반, 중인, 서자 등의 차별을 두지 않고 학문을 배우려는 자가 있으면 모두 문하생으로 받아들였다. 그러나 실학은 성리학을 부정하는 것이었고, 성리학자들도 실학을 무시했다. 박지원은 양반 사대부가 하는 것 없이 놀고먹으며 북벌론을 이야기하곤 하는데, 폭이 깊고 소매가 긴 옷을 입는 것과 무예를 연습하지 않는 점을 비웃기도 했다.

50세에 선공감감역으로 벼슬을 시작한 박지원은 주부를 거쳐 한성부판관, 1792년 안의현감, 1797년 면천군수, 1800년 양양부사를 마지막으로 벼슬에서 물러났다. 1805년 69세로 생을 마감했다.

23. 김홍도 金弘道
1745 ~ ?

그림만 그리면
아니 될까요?

재주는 스승을 주고, 벼슬도 준다

김홍도는 영조 21년(1745)에 태어났다. 본관은 김해이고 아버지는 김석무이다. 증조할아버지가 만호(萬戶)의 벼슬을 지냈다는 것으로 보아 무관 집안이었으나 김홍도가 태어났을 때는 중인이었다. 김홍도의 호는 단원(檀園)인데, 명나라의 문인화가인 단원 이유방의 호를 그대로 따왔다.

김홍도의 스승은 조선 후기의 문인이자 화가이고, 평론가로 유명한 강세황이다. 풍속화와 인물화를 유행시키기도 했는데, 김홍도의 가장 뛰어난 그림은 풍속화다.

중인 출신인 김홍도가 사대부 출신인 강세황과 어떤 인연으로 스승과 제자가 되었는지 알 수 있는 확실한 자료는 없다. 다만 강세황이 지은 〈단원기〉에 따르면, 김홍도가 젖니를 갈 나이 때부터 집에 자주 드나들면서 화법을 배웠다고 한다. 이들은 스승과 제자에서 훗날 도화서 직장 선후배 사이가 되었다.

20대의 김홍도를 추측하다

강세황에게 그림을 배운 김홍도는 이미 20대에 이름을 떨친 듯하다. 이 또한 그가 언제 도화서 화원이 되었는지 확인할 수 있는 자료는 없다. 정조가 쓴 《홍재전서》에 김홍도에 대한 글이 있어 유추해볼 수 있을 뿐이다.

"김홍도는 그림에 교묘한 자로 그 이름은 안 지 오래다. 30년 전 초상을 그렸는데 이로부터 무릇 회사(繪事)에 속한 일은 모두 홍도로써 주장하게 했다."

김홍도가 그림으로 큰 벼슬을 받고 마지막으로 파직당한 시기가 정조 19년(1795)이다. 그때 김홍도의 나이 50세고 30년 전이라 회상했으니, 정조가 김홍도를 만난 나이는 얼추 20세다. 이미 그때 도화서 화원으로 이름을 날렸기에 정조의 초상화를 그릴 수 있었을 것이다. 어진 및 세손이나 왕세자의 초상화를 그리는 것은 그만큼 명예로운 일이기도 하지만, 재주가 뒷받침해주지 않으면 꿈도 꿀 수 없는 일이었다. 김홍도는 영조의 초상화를 시작하여 정조 5년(1781)에 어진화사(御眞畵師, 어용화사)로서 정조의 초상화를 그렸다. 어진화사는 어진 제작에 앞서 선발하는데, 대신들이 당대 화가 중 솜씨가 빼어난 자들을 천거하여 이들 가운데 가장 뛰어나다고 인정되는 자만이 어진, 즉 임금의 초상화를 그릴 수 있었다.

살아 있는 삶을 그리다

강세황의 글에 따르면, 김홍도는 어릴 적부터 그리지 못하는 것이 없다 했다. 인물, 산수, 신선, 불화, 화조, 초충 등에 이르기까지 모두 정밀하고 교묘하여 옛사람이라 할지라도 김홍도와 대결할 사람이 거의 없다 했다. 또한 그림을 구하려는 자들이 무리를 지었으니 잠자고 먹을 시간도 없을 지경이었다.

김홍도의 모든 작품이 우수하지만 그중 풍속화는 특별하다. 그는 빨래터와 우물가, 길거리, 시장, 주막 등 친근한 생활 공간을 배경으로 서민의 생동감 넘치는 삶을 그렸다. 그의 작품으로 〈신선도〉, 〈군선도〉, 〈선동취적〉, 〈생황을 부는 신선〉, 〈서원아집도〉, 〈평생도〉, 〈마상청앵도〉, 〈병진녀화첩〉, 〈사녀도〉, 〈자화상〉, 〈서당〉, 〈씨름〉, 〈타작〉, 〈우물가〉, 〈주막〉 등이 있으며, 작품 수가 300점 정도에 이른다. 그는 시에도 조예가 깊었는데, 문집으로 아들인 김양기가 출판한 《단원유묵》이 있다.

맞지 않는 옷, 현감

김홍도는 정조의 총애를 많이 받았다. 그가 그림을 그려 올리면 매번 칭찬을 했다. 조희룡의 《호산외사》에는 "임금께서 금강산 사군(四郡)의 산수를 김홍도에게 그리라고 명하고 관용으로 조석(朝夕)을 받들게 하니, 이는 이수(異數, 특별한 예우)의 대접이었다."라는 기록이 있다.

정조 15년(1791)에 김홍도는 자신의 재주와 상관없이 벼슬을 받게 되었다. 충청도 연풍현감에 제수된 것이었다. 정조가 줄 수 있는 최상의 선물로, 중인 신분으로 오를 수 있는 최고의 벼슬이었다. 그러나 4년 뒤인 1795년에 파직되었다. 남의 중매나 일삼으며 백성을 학대했다는 호서위유사(湖西慰諭使)

홍대협의 보고 때문이었다.

　김홍도는 정치가가 아니었다. 그는 그림을 사랑하는 화가일 뿐이었다. 맞지 않는 옷을 입었으니 오죽 불편했을까. 중매를 섰다는 이야기를 보니, 아마도 김홍도는 관아에서의 생활보다 서민들과의 교류에 더 힘쓴 듯하다. 장이 열리는 날엔 그곳에서 붓을 들고 앉아 백성들의 이야기를 그리는 사또가 떠오른다. 연풍현감 직을 그만둔 김홍도는 도화서로 다시 돌아왔다. 그리고 그림에 전념하여 명작들을 남겼다.

아름다운 미남 화가

　김홍도가 정확히 언제, 어디서 사망했는지도 알 수 없다. 자료에 따르면 1805년 12월에 쓴 편지가 있고, 이후 뚜렷한 행적과 작품이 없는 걸로 보아 1805~1806년쯤 사망하지 않았을까 추측할 뿐이다.

　김홍도는 굉장한 미남이었다. 그 생김이 아름답고 마음 씀이 크고 넓어서 작은 일에 구속되지 않으니 사람들이 말하길 신선 같다 했다. 이 이야기는 조희룡의 《호산외사》에 전한다. 또 얼굴이 맑고 키가 커 속세 사람이 아닌 것 같다는 이야기도 했다. 스승인 강세환 역시 김홍도의 외모를 보며 고상하고 세속을 초월하여 아무데서나 볼 수 있는 평범한 사람이 아니라고 했다. 김홍도는 악기에도 재능이 있었고, 서예가이기도 했다. 김홍도의 아들 김양기도 아버지를 이어 화원이 되었다. 김홍도의 그림에 영향을 받은 이로는 신윤복, 김석신, 이인문, 김득신, 이수민, 이재관, 이한철, 유운홍 등이 있다.

백성을 사랑한 선비

열 살도 되기 전에 시집을 편찬하다

정약용의 본관은 나주다. 자는 미용(美鏞), 송보(頌甫)이며, 호는 다산(茶山), 삼미(三眉), 여유당(與猶堂), 사암(俟菴), 자하도인(紫霞道人), 탁옹(籜翁), 문암일인(門巖逸人) 등이 있다. 아버지는 진주목사 정재원으로, 그의 넷째 아들로 태어났다.

실학사상을 집대성한 조선 최고의 실학자이자 개혁가인 정약용은 어려서부터 영특하기로 소문이 자자했다. 4세에《천자문》을 읽었고, 7세에 한시를 지었으며, 10세 이전에 지은 시로《삼미집(三眉集)》을 편찬했을 정도다.

정약용은 어릴 적에 천연두를 앓았는데 오른쪽 눈썹에 자국이 남았다. 그 흉으로 눈썹이 셋으로 나눠져 그의 형인 정약현이 시집 이름을 삼미집이라고 지었다. 정약용의 어릴 적 스승은 따로 없고 아버지에게 학문을 배웠다. 16세에는 영조 대의 학자인 이익의 유고를 읽었다.

정조 13년(1789)에 글을 짓는 제술 시험에서 장원에 합격했다. 가주서(假注書, 승정원에 속한 정7품 벼슬), 검열(檢閱), 지평(持平)을 거쳐 1794년에 암행어사가 되었다. 그 후 병조참의로 있다가 청나라 신부 주문모의 사건에 연루되어 외직인 금정도찰방(金井道察訪)으로 좌천되었다. 다시 복귀하여 부사직에, 1797년에는 승지에 올랐으나 다시금 모함을 받아 사직을 청했다. 1799년 병조참의에 재임명되었으나, 이 또한 모함으로 사직했다.

정조의 총애를 받던 정약용은 그의 든든한 지원자였던 정조가 승하하자 관직에서 영영 멀어졌다.

한때의 믿음도 죄가 되는 나라

정약용은 모함과 탄핵을 자주 받았다. 이 모든 것이 서학(西學), 즉 천주교 때문이었다. 정약용의 세례명은 요한이다. 1789년 급제하고 얼마 되지 않아 해미로 유배된 적이 있는데, 10일 만에 풀려났다. 이 일도 서학 때문이었다.

정약용은 23~24세 사이 이벽(조선 시대 천주교 초기의 교도로서 한국 천주교회를 창설한 주역)에게서 서학을 접하고 그 후로 관련 서적들을 섭렵했다. 백성을 중히 여긴 그에게 만백성이 평등하다고 설파하는 천주교는 새로운 세상이었다. 그러나 그는 제사를 지내지 않는다는 서학의 주장에 천주교를 멀리하게 된다.

"조상을 알아차리는 승냥이와 수달도 놀랍게 여길 것인데 진실로 사람의 도리가 약간이라도 있는 자라면 어찌 마음이 무너지고 뼛골이 떨려 그 어지러운 싹을 끊어버리지 않을 수 있겠습니까."

_《정조실록》 21년(1797) 6월 21일

이는 조정 대신들이 정약용이 한때 서학에 빠져 있었던 것을 매번 걸고넘어지자 정조에게 직접 사직을 청하며 올린 상소의 내용 중 일부다. 그는 이 상소에서 서학을 접하고 기뻐하고 사모했으며 여러 사람에게 자랑도 했다고 고백한다. 또 남을 이기려고 하거나 자랑하지 말라는 경계에 마음이 쏠렸고, 지리, 기이, 달변, 해박한 글에 미혹되었다고도 아뢰었다. 그러나 제사를 지내지 않는다는 말에 뼛골이 떨려 그 싹을 마음에서 모조리 끊어버렸다고 했다.

하지만 그것은 정약용의 생각일 뿐이었다. 천주교와 관련된 사건이 일어날 때마다 정약용은 오해를 샀고, 모함을 받았다. 정조가 정약용을 매우 아꼈기 때문에 정조가 집권한 동안에는 그다지 큰 문제가 되지 않았다. 정조 사후, 정약용은 이문제로 다시금 탄핵을 받게 되는데, 결국 18년이나 이어진 유배 생활로 젊은 시절 호기심에 대한 값을 치러야 했다. 당시는 천주교에 대한 박해가 당파 싸움으로 번져 그 의미가 왜곡된시기이기도 했다.

실학을 실천하다

당시 백성의 참혹한 현실과 조정의 패악을 몸소 느낀 그는 이를 개혁해야 한다고 주장했다. 정약용은 민본사상을 가지고 있었다. 그가 내세운 개혁의 목표는 백성이 잘 먹고 잘사는 나라, 부국강병이었다.

정약용은 토지개혁, 행정, 군사, 신분, 교육제도 등의 개혁을 주장한 경세치용파와 상공업 발전과 생산기술의 혁신을 주장한 이용후생파를 계승하여 자신만의 통합된 개혁 사상을 펼쳤다.

경세치용(經世致用)은 학문이 세상을 다스리는 데 실질적인 이익을 줄 수 있어야 한다는 것이고, 이용후생(利用厚生)은 기구를 편리하게 쓰고 먹을 것과 입을 것을 넉넉하게 하여 국민의 생활을 나아지게 한다는 것이다. 그야말로 개혁과 개방을 통해 부국강병을 이루고자 한 실학을 집대성한 것이다.

이런 면에서 보자면 정약용은 관료로서 가장 적합한 인물이었다. 이용후생을 실천한 하나로 그가 만든 거중기는 수원 화성 공사 당시 백성의 고된 노동을 줄이고 공사의 효율을 높였다. 거중기를 이용하면 한두 사람의 힘으로 약 10톤에 이르는 돌을 들어 올릴 수 있었다. 거중기에 대한 기록은《화성성역의궤》에도 자세히 나와 있다. 이 외에도 배다리를 설계해 정조의 수원 행차를 도왔다. 정약용이 주장한 민본사상은 그의 저서 중 단연 최고로 뽑히는《목민심서》와《경세유표》,《흠흠심서》를 통해 잘 알 수 있다.

18년간의 유배 생활

정조가 죽고 순조가 즉위하자 황사영 백서사건이라고도 부르는 신유박해가 일어났다. 황사영이 천주교 박해를 알리기 위해 프랑스 주교에게 편지를 보내려다 발각되어 많은 이들이 죽고 유배되었다. 정약용이 서학을 그만두었다고는 하나 형제 중 천주교를 믿는 이들이 있어 그도 무사할 수는 없었다. 이 일로 둘째 형인 정약전이 강진으로 귀양 갔고, 셋째 형인 정약종은 감옥에서 매를 맞다 죽었다. 정약용은 장기현(長鬐縣)으로 정배되었다. 정배는 그 지역 내에서 감시를 받으며 지내야 하는 형벌이었다.

장기로 갔던 정약용은 얼마 지나지 않아 강진으로 유배지를 옮겨 약 4년을 보냈다. 강진으로 귀양 간 정약용은 주막에 딸린 작은 방에 어렵게 거처를 마련했는데, 얼마 후 그곳에 사의재(四宜齋)란 이름을 걸고 서당을 열었다. 1808년에 윤규로의 산정(山亭)이던 초당으로 거처를 옮겨 귀양이 풀릴 때까지 머물렀다. 이곳이 바로 다산초당이다. 정약용은 긴 유배 기간 동안 제자를 키우고 학문에 열중하며 저술 활동에 힘을 쏟았다. 다산초당은 실학사상의 산실로 알려져 있기도 하다. 57세에 유배에서 풀려나 고향으로 돌아왔다. 75세로 생을 마감하기 전까지 저술 활동에 힘을 쏟았는데, 무려 500권에 이르는 방대한 작업이었다.

- 《목민심서(牧民心書)》 — 지방 관리들의 폐해를 없애고 지방행정을 쇄신하기 위해 관리들의 잘못된 사례를 들어 백성을 다스리는 도리를 설명한 책이다. 48권 16책.
- 《경세유표(經世遺表)》 — 정치의 폐단을 지적하고 개혁에 대한 견해를 적은 책으로, 관제, 토지제도, 조세제도 등 모든 제도의 개혁을 제시한 책이다. 44권 15책.
- 《흠흠심서(欽欽新書)》 — 형벌 일을 맡은 벼슬아치들이 유의할 점을 제시한 책으로, 모든 사람이 법의 보호를 공평하게 받아야 한다고 주장한 책이다. 30권 10책.

이 외에도 천연두로 죽어가는 백성들을 위해 의약서적《마과회통》을 쓰기도 했다.

25. 김정희金正喜
1786~1856

돌도끼를
귀신이 만들었다고요?

풍족했던 어린 시절

김정희는 예산 출신으로 본관은 경주다. 자는 원춘(元春),
호는 추사(秋史), 완당(阮堂), 예당(禮堂), 시암(詩庵), 노과(老果),
천축고(天竺古) 등 아주 많은 호를 바꿔가며 사용했다.

김정희는 명문가의 자손으로 아버지는 병조판서를 지낸
김노경이다. 김노경은 1830년(순조 30)에 윤상도의 옥사에 연
루되어 고금도에 유배되기도 했다.

— 윤상도 옥사 : 1830년 윤상도가 호조판서 박종훈과 유수를 지낸 신위, 어영
　대장 유상량 등을 탐관오리로 탄핵하다가, 군신 사이를 이간시킨다는 이유로
　왕의 미움을 사서 추자도에 유배되어 위리안치 되었다.

김노경의 큰아들로 태어난 김정희는 큰아버지인 김노영이
자식을 얻지 못하자 양자가 되었다. 증조부인 김한신은 영조
의 소생인 화순옹주의 남편이었다. 김한신도 자식을 보지 못
하고 죽었는데 조카인 김이주로 대를 이었다. 김이주가 김정
희의 할아버지다.

자료에 따르면 김정희는 어린 시절 대부분을 월성위궁에서 지냈다고 한다. 월성위궁은 영조가 사위인 김한신을 위해 지어준 것이었다. 김정희는 김한신이 평생 모은 책을 접하면서 학문을 넓혔다. 또한 북학파의 거두인 박제가가 김정희의 스승이었다.

그는 결혼도 두 번 했는데 첫째 부인 한산 이씨와는 사별했고, 1808년에 예안 이씨와 재혼했다.

청나라 여행이 인생을 바꾸다

1809년에 생원에 합격했고, 1819년(순조 19) 제술 시험에서 수석을 차지했다. 세자시강원설서로 벼슬을 시작하여 암행어사, 예조참의, 설서, 성균관 대사성, 참판 등을 역임했다.

김정희는 생원에 합격하고 다음 해인 1810년에 아버지를 따라 청나라 사행 길에 동행했다. 그때 나이 24세였다. 이때의 경험은 김정희의 일생에 막대한 영향을 끼쳤다. 김정희는 중국 제일의 금석학자인 옹방강과 완원을 만나 그들로부터 고증학의 진수를 공부했다. 이들 외에도 많은 학자들을 만나 경학, 서화에도 큰 영향을 받았다. 귀국한 김정희는 금석학(金石學, 금속과 석재에 새겨진 글을 대상으로 언어와 문자를 연구하는 학문) 연구에 몰두하기도 했다.

김정희가 펼친 학문 세계는 실사구시(實事求是)였다. 실사구시는 사실에 토대를 두어 진리를 찾는 것으로, 공리공론(空理空論, 실천이 따르지 않는 헛된 이론이나 논의)이 아니라 정확한 고증을 바탕으로 하는 과학적이고 객관적인 학문 태도다. 이는 청나라의 고증학자 고염무가 주장한 것으로, 조선 시대 실학파의 학문에 지대한 영향을 미쳤다.

금석학 연구에 몰두하다

김정희는 금석학 연구에 몰두해 업적을 남겼는데, 그중 괄목할 만한 것이 바로 북한산 비봉에 있는 석비의 탄생 비밀을 밝힌 것이다. 우리에게 잘 알려진 진흥왕순수비는 이때까지만 해도 조선 건국 당시 무학대사가 세운 것으로 알고 있었다. 순조 16년(1816)에 함흥 황초령에 있던 이 비석을 발견한 김정희는 이끼를 거둬내고 비석을 판독했다. 비석을 연구하기 위해 북한산을 여러 번 오른 끝에 김정희는 진흥이란 글이 왕이 살아 있을 때 사용한 것임을 밝혀냈다. 진흥왕순수비는 영토 개척을 기념하고 국경을 표시하기 위해 진흥왕이 세운 비석임을 밝힌 것이었다.

김정희는 오래된 비석이나 기왓장, 동전 같은 것이야말로 진실을 말해주는 것이라 말했다. 또 그는 〈석노가〉를 통해 귀신의 조화쯤으로 여기던 돌도끼와 돌칼, 돌화살촉이 선사시대의 생활도구이자 무기임을 밝혀내기도 했다.

〈세한도〉에 얽힌 사연

김정희는 1840년(헌종 6)에 유배를 가게 되었다. 이때 안동 김씨와 풍양 조씨의 세력 다툼이 한창이었는데, 김정희는 10년 전에 일어난 윤상도의 옥사에 연루되어 유배되었다. 이 일로 김정희의 아버지인 김노경도 유배 길에 올랐다. 윤상도의 문제를 다시 들춘 것은 김정희를 비롯한 안동 김씨와 조씨들의 정권 다툼에 다시금 희생양이 필요했기 때문이다.

김정희는 10년 전 사건 당시 윤상도의 상소문 초안을 작성했다는 죄목으로 제주도에 위리안치(圍籬安置, 유배된 죄인이 거처하는 집 둘레에 가시로 울타리를 치고 그 안에 가두어두던 일)되었다.

김정희는 이곳에서 최고의 대작인 〈세한도〉를 그렸다. 세한도는 전문 화가가 아닌 시인·학자 등이 그린 그림을 일컫는, 문인화의 대표작이기도 하다. 〈세한도〉에는 초라한 집 한 채와 늙은 나무 몇 그루가 한겨울을 배경으로 그려져 있다.

제주도 유배 당시 친구를 잃었고, 둘째 부인도 죽었다. 그는 고통의 시간을 책으로 달래며 연명하고 있었다. 그런 그에게 제자인 이상적이 자주 찾아왔다. 이상적은 청나라를 다녀오며 진귀한 서책들을 구해다 김정희에게 주곤 했다. 한양에서 제주도는 그 길이 아주 멀었다. 김정희는 이상적을 보며 속으로 울었다. 그리고 깨달았다. 사람은 어려운 지경에 이르러서야 진정한 벗을, 그 의미를 알게 됨을 말이다. 김정희는 이상적에게 무언가를 선물하고 싶었다. 그러나 유배지에 있는 처지라 줄 것이 없었다. 그래서 탄생한 것이 바로 〈세한도〉다.

추사체를 만들다

김정희는 천재 예술가로서 그를 능가할 인물은 어디에도 없다고 평가된다. 김정희는 제주도에 유배된 지 8년 만인 1848년에 석방되었다. 그러나 1851년 당시 영의정이자 김정희의 벗인 권돈인의 일에 연루되어 또다시 함경도 북청으로 유배되었다가 이듬해 풀려났다. 철종의 아버지를 진종으로 추존하여 그 위패를 본전에서 영녕전으로 옮길 때, 권돈인이 헌종(철종 앞의 임금, 소생이 없어 철종으로 하여금 보위를 이었다)을 먼저 모시도록 주장해 파직, 부처(付處, 벼슬아치에게 어느 곳을 지정하여 머물러 있게 하던 형벌)되어 죽었는데 김정희도 피해를 입은 것이었다.

김정희는 제주도 유배 기간에 자신만의 특별한 글씨체를 만들었다. 그간 당대 최고의 서체를 연구해 장점을 바탕으로 완성한 글씨체인데, 이것이 바로 추사체다. 추사체는 필체가 서투른 듯하지만 맑고 고아하며, 굵고 가늘기가 심하고 각이 비틀어진 듯하면서도 조형미를 잘 이루고 있는 것이 특징이다.

유배에서 풀려난 김정희는 과천에 초당을 짓고 후학을 가르치며 여생을 보내다 71세로 생을 마감했다. 그가 죽기 전 봉은사에서 구족계(具足戒, 비구와 비구니가 지켜야 할 계율)를 받았으며, 마지막으로 남긴 작품은 봉은사의 현판이다.

실록에서는 그를 이렇게 평가했다.

"젊은 나이에는 뛰어난 명성을 드날렸으나, 중간에 가화(家禍, 집안에 일어난 재앙)를 만나서 남쪽으로 귀양 가고, 북쪽으로 귀양 가서 온갖 풍상(風霜)을 다 겪었으니, 세상에 쓰이고 혹은 버림을 받으며 나아가고 또는 물러갔음을 세상에서 간혹 송(宋)나라의 소식(蘇軾, 중국 북송의 문인)에게 견주기도 했다."

_《철종실록》 7년(1856) 10월 10일

26. 김정호金正浩
생몰년 미상

미스터리한 지리학자

기록이 없는 지리학자

김정호는 《청구도》, 《동여도》, 《대동여지도》를 만든 조선 후기의 지리학자다. 본관은 청도로 알려져 있고, 자는 백원(伯元), 백온(伯溫)이고, 호는 고산자(古山子)다. 생몰년은 미상이다. 실록에도 기록이 없으며, 그의 가문이나 가계, 고향이 어디이며 생부가 누구인지에 대한 기록도 전혀 없다. 단지 그가 지리학에 뛰어났으며 우리에게 유명한 《대동여지도》를 만든 인물이라는 것밖에 알려진 바가 없다. 참으로 미스터리한 인물이다.

그러나 김정호의 벗으로 알려진 최한기의 〈청구도제(《청구도》의 서문)〉, 이규경의 《오주연문장전산고》와 신헌의 《금당초고》, 유재건의 《이향견문록》에서 그의 흔적을 찾을 수 있다. 하지만 김정호의 개인사에 대한 기록은 보이지 않는다.

유재건의 《이향견문록》은 하급 출신으로 각 방면에 뛰어난 인물의 행적을 다루고 있는데, 이것으로만 보자면 김정호의 출신 성분은 분명 양반은 아니다. 그의 신상에 대한 기록이 없다는 것을 미뤄 본다면 그는 중인도 아닐 가능성이 높다.

김정호가 목판 기술자라고?

《청구도》의 머리말에 해당하는, 최한기가 쓴 〈청구도제〉에는 "나의 벗 김정호는 어린 시절부터 지리학에 뜻을 두고 오랫동안 자료를 찾아서 지도 만드는 방법을 자세히 살피며……."라고 쓰여 있다. 양반 신분도 아닌 김정호가 어디서 그 많은 자료를 찾은 것일까? 오늘날에는 김정호가 많은 지도를 열람하고 자료를 모아 지도를 재탄생시킨 것이지, 그가 실제로 답사를 하며 새로 지도를 만들었다고 확신할 수 없다는 견해가 지배적이다.

흥선대원군 집권 당시 병조판서로 있던 신헌(申櫶)이 김정호를 찾았다는 기록이 있다. 신헌은 자신의 문집 《대동방여도》에, 자신이 일찍이 지도에 관심이 많았고 비변사나 규장각에 소장된 지도나 좀먹다 남은 지도 등을 수집하여 여러 지도를 대조하고 갖가지 지리지 등을 참고해 하나의 완벽한 지도를 만들려고 노력했으며, 그 작업을 김정호에게 위촉하여 완성했다고 기록했다. 그렇다면 추측해보건대 김정호는 조선 시대 책을 인쇄하는 일을 맡아보던 관아인 교서관 소속의 목각 기술자가 아니었을까 한다. 또 최한기의 부탁으로 〈지구전후도〉를 나무판에 새겼다는 기록과 원래부터 공교한 재주가 있었다는 《이향견문록》의 기록, 《대동여지도》가 목판에 새긴 지도인 점을 들어 그가 목판 기술을 가진 장인이었다는 주장이 근래에 제기되고 있다.

《대동여지도》

앞서 언급했듯,《대동여지도》는 답사를 통해 만들어진 것이 아니라 오래된 지도와 여러 지리지 등을 종합해서 만든 것으로 추정된다.

《대동여지도》는 22개의 첩으로 만들어졌다. 이 첩을 접으면 책처럼 보이고, 펼치면 하나의 큰 지도가 완성되는 것이다. 가로 약 3.8미터, 세로 6.7미터의 크기다. 오늘날의 지도와 매우 흡사한데, 그만큼 김정호의 열의가 대단했음을 알려준다.

또 이 지도에는 도면에 글씨를 적게 쓰는 대신 함축적인 기호를 사용하고 있다. 능, 역, 산성 등의 명칭을 기호로 표시했고, 옛 지명까지 표시해 역사 정보까지 함께 볼 수 있도록 했다. 산 또한 산맥으로 표시하고, 산의 높이와 크기도 굵기로 짐작할 수 있게 해놓았다. 물길 또한 배가 다닐 수 있는 곳과 없는 곳까지 표현했으니, 그 정교함이 대단하다.

김정호는 지도만 만드는 것에 안주하지 않았다. 지도와 함께 지리서도 만들었다.《대동여지도》와 함께 작업한《대동지지》는 32권으로 각 지역의 지리적 현상을 조사해 특색을 적어놓아 지도 자체의 완벽성을 추구했다. 그가 작업한 지리서로는《대동지지》,《동여도지》,《여도비지》가 있다.

지도로 인해 옥살이를 하다 죽다

김정호와 관련해 실화처럼 전해지는 이야기가 있는데, 그 내용은 대략 이러하다. 병인양요가 일어났을 때 김정호가《대동여지도》를 양헌수 장군에게 주었다. 지도 덕분에 전투를 승리로 이끈 양헌수가 김정호의 공을 알리기 위해 흥선대원군에게 지도를 바쳤다. 그러나 대원군은 나라의 비밀이 다른 나라에 알려지면 큰 화를 입는다 하여 김정호와 그의 딸을 옥에 가두어 죽이고《대동여지도》는 불태웠다는 것이다. 그러나 이는 근거 없는 이야기다. 일단 김정호에 관한 기록이《고종실록》에 없으며 불태웠다는《대동여지도》의 목판이 불에 탄 흔적 없이 모두는 아니지만 12매가 남아 있기 때문이다.

이와 같은 내용은 조선총독부가 발행한《조선어독본》에 실린 내용이다. 일제가 조선과 대원군을 폄하하기 위해 조작한 것으로 보인다.

또한 김정호가《대동여지도》를 만들기 위해 전국 팔도를 세 번이나 돌았고 백두산을 일고여덟 번 올랐다고 하는데, 이도 신빙성이 없다. 막대한 여비도 그렇거니와 이는 현실적으로 불가능하다는 게 지금의 의견이다.

아쉽게도 김정호에 대한 기록이 너무 미비한 나머지 그가 지도와 지리서를 완성했다는 것 외에는 알려진 바가 거의 없다. 그러나 일평생을 지리학에 정진하여 지도와 지리지를 완성한 그의 열정은 높이 평가할 만하다.

조선 최초의 신부

천주교 집안에서 태어나다

김대건의 어릴 적 이름은 재복(再福)이고, 족보에 기록된 이름은 지식(芝植)이다. 대건이란 이름은 관례(冠禮, 남자가 성년에 이르면 어른이 된다는 의미로 상투를 틀고 갓을 쓰게 하던 의례)를 치르고 어른이 되어서 얻은 이름이다. 김대건은 천주교 집안에서 태어났다. 당연히 그 또한 자연스럽게 서학을 접해 우리나라 최초의 신부가 되었고, '수선탁덕'이라는 칭호가 붙었다. 수선(首先)은 '가장 먼저'라는 뜻이고, 탁덕(鐸德)은 '사탁(司鐸)'이라고도 하는데 '천주교회의 사제'를 뜻하는 중국식 표현이다.

김대건의 집안이 천주교 집안이 된 것은 큰아버지인 김종현이 신앙을 받아들이고 전교했기 때문이다. 이 때문에 김대건이 태어났을 당시 집안은 천주교 박해로 인해 상당히 곤란한 처지였다.

증조부 김운조는 1814년에 해미에서 옥사했고, 종조부는 1815년에 을해박해로 대구에서 순교했다. 조부 김택현은 김대건이 9세 때인 1830년에 순교했고, 부친인 김제준도 1839년 기해박해 때 순교했다. 순교란 모든 박해를 물리치고 자신의 신앙을 지키기 위하여 기꺼이 목숨을 바친 일을 뜻한다. 김대건은 어린 시절 천주교 박해로 인해 거주지를 옮겨 가며 생활했다. 그러다 1836년 프랑스 피에르 모방 신부에게 발탁되어 세례를 받았다. 그때 15세였다.

일곱 달을 걸어 유학을 가다

1836년(헌종 2) 모방 신부는 청년 셋을 예비 신학생으로 선발했는데, 그중에 김대건도 있었다. 김대건은 역관인 유진길에게 중국어를 배우기 시작했다. 그리고 최양업, 최방제와 같이 모방의 소개장만을 가지고 생사의 길을 나섰다.

험난한 길을 걷고 또 걸어 김대건이 마카오에 도착한 것은 1837년 6월이었다. 그때부터 1842년 마카오를 떠날 때까지 라틴어를 비롯하여 프랑스어, 중국어, 철학, 신학 공부에 열을 쏟았다. 이 시기 같이 동행했던 최방제는 열병으로 사망했다.

헌종 8년(1842)에 모든 수업을 끝낸 김대건은 조선으로 들어오려고 여러 번 시도했으나 당시 천주교에 예민해져 있던 조정의 감시로 인해 실패했다. 김대건은 화룡현 바쯔자(八家子)로 돌아가 매스트르 신부 밑에서 신학을 연구했다.

1845년 김대건은 국경을 넘어 드디어 서울에 도착했다.

한국 최초의 신부, 안드레아

1845년 조선으로 돌아온 김대건은 교세 확장에 힘쓰다 그해 다시금 중국 상하이로 건너갔다. 그러곤 8월 17일 상해의 김가항(金家港) 성당에서 페레올 주교에게 사제 서품을 받고 정식 신부가 되었다. 같은 달 페레올 주교, 다블리 주교와 함께 조선에 잠입하여 각 지방을 차례로 방문하면서 신도들을 만났고, 전도 활동을 펼쳤다.

1년간의 짧은 활동으로 성인의 반열에 오르다

당시 조선에선 김대건의 천주교 포교 활동을 알고 있었다. 그리하여 김대건은 수배령이 내려진 상태였다. 김대건은 페레올 주교의 부탁으로 외국 선교사들의 입국로를 개척하고 있었다. 김대건은 1846년 6월 5일 체포되었는데, 황해도에서 중국으로 가는 배에 편지와 지도를 전달하고 돌아오는 길이었다.

실록에 따르면 그는 용인 사람으로 15세에 달아나 광동에 들어가서 서학을 배웠고, 현석문과 결탁하여 몰래 돌아와 교주가 되었다고 한다. 또한 같은 해 봄에 황해도에 가서 고기잡이하는 중국 배를 만나 광동에 있는 천주교도에게 글을 부치려 하다 그 지방 사람에게 잡혔다고 기록했다.

그는 한 달이 넘게 갖은 고문을 받았다. 그리고 그해 7월 25일 헌종의 명에 따라 새남터에서 효수되었다. 김대건의 나이 25세였다.

나라에선 김대건의 시신을 파묻고 장사를 치르지 못하게 했다. 한 달이 지난 무렵 신자들이 시신을 몰래 파내어 미리내에 안장했는데, 지금은 미리내 성지로 불리고 있다.

많은 천주교 신자들이 처형을 당한 새남터로 추정되는 곳은 한국천주교회에서 1950년 매입하여 순교기념지로 지정했다.

김대건은 철종 8년(1857)에 교황청에 의하여 가경자(可敬

者, 로마 가톨릭교회에서 신앙과 덕행이 뛰어난 사람이 죽었을 때 그에게 내리던 칭호)로 선포되었다. 1925년에는 교황청에서 시복(諡福, 죽은 뒤 복자품福者品에 오르는 일)되어 복자위(福者位, 죽은 사람의 덕행과 신앙을 증거하여 공경의 대상이 될 만하다고 교황청에서 공식적으로 지정하여 발표한 사람을 높여 이르는 말)에 올랐다. 1984년 4월에는 요한 바오로 2세에 의해 시성(諡聖, 죽은 후에 성인품聖人品으로 올리는 일)되어 성인위(聖人位, 교회에서 일정한 의식에 따라 성덕이 뛰어난 사람으로 선포한 사람)에 올랐다.

김대건이 신부로서 활동한 기간은 1년이 채 되지 않지만, 그는 지금까지 사람들에게 성인으로 기억되고 있다.

모든 사람이 곧 하늘이다

몰락한 양반 가문 출신

최제우는 경주 출신이며 어릴 적 이름은 복술(福述)이고, 호는 수운재(水雲齋), 관명(冠名, 관례를 치르고 어른이 되면서 새로 지은 이름)은 제선(濟宣)이다. 제우란 이름은 그가 35세에 중생을 구제한다는 뜻으로 스스로 지은 이름이다.

최제우는 무인 가문에서 태어났다. 7대조인 최진립은 임진 왜란 때 의병을 일으킨 공이 있고, 정유재란 때도 전쟁에서 승리를 이뤘는데, 병자호란 때 전사했다. 최진립은 병조판서의 벼슬과 정무공(貞武公)의 시호가 내려진 무관이었다. 그러나 6대조부터 벼슬길에 나서지 못한 채 몰락의 길을 걷고 있던 양반 가문이었다. 아버지는 최옥이고, 어머니는 과부 한씨다. 최제우는 어려서 재가녀의 자식이라는 사회적 차별을 받으며 성장했다.

최제우는 어려서부터 총명했다. 유교와 역사서를 공부하고 한학(漢學)도 익혔다. 그러나 10세에 어머니가 세상을 떠나고, 17세엔 아버지마저 죽었다. 당연히 가세는 기울었다.

유랑 생활을 하다

아버지의 삼년상을 치른 최제우는 1844년부터 1854년까지 거의 10년간을 유랑했다. 실록은 그가 목면(木棉) 파는 것을 업으로 삼고 경주와 울산 사이를 왕래했다고 전한다. 이 시기 최제우는 의술과 점복술도 접했다. 많은 곳을 떠돌아다니며 백성들의 피폐한 삶을 몸소 겪은 최제우는 조선이 안고 있는 문제를 해결해야겠다는 의지를 다졌다. 이때 세도정치와 탐관오리들로 인해 수탈과 삼정의 문란이 극심한 상태였고, 백성들의 불안한 삶은 최고조에 이르러 있었다. 성리학이 이미 그 기능을 상실한 틈을 타 서학인 천주교가 전파되었는데, 최제우는 서학이 서양의 것이라 우리에게 맞지 않음을 지적하고 새로운 방안을 모색했다. 서학은 조선의 옛 풍습과 오랜 습관을 파괴한다는 것이 최제우의 생각이었다. 최제우는 혼란스런 시국에 백성들의 마음을 다잡아줄 무언가가 필요함을 깨달았다.

최제우는 고향으로 돌아와 기도에 매달리며 도를 닦았다. 그러던 순간 꿈 같은 생시, 생시 같은 꿈을 꾸게 되는데, 하늘에서 책 한 권이 주어졌다. 그것을 그는 밤낮으로 해석했다. 그것은 곧 한울님의 말씀이었다. 득도의 순간이자 동학이 창시되는 순간이었다. 고종 1년(1860) 4월 5일의 일이었다. 동학(고종 9년에 천도교라 고쳤다)에서는 이 시점을 포덕 원년이라 칭한다.

동학의 시작

동학은 민족 고유의 경천(敬天), 즉 하늘을 공경한다는 사상으로 유교, 불교, 도교의 가르침과 제세구민(濟世救民, 세상을 구하고 백성을 구한다)의 뜻을 함께 품고 있다. 여기서 동(東)은 조선을 뜻하는데, 넓게는 동양을 아울렀다.

최제우가 창시한 동학의 신앙 대상은 천, 천주, 한울님인데, 하늘이 따로 있는 것이 아니라 모두의 마음속에 자리한, 즉 사람이 바로 하늘이란 뜻이었다. 그렇기에 신분이나 계급, 남녀노소 가릴 것 없이 모두가 공평했다. 최제우가 내세운 시천주(侍天主, '내 몸에 한울님을 모셨다.'라는 뜻으로, 한울님은 항상 마음속에 있다고 믿는 일) 사상은 제2대 교주인 최시형에 이르러 사인여천(事人如天, 한울님을 공경하듯이 사람도 그와 똑같이 공경하고 존경해야 한다는 윤리 행위)으로 확대되었고, 3대 교주인 손병희는 두 사상을 합쳐 '사람은 곧 하늘이고, 하늘은 곧 사람'이라는 인내천(人乃天) 사상으로 체계를 이뤘다.

빠르게 확산된 동학

동학은 정치적 부패와 수탈, 흉년과 질병 등으로 막막하던 백성들에게 빠르게 번졌다. 최제우는 〈용담가〉, 〈안심가〉 등의 한글로 된 가사를 지어 포교 활동을 시작했다. 한글로 된 가사집인 《용담유사》는 일반 백성을 위한 것이었고, 한문으로 쓴 《동경대전》은 사대부를 위한 경전이었다.

일부 유림층은 동학이 서학을 신봉해서 만든 종교라고 비난하기도 했지만, 동학은 백성들 사이에 빠르게 퍼져나갔다. 교세가 확장되자 교도들을 체계적으로 관리하기 위해 각 지역의 책임자인 접주(接主, 집회소의 우두머리)를 두었다. 조정은 동학이 커지자 긴장하기 시작했다. 1862년(철종 13)에 최제우를 백성들을 사악한 술수로 현혹한다는 죄명하에 체포했으나, 교도들의 청원으로 풀려났다. 최제우는 1863년에 제자 최시형을 2대 교주로 삼았다.

혹세무민, 사도난정의 죄로 처형되다

그러나 결국 1863년 체포되어 1864년 대구로 이송되었다가 3월에 혹세무민(惑世誣民), 세상을 어지럽히고 백성을 속인다는 죄명과 사도난정(邪道亂正), 사악한 가르침으로 세상을 어지럽힌다는 죄로 저자에서 처형되었다.

그러나 최제우의 죽음이 억울하다고 주장한 동학 세력은 신원 운동을 펼치기도 했다. 이들은 《경국대전》의 신소(申訴, 고소) 제도를 통해 동학을 사학이 아닌 정식 종교로 인정받기 위한 운동도 전개했다. 1897년에 제3대 교주에 오른 손병희가 1905년에 동학을 천도교로 개칭했다. 최제우가 창시한 동학은 농민운동의 기반이 되기도 했다. 동학은 혼란스러운 사회를 살아가던 백성들에게 희망을 주고 용기를 북돋아주었다. 평등의식을 주장하고 무너져가는 지배층의 성리학에 대응하여 의지할 수 있는 새로운 사상을 제공한 셈이다.

최제우는 그간 조선을 지배하다시피 자리 잡고 있던 성리학의 멸망을 내다보고, 새로운 세상에 대한 대비책으로 동학을 창시했다. 의지할 곳 없이 삶의 터전마저 잃어가던 백성들에게 동학은 한울님이자, 바로 자신들의 정체성을 일깨워준 구원자였다.

29. 전봉준 全琫準
1855~1895

키가 작아
녹두장군이라네

시골 훈장, 전봉준

전봉준의 본관은 천안이며, 초명은 명숙(明淑), 호는 해몽 (海夢)이다. 그에게는 녹두장군이란 별명이 있는데, 키가 작아 붙은 별명이다. 전봉준의 집안은 고조부 때만 해도 벼슬을 했는데 이후 아무도 관직에 나서지 못했고, 몰락한 양반가의 길로 접어들었다.

전봉준은 전라도 고부 마을에서 서당을 열어 훈장으로도 활동했다. 그 외에도 생계를 꾸리기 위해 장사도 하고, 지관(地官, 묘자리나 집터의 길흉을 판단하던 일) 일을 보기도 했다.

세도정치가 불러일으킨 민란

고부군수 조병갑의 탐오와 횡포는 말이 아니었다. 조병갑은 풍양 조씨의 척족으로 온갖 노략질을 벌였다. 전봉준의 아버지 전창혁은 1893년에 조병갑의 착취에 저항하다 곤장을 맞다 죽었다. 또한 조병갑은 저수지가 있음에도 마을 백성들을 시켜 새 저수지를 만들었다. 그러고는 수세(水稅)를 징수했다. 저수지 물까지 팔아 백성들의 등골을 빼어먹은 것이다. 저수지를 만드느라 노동력을 착취당하고 물값까지 내게 된 고부 백성들이 관아로 몰려들어 호소했으나 조병갑은 오히려 옥에 가두고 매질을 해댔다.

이를 참다못한 전봉준은 백성들과 함께 1894년 1월 9일 고부 관아로 쳐들어갔다. 이미 조병갑은 도망을 놓은 뒤였다. 전봉준은 옥문을 부수고 억울한 죄인들을 풀어주었다. 창고를 열어 곡식을 나누고, 무기고의 무기를 나눠 가졌다.

조정에서는 봉기 소식을 전해 듣고 조병갑을 처벌한 뒤, 장흥부사(長興府使) 이용태를 안핵사(按覈使, 조선 후기에 지방에서 발생하는 민란을 수습하기 위해 파견하던 임시 벼슬)로 내려보냈다. 그러나 이용태가 도리어 이 기회를 이용해 백성들의 재물을 약탈하는 바람에 민심은 더욱 격화되었다. 또 민란의 주모자를 색출한다는 명분으로 백성들을 잡아 가뒀고, 그 책임을 동학교도에게 넘기면서 사건을 더욱 악화시켰다.

동학과 농민이 힘을 합치다

전봉준이 정확히 언제 동학에 입교했는지 알 수 있는 기록은 없다. 다만 동학농민운동 당시 전봉준은 고부 접주였다. 그래서 추측해보건대 그의 나이 30대 초반쯤에 동학에 들지 않았을까 한다. 전봉준이 죽기 전 고문을 받으며 한 말은 아래와 같다. 스스로 동학에 입교하게 된 경위를 밝힌 것이다.

"동학은 수심(守心)하여 충효(忠孝)로 근본을 삼고 보국안민(輔國

安民, 충효의 정신으로 나라를 돕고 백성을 편안하게 한다)하려는 것이었다. 동학은 수심경천(守心敬天, 마음을 바로 지켜 하늘을 공경한다)의 도(道)였다. 때문에 나는 동학을 극히 좋아했다."

1894년 전봉준은 이용태의 동학도 탄압과 탐학무도한 행패에 인근 각지의 접주들에게 통문을 보내 도움을 요청했다. 고부와 가까운 태인, 무장, 금주, 정읍, 부안 등지의 동학교도와 농민들이 호응하며 고부군 백산면에 몰려들었다. 이때 모두가 하얀 옷에, 하얀 수건을 머리에 동여매고 대나무를 깎아 만든 죽창을 들고 있었다. 사람들이 서 있으면 하얀 산처럼 보였고, 팔을 높이 들면 대나무 산처럼 보일 정도였다. 모인 이들이 8,000명은 족히 넘었다. 전봉준이 총대장이었다.

이들은 봉기 한 달 만에 호남 일대를 장악했다. 4월 28일에는 전주성까지 점령했다. 동학농민운동이 불처럼 번져 나가자 정부는 청나라에 도움을 요청했고, 일본 또한 톈진조약(1885년 중국 톈진에서 일본과 청나라가 맺은 조약. 이토 히로부미와 이홍장이 조선에 있는 일본군과 청나라 군대를 철수할 것과 군대를 조선에 다시 파견할 때는 서로에게 미리 알릴 것을 합의했다)을 빌미로 인천에 상륙했다.

전봉준은 사건이 새로운 국면으로 접어들자 관군을 이끌고 온 양호초토사(兩湖招討使) 홍계훈과 화약(和約)을 맺고 농민군을 해산시켰다. 전봉준 또한 동학농민운동으로 청나라와 일본군이 조선을 두고 간섭하는 것이 싫었다. 이때 맺은 화약을 전주 화약이라 하는데, 전봉준이 내건 조건은 대충 이렇다. 탐관오리는 뿌리를 뽑을 것, 무명잡세는 혁파할 것, 종 문서는 불태워버릴 것, 토지는 평균분작(平均分作, 지주들의 땅을 농민들에게 고르게 나누어주어 농사를 짓게 하는 것)으로 할 것. 그러나 당장 급한 불을 끄기 위한 조정의 계책이었을 뿐, 전봉준이 내건 개혁은 현실상 불가능한 일이었다.

2차 봉기, 반외세를 외치다

전봉준은 시정개혁이 실현되지 않자 2차 봉기를 준비했다. 그런데 조선에 상륙한 일본이 청일전쟁을 일으켜 승리했다. 그리고는 조선 내정에 간섭하려는 움직임을 거세게 일으키고 있었다. 이에 전봉준은 정부가 아닌 일본에게서 나라를 구하기 위해 봉기했다.

남도 접주인 전봉준과, 북도 접주 손병희의 농민군, 동학 교주 최시형까지 합세하여 일본과 전투를 시작했다. 그러나 일본군의 근대적 무기는 농민군이 맞서기에 너무나 강했다. 몇 차례 전투를 치렀고, 우금치 싸움에서는 그 타격이 너무 컸다. 일본군과 관군은 농민군을 진압한다는 구실로 무차별적인 학살을 자행했다.

전봉준은 농민군을 해산시킬 수밖에 없었다. 그리고 기회를 다시 잡기 위해 태인에 있던 김개남을 찾아 길을 나섰다. 그러나 12월 1일 전봉준의 부하였던 김경천이 현상금에 눈이 멀어 관에 밀고함으로써 붙잡혔다.

새야, 새야 파랑새야

전봉준은 순창 관아에 갇혔다가 1894년 12월 의금부 감옥에 수감되었다. 옥에 갇힌 전봉준은 무수한 고문에 시달렸다.

일본에 대항한 만큼 그는 일본 영사관 감옥으로도 이감되어 갖은 심문을 받고 1895년 3월 교수형에 처해졌다. 그의 나이 41세였다.

> "새야, 새야, 파랑새야, 녹두밭에 앉지 마라. 녹두꽃이 떨어지면 청포장수 울고 간다."

파랑새는 일본을 뜻하고, 녹두는 전봉준을 의미한다. 청포장수는 백성을 가리킨다. 전봉준이 죽은 후 농민들이 슬퍼하며 불렀다는 노래다. 전봉준은 개인적인 야망이 아니라 백성, 나라를 위해 목숨을 던졌다. 전봉준의 이러한 정신은 후일 항일의병으로 이어졌다.

함께 읽으면 좋은 페이지 · 을미사변(363쪽)

3부

조선 시대의
사건, 사고

*

중종반정, 인조반정, 동학농민운동은
앞에서 상세히 언급했으므로 생략한다.

1. 왕 자 의 난
1차(1398)
2차(1400)

진즉에 세자의 자리를
내주지 그러셨습니까

천명을 받은 자 또 있으니

점치는 사람 안식(安植)이 말했다.

"세자(이방석을 가리킴)의 배다른 형 중에서 천명을 받을 사람이 하나뿐이 아닙니다."

정도전이 이 말을 듣고 말했다.

"곧 마땅히 제거할 것인데 무슨 근심이 있겠는가?"

왕자의 난이 일어난 태조 7년(1398) 8월 26일 기록의 한 부분이다.

정도전과 남은, 심효생 등이 여러 왕자를 해치려 꾀하다가 성공하지 못하고 참형을 당했다. 당시 기록은 이러하나, 실제로는 정안군 이방원에 의해 죽임을 당한 것이다.

정도전과 남은 등은 권세를 위해 어린 서자 방석을 세자에 앉혔다. 태조의 뜻도 한몫했는데, 이때 첫째 부인인 한씨가 이미 세상을 뜬 상황인지라 둘째 계비 강씨의 입김이 거셌다. 심효생은 그의 딸을 세자빈으로 들였다. 조선 건국 당시 강력한 세자 후보였던 방원을 제치고 방석이 세자에 오르자, 정도전 등은 왕자들을 각 도에 나누어 보낼 것을 청하기도 했다. 한씨 부인의 소생들이 걸림돌이 되기에 충분했기 때문이다.

태조에겐 부인이 둘 있었는데 조강지처인 한씨에게서 여섯 왕자를, 계비 강씨에게서 두 왕자를 두었다. 한씨의 소생으로 적장자인 진안군 방우는 불행히도 개국 이듬해에 죽었고, 둘째 아들은 방과인 정종이다. 셋째 아들은 익안군 방의고, 넷째 아들은 회안군 방간이다. 다섯째 아들은 정안군 방원(태종)이며, 여섯째 덕안군 방연은 일찍 죽었다. 강씨의 소생은 세자였던 방석과 그의 형인 무안군 방번이다.

1차 왕자의 난, 정도전 일파를 제거하다

정안군 방원이 정도전을 제거하고 말했다.

"정도전과 남은 등이 어린 서자를 세자로 꼭 세우려고 하여 나의 동모 형제(同母兄弟)들을 제거하고자 하므로, 내가 이로써 약자(弱者)가 선수(先手)를 쓴 것이다."

왕자의 난은 엄연히 왕위 계승권을 둘러싸고 일어난 왕자와 공신들의 권력 다툼이다. 정도전과 남은 등은 왕권보다는 유교 중심의 중앙집권체제를 강화하려는 목적이 컸다. 이에 조선 개국공신으로 세자 후보였던 방원은 그들이 내세울 세자로는 적합하지 않았다. 서자인 방석이 세자에 오르자 방원의 불만이 가장 컸고, 결국 방원은 기회를 노리다 왕자의 난을 일으켰다. 당시 태조가 살아 있었고 정도전 등은 태조의 심복이나 마찬가지였다. 그런 상황에 방원이 승부수를 띄운 것이었다. 이것은 아버지인 태조에 대한 도발이기도 했다.

조선 개국 이후 정도전은 각 왕족들이 가지고 있던 사병을 혁파하는 데 애를 쏟았는데, 바로 이와 같은 난을 우려했기 때문이었다. 방원은 세자인 방석과 방번, 정도전 등 반대 세력을 제거하고 둘째 형인 방과를 세자에 올렸다. 그가 조선의 두 번째 왕인 정종이다. 태조는 이 일로 서자인 두 아들과 사위까지 잃게 되었다. 1398년 9월, 상심한 태조는 정종에게 양위하고 물러나 상왕이 되었다.

1차 왕자의 난은 방원의 난, 정도전의 난이라고도 하며, 무인정사(戊寅靖社)의 난이라고도 한다.

2차 왕자의 난,
"형님께서 도와주시니 이제 왕이 되어야겠습니다"

방원은 곧바로 왕위를 차지할 수 있었으나 민심을 걱정하여 정종에게 잠시 그 자리를 맡겼다. 정종이 어좌에 있었지만 실질적인 왕은 방원이었다.

방원을 도와 1차 왕자의 난에 도움을 준 태조의 넷째 아들 회안군 방간 또한 권력욕이 강하고 야심이 큰 인물이었다. 그러나 그 위세가 방원에게는 미치지 못했다. 하여 항상 방원을 시기하고 못마땅하게 여겼다.

정종 2년인 1400년, 1차 왕자의 난에서 공을 세운 박포가 논공행상(論功行賞, 공적의 크고 작음 따위를 논의하여 그에 알맞은 상을 줌) 과정에서 일등공신에 오르지 못하자 불만을 품고 불평하다 유배되었다. 이후 정종이 후사가 없자 방간이 세제로 책봉되려는 욕심을 품게 되었다. 정종의 후사를 떠나 그 자리는 방원의 자리였으나, 방간 역시 왕의 자리가 탐이 났다. 박포는 방간을 이용해 난을 일으켰는데, 이것이 2차 왕자의 난이다. 방간도 그의 세력인 사병이 있었지만 이미 정권을 차지한 방원과의 전쟁은 무의미한 것이었다. 두 사람은 결국 체포되었고, 박포는 사형당했다. 정변에 실패한 방간은 충청도 홍주로 유배되어 1421년 58세로 생을 마감했다.

방원, 왕이 되다

2차 왕자의 난을 진압함으로써 이방원의 정치적 세력은 확고해졌다. 1400년 2월 정종은 태조의 허락을 얻어 방원을 왕세제로 삼았다. 그리고 그해 11월 정종이 방원에게 왕위를 넘겨주고 상왕으로 물러나니, 방원이 왕의 자리에 올랐다.

함께 읽으면 좋은 페이지 • 정종(17쪽), 태종(21쪽), 정도전(134쪽)

나를 왕으로 추대할 자,
따르라!

김종서가 모반하다

단종 1년(1453) 10월 10일 밤이었다. 수양대군(세조)이 부하들을 이끌고 김종서의 집으로 향했다. 수양대군이 김종서에게 청이 있다며 편지를 내밀었다. 김종서가 편지를 달빛에 비춰 보려 뒤로 물러서자 그 뒤에 서 있던 임어을운이 철퇴로 김종서를 내리쳤다. 수양대군은 단종에게 김종서가 모반하여 죽였는데, 사변이 시급하게 일어나 왕에게 아뢸 틈이 없었다고 전했다. 김종서와 함께 그의 두 아들도 모반 혐의를 뒤집어쓰고 억울한 죽임을 당했다.

왕이 되려면 김종서를 먼저 쳐야 했다

계유정난은 수양대군이 왕위를 빼앗기 위해 일으킨 사건이다. 세종의 뒤를 이어 문종이 즉위했으나 그는 병약했다. 자신의 단명을 예감한 문종은 영의정 황보인과 우의정 김종서, 좌의정 남지 등에게 어린 단종을 부탁하고 눈을 감았다. 남지는 병으로 좌의정을 사직했는데, 그 후임으로 정분이 대신 유명(遺命)을 받았다. 12월 김종서는 좌의정이, 정분은 우의정이 되었다.

단종이 즉위하자 대신 셋이서 왕을 보필하며 정권을 장악했다. 이들이 막강한 권력을 행사한 탓에 계유정난 당시 수양대군 세력에 동조하거나 중립적인 태도를 보인 이들도 많았다. 어린 단종이 보위에 오르고 수렴청정을 할 대왕대비가 없었던 것도 문제였다. 현덕왕후 권씨는 단종을 낳고 죽었고, 문종은 새로운 왕비를 두지 않았다. 그러했기에 김종서가 실권을 잡을 수 있었다.

수양대군은 자신이 왕이 되기 위해서는 이들부터 처리해야 했다. 1차 목표물이 바로 김종서였다. 김종서는 문무를 겸비한 명장으로 그 위세가 당당하여 '대호'로 불리기도 했다. 김종서를 죽인 수양대군은 단종의 명을 위장하여 나머지 중신들을 궁으로 집결시켰다.

살생부를 실행하다

단종 1년(1453) 10월 10일, 실록에 따르면 사건은 아래와 같이 전개되었다. 수양대군은 김종서를 살해한 뒤 황보인, 이양, 조극관, 좌찬성 한확, 좌참찬 허후, 우참찬 이사철, 판중추원사 정인지, 도승지 박중손 등을 단종의 명이라 속여 불러들였다.

수양대군은 처음에 궐문에 이르러 내금위 봉석주 등한테 갑주(甲冑)와 활과 화살을 갖추고 남문 궁궐 안뜰을 지키게 하고, 또 여러 곳의 별시위 갑사(別侍衛甲士), 총통위(銃筒衛) 등한

테 홍달손의 부서를 호위하게 하고, 여러 순군(巡軍)은 시좌소 (時坐所)의 앞뒤 골목을 지켜 차단하게 하고, 친히 순졸(巡卒) 수백 인을 거느려 남문 밖의 돌다리 가에 주둔했다. 좌우를 나누어 사람의 출입을 통제하고, 또 돌다리부터 남문까지 마병 (馬兵), 보병(步兵)으로 문을 네 겹으로 만들고, 역사(力士) 함귀, 박막동, 수산, 막동 등한테 제3문을 지키게 했다.

조극관, 황보인, 이양이 제3문에 들어오니, 함귀 등이 철퇴로 때려죽이고, 사람을 보내 윤처공, 이명민, 조번, 원구 등을 죽이고, 삼군진무(三軍鎭撫) 최사기를 보내어 김연을 그 집에서 죽이고, 삼군진무 서조를 보내어 현릉 비석을 감독하던 민신을 베었다. 또 최사기와 의금부 도사 신선경을 보내 군사 100명을 거느리고 안평대군을 잡아 강화에 귀양 보냈다. 조수량, 안완경 등은 귀양 보냈다가 곧 교살했다.

— 살생부는 한명회가 죽일 사람과 살릴 사람의 명단을 적어놓은 장부다.

안평대군과 이징옥

안평대군은 세종의 셋째 아들이다. 서예와 시문, 그림, 가야금 등에 뛰어났고 특히 당대의 명필로 꼽힐 만큼 글씨에 능했다. 성균관에 들어가 학문을 닦았고, 문종 때부터 주요 문신들과 친밀한 관계를 유지했다. 그래서 문인, 학자 출신들이 안평대군과 가까웠고, 반대로 무인들과 지략가들은 수양대군을 가까이했다. 수양대군이 김종서와 함께 쳐내야 할 대상은 형제이자 강력한 경쟁자인 안평대군이었다.

안평대군은 좌의정 김종서, 영의정 황보인 등과 함께 반역을 도모했다는 죄목으로 강화에 귀양 보내졌다가, 교동도로 유배되어 36세로 사사되었다.

함길도 절도사였던 이징옥은 김종서와 한패라 하여 파직당했는데, 그 후임이 박호문이었다. 분개한 이징옥이 박호문을 죽이고 반란을 일으켰으나 실패했다. 대신 민심이 크게 동요했다.

정난공신

수양대군은 걸림돌을 모두 제거한 후 영의정 등 여러 중직을 직접 맡았으며 정권과 병권을 독차지했다. 그리고 거사에 직접, 간접적으로 공을 세운 사람들을 정난공신으로 책봉했다. 단종은 수양대군의 요청을 받아들여 칭호를 내릴 수밖에 없었다.

공신은 모두 43명이다. 1등은 수양대군과 정인지, 한확, 박종우, 김효성, 이사철, 이계전, 박중손, 최항, 홍달손, 권람, 한명회까지 12명이다. 2등은 권준, 신숙주, 윤사균, 양정, 유수, 유하, 봉석주, 홍윤성, 곽연성, 엄자치, 전윤까지 11명이다. 3등은 이흥상, 이예장, 성삼문, 김처의, 권언, 설계조, 유사, 강곤, 임자번, 유자황, 권경, 송익손, 홍순손, 최윤, 유서, 안경손, 한명진, 한서구, 이몽가, 홍순로까지 20명이다.

수양대군은 2년 뒤인 1455년 단종에게 양위를 받아 세조로 즉위했다. 단종은 상왕으로 물러났다.

함께 읽으면 좋은 페이지 · 단종(36쪽), 세조(40쪽), 김종서(159쪽), 한명회(169쪽), 성삼문(164쪽), 단종 복위 운동(288쪽)

옛 왕을 지키려는 자들

김질의 배신

세조 2년(1456) 6월 2일, 성균사예(成均司藝) 김질이 장인인 의정부우찬성(議政府右贊成) 정창손과 더불어 세조에게 비밀리에 아뢸 것이 있다고 청했다. 세조가 사정전에 나가니 김질이 아래와 같이 아뢰었다.

"좌부승지 성삼문이 사람을 시켜 신을 보자고 하여 그 집에 갔더니, 좌의정은 지금 북경에 가 있고, 우의정은 본래부터 결단성이 없으니 윤사로, 신숙주, 권남, 한명회 같은 자를 먼저 제거해야 하니 장인을 타일러보라 했습니다. 또한 상왕(단종)을 다시 세운다면 그 누가 따르지 않겠는가, 했습니다. 놀랍고도 의심스러워서 다시 다그쳐 묻기를, 누구와 뜻을 함께했는가 물으니, 성삼문이 이개, 하위지, 유응부도 알고 있다 했습니다."

거사를 이루지 못하다

세조가 즉위하고 왕권 강화를 꾀하자 그에 반발한 신하들과 세종, 문종을 모셨던 문신들이 단종을 복위시키고 신권을 중심으로 유교적 정치를 다시금 실현하려 했다. 단종 복위 운동에 가담한 이들은 대부분 집현전 학자 출신으로 성삼문, 유성원, 이개, 하위지, 박중림, 김문기, 유응부, 박쟁, 송석동, 권자신, 윤영손 등이다. 관료 지배 체제를 만들기 위한 것이기도 했지만 세종과 문종을 모셨던 이들은 두 왕에 대한 충심도 컸다.

이들은 1456년 6월 초에 세조가 창덕궁에서 상왕인 단종과 함께 명나라 사신을 맞이하는 자리를 기회로 삼고자 했다. 이때 성삼문의 아버지 성승과 유응부가 별운검(別雲劍, 임금이 거둥할 때 운검雲劍을 차고 임금의 좌우에 서서 호위하던 임시 벼슬)으로 참석하게 되었다. 그 자리에서 세조와 측근들을 제거하고 단종을 복위시키기로 계획했다.

그러나 한명회가 장소가 좁으니 별운검을 폐지하자고 하여 거사를 미뤘다. 이때 단종 복위에 동참하기로 했던 김질이 장인인 정창손과 함께 이 사실을 밀고함으로써 모든 것이 물거품이 되었다. 이날 김질과 정창손의 배신을 궐 밖에서 전해 들은 유성원은 스스로 목을 찔러 죽었다.

사육신

1456년(세조 2) 6월 8일에 갖은 고문에 시달리던 성삼문, 이개, 하위지, 김문기, 유응부 등의 친자식들은 모조리 교형(絞刑, 목을 매어 죽임)에 처해졌다. 어미와 딸, 처첩, 조손, 형제, 자매와 아들의 처첩은 변방 고을의 노비로 영속시켰고, 나이

16세 미만인 자는 외방에 두었다가 나이가 차기를 기다려 안치시켰다.

단종 복위 운동에 가담한 이들은 군기감 앞에 조정 신료들이 모두 참석한 가운데 환열(轘裂, 수레로 찢어 죽임)하여 3일 동안 저자에 효수했다.

이때 모반 혐의로 처형되거나 유배 간 이들의 수만 70여 명에 달했다. 이 일로 단종은 노산군으로 강등되었고, 영월로 유배 가 그해 10월 24일 17세의 나이로 죽었다.

성삼문과 박팽년, 하위지, 이개, 유성원, 유응부가 사육신이 된 것은 생육신 중 한 사람인 남효온의 《추강집》에서 비롯되었다. 《추강집》의 〈육신전〉에 이들 여섯 명의 행적을 소상히 기록해놓았는데, 그로 인해 충절의 상징으로 숭배되었다.

생육신

생육신은 사육신과 반대로 목숨은 잃지 않았으나 벼슬을 버리고 절개를 지킨 여섯 사람을 가리킨다. 이들은 초야에 묻혀 평생 벼슬길에 나서지 않음으로써 단종에 대한 충심을 지켰다. 김시습, 원호, 이맹전, 조려, 성담수, 남효온이다.

그 외

사대부들이 사육신의 신원을 요구하자 성종은 그들의 후손이 벼슬에 오를 수 있도록 했고, 숙종 때는 사육신의 관작을 회복시켰다. 또한 민절서원을 지어 위패를 안치했다. 영조 대에는 김문기, 박중림 등의 관직을 회복시켰다. 정조 대에 세종의 아들을 비롯하여 사육신 못지않은 충절을 보인 이들을 단종의 장릉 배식단(충절을 바친 신하들을 기리기 위해 설치한 제단)에 배향하기로 했다.

그 대상은 아래와 같다. 육종영(六宗英)에 안평대군과 금성대군, 화의군, 한남군, 영풍군, 이양까지 왕실의 종친 여섯이다. 사의척(四懿戚)에 송현수, 권자신, 정종, 권완까지 왕실의 인척 네 명이다. 삼상신(三相臣)에 김종서, 황보인, 정분이다. 삼중신(三重臣)에 민신, 김문기, 조극관이다. 양운검(兩雲劍)에 성승, 박쟁이다.

개인의 감정이
나랏일도 망친다

사초가 시작이었다

무오사화(戊午士禍, 戊午史禍)는 훈구파 유자광을 중심으로 김종직의 제자 김일손 등 신진 사류, 즉 사림에게 화를 입힌 사건이다. 무오사화는 사초(史草)가 시작이었다. 사초는 실록 등 역사를 편찬할 때 첫 번째 자료가 되는 것으로 사관이 매일 기록한 조정의 일이다. 사초는 대부분 비밀로 기재되었다.

성종이 승하하고 연산군이 왕위에 오르자 《성종실록》을 편찬하기 위해 실록청이 개설되었다. 그 책임자로 이극돈이 임명되었고, 사초를 기록한 사람은 김일손이었다. 그런데 이극돈이 사초를 정리하다가 자신이 저지른 비행이 매우 자세히 기록된 것을 발견했다. 김일손은 헌납으로 있을 당시 이극돈을 비판하는 상소를 올려 그를 노하게 만든 인물이기도 했다. 이극돈은 유자광 등과 더불어 사초를 문제 삼아 복수를 시작했다.

무오사화는 조선 시대에 일어난 첫 번째 사화(士禍, 조정 신료 및 선비들이 정치적 반대파에게 몰려 참혹한 화를 입던 일)이기도 하지만, 사초로 인해 벌어진 사건이라 무오사화(史禍, 역사를 쓴 관계로 말미암아 입는 화 또는 사필에 관련된 옥사)라고도 한다.

쌓였던 감정이 불씨를 만나다

유자광과 김종직, 이극돈과 김일손의 악연은 성종 대부터 시작되었다. 세종과 문종 대에 번창한 유학은 세조가 반정으로 즉위함과 동시에 저조했다가 성종이 즉위하며 다시 부활했다. 성종은 자신을 왕위에 올린 훈구파를 견제할 필요성을 느끼고 김종직을 비롯하여 그의 제자 김굉필, 김일손 등 사림을 대거 등용했다. 이로써 삼사의 기능도 재가동되었다. 삼사는 임금의 잘못을 간하고 백관의 비행을 규탄하는 일을 맡았다. 성종의 지지가 있었으므로 훈구파와 사림은 서로 적대적인 관계가 될 수밖에 없었다. 사림은 단종을 폐위하고 왕이 된 세조를 탐탁지 않게 여겼는데, 성종 대에 들어서면서 세조의 공신들을 제거하고자 계속해서 상소를 올리기도 했다.

유자광이 특히 김종직을 싫어한 이유는 자신을 멸시한다 여겼기 때문이다. 유자광은 본디 서출 출신으로 성종의 총애를 받은 김종직에게 자격지심과 질투가 있었다. 유자광은 남이의 옥사를 일으킨 장본인이기도 한데, 김종직은 남이의 죽음이 억울하다 하여 유자광을 기피했다. 한번은 유자광이 함양군수로 있을 당시 시를 지어 현판을 만들어 걸었다. 그런데 김종직이 현판을 보고는 유자광의 사람 됨됨이를 알고 철거해서 불살랐다. 실록은 이 일로 유자광이 김종직에게 이를 갈고 미워했다고 기록했다.

이러한 와중에 이극돈이 김일손이 작성한 사초를 문제 삼았고, 유자광은 김종직이 생전에 지은 〈조의제문(弔義帝文, 김종직이 세조의 왕위 찬탈을 빗대어 지은 글)〉을 트집 잡았다. 김종직이 세조의 왕위 찬탈을 중국 항우가 초나라의 이제를 죽인 것에 빗대어 세조를 비방했다는 것이다.

사실 나도 그들이 싫었느니라

유자광은 노사신, 윤필상 등과 모의하여 연산군에게 아뢰었다. 이때 신수근도 함께 일을 도모했는데, 신수근이 승지가 될 적에 대간이 외척이 권세를 얻을 조짐이라 하면서 불가하다고 상소했기에 사림과 이미 척을 두고 있었다.

연산군은 김일손을 즉각 잡아들여 국문하라고 명했다. 실은 연산군도 이들이 마음에 들지 않았다. 사사건건 옳은 소리로 시비를 걸어대니 좋을 리 없었다.

국문 결과 죽은 김종직이 이 모든 일을 교사한 것으로 결론 내렸다. 김종직은 대역죄로 부관참시되었다. 김일손, 권오복, 권경유, 이목 등도 능지처참당했으며 김종직의 제자들도 〈조의제문〉을 방조한 죄로 곤장을 맞고 귀양 갔다. 표연말, 홍한, 정여창, 강경서, 정희량, 정승조 등은 김종직의 일을 알고도 알리지 않았다는 불고지죄(不告知罪)로 곤장 100대를 맞고 3천 리 밖으로 귀양 갔다.

어세겸, 이극돈, 유순, 윤효손, 김전 등은 문제의 사초를 보고하지 않았다고 하여 파면되었고, 홍귀달, 조익정, 허침 등은 같은 죄로 좌천되었다. 이 옥사로 많은 신진 사류가 희생되었다.

복수의 끝, 김종직의 문집을 없애버리다

유자광은 김종직의 문집까지 걸고넘어졌다. 연산군은 도성 내에서 간행한 김종직의 문집 판본을 모아 즉시 불태우라 명했다. 또한 중외(中外, 조정과 민간을 아울러 이름)의 사람 중 혹 김종직의 문집을 소장한 일이 있으면 즉시 수납하고, 수납하지 않는 자는 중히 논죄하도록 했다. 그리고 김종직의 문집을 중국에 가지고 간 성절사 조위 등을 국문하는 일까지 의논되었다. 민간에 소장된 문집도 모아서 불태우게 했다. 김종직의 시문을 간직한 자는 2일 이내에 자수하게 하여 빈청 앞뜰에서 불태우고 여러 관사에 걸린 현판 또한 철거하게 했다.

성종이 일찍이 김종직이 지은 〈환취정기(環翠亭記)〉를 무척 마음에 들어 하여 문지방 위에 걸어두도록 했는데, 유자광이 이 또한 청하여 철거했다. 이를 두고 실록은 과거 함양에서 있었던 원한(현판 사건)을 보복한 것이라고 전했다.

유자광은 경주부윤을 역임한 유규의 서자로 1439년에 태어났다. 서얼 출신으로 갖은 고난을 겪었고, 이시애의 난을 평정한 공으로 적개공신, 남이의 옥사로 익대공신 1등에 책봉되어 무령군에 봉해졌다.

그러나 관직에 임명되거나 승진할 기회가 생길 때마다 서출이란 이유로 삼사의 반대에 부딪혔다. 그래서 실제 관직에 임명되지 못한 불운한 인물이기도 했다. 그러니 유자광이 이를 갈고 복수의 날만을 기다렸다고 해도 과언은 아닐 것이다.

함께 읽으면 좋은 페이지 • 연산군(52쪽)

당장 나의 어머니를
복위시켜라!

임사홍, 기회를 보다

무오사화 이후 삼사와 훈구대신들은 연산군의 눈치를 살피기에 급급했다. 조정에서는 더 이상 연산군에게 진언하는 이가 없었고, 대신들도 비위를 맞추는 상황이었다.

연산군은 무오사화로 왕권을 강화했지만 그 같은 기회를 정사를 돌보는 데 쓰지 않았다. 연산군의 향락은 극으로 치닫고 있었다. 이러한 와중에 국가의 재정이 바닥을 드러냈다. 연산 10년(1504) 5월 8일 연산군은 다음과 같은 전교를 내렸다.

> "국조의 공신 가운데 자신이 직접 공을 이룬 자도 있고, 다른 사람으로 인하여 공을 얻은 자도 있다. 개국 이후 여러 공신의 훈공(勳功, 나라나 군주를 위하여 드러나게 세운 공로)이 경하고 중함을 상고해서 아뢰라."
>
> _《연산군일기》 10년(1504) 5월 8일_

말인즉, 향락에 쓰일 비용을 충당하기 위해 공이 크고 작음을 나누어 공신들이 하사받은 노비와 전답 등 그들의 재산을 도로 거두겠다는 소리였다. 이와 같은 일이 추진되자 훈구파는 긴장할 수밖에 없었다. 그제야 연산군에게 간언하기 시작했다. 서로 물어뜯던 사림과 훈구파가 하나로 뭉치기까지 했으니, 폭정이 그만큼 심각했음을 알 수 있다. 당연히 연산군은 이들의 간언을 좋아할 리 없었다.

이 같은 기회를 노린 자가 있었다. 바로 궁중 세력, 즉 척신세력인 임사홍이다. 임사홍의 두 아들은 예종과 성종의 사위였다. 임사홍은 중전의 오라비인 신수근을 끌어들여 훈구 세력과 남은 사림 세력을 완전히 몰아내고 조정을 장악하기 위해 폐비 윤씨 사건을 수면 위로 끌어냈다.

내 어미의 폐위를 실로 모를 것이라 여겼는가?

갑자사화에 대한 기록을 보면 대부분 임사홍이 정권을 장악하기 위해 폐비 윤씨의 일을 밀고하여 복수가 시작된 것이라 정의하고 있다. 생모 윤씨를 폐위한 이들에 대한 보복이 맞긴 하나, 한편으로는 연산군이 어머니의 일을 빌미로 자신의 뜻을 거스르는 이들에게 화를 입힌 사화다. 이른바 연산군이 규정한 능상(凌上)에 해당했는데, 능상이란 윗사람을 능멸한다는 뜻이다.

연산군 대에 언급했듯, 그는 성종의 셋째 계비인 정현왕후 윤씨를 생모로 알고 자랐다. 정현왕후 윤씨는 후궁으로 있다가 폐비 윤씨가 쫓겨나자 왕비로 책봉되었다. 폐비 윤씨의 일에 정현왕후 윤씨 또한 깊이 관여했으나 연산군을 친자식처럼 거두고 키웠다.

그런데 연산군이 즉위하고 성종의 묘지문 관계로 자신의 생모가 폐비 윤씨임을 처음 알게 되었다. 연산 1년 3월 16일의 일로, 연산군은 성종의 묘지문을 보고 "판봉상시사 윤기견이란 어떤 사람인가? 혹시 영돈녕 윤호의 이름을 잘못 쓴 것이 아닌가?"하고 물었다. 윤기견은 폐비 윤씨의 아버지고, 윤호는 정현왕후 윤씨의 생부로 연산군에게는 외할아버지다. 이때 승지들이 윤기견이 폐비 윤씨의 아버지임을 알려줘 연산군은 비로소 생모 윤씨에 관해 알게 되었다. 자신의 생모가 죄로 인해 폐위되어 죽은 사실을 알고는 수라를 들지 않았다.

진정한 폭군이 되다

묻어두었던 폐비 윤씨의 일이 터졌다. 삼사와 대신은 뜻을 모아 연산군의 폭정을 자제시키려 들었다. 그러던 와중에 이세좌는 연산군이 내린 하사주를 엎질렀고, 홍귀달은 손녀를 입궁시키라는 명을 거역했다. 이는 연산군이 보기에 분명 능상의 죄였다. 게다가 이세좌는 폐비 윤씨가 사사될 적에 승지였고, 홍귀달은 윤씨가 폐비될 때 승지였다.

연산군은 궁지에 몰린 살쾡이마냥 무차별적인 숙청에 들어갔다. 봇물 터지듯 터져버린 연산군의 광기는 대단했다. 그는 성종의 후궁이자 폐비 윤씨와 척을 두었던 귀인 엄씨, 정씨를 그의 아들들로 하여금 때려죽이게 했다. 그녀들의 시체는 젓을 담가 산에 버렸다. 엄씨와 정씨의 자녀는 서인으로 삼고 사사했으며, 난신의 예로 연좌시켰다. 재산은 모두 몰수하고 살아남은 자녀들은 유배했으며 종친으로 삼지 말라는 명까지 내렸다.

갑자사화는 매우 참혹했다. 그 형벌도 잔악무도했는데, 윤필상은 쇄골표풍(碎骨飄風) 되었다. 시체를 태워 뼈를 부수어서 바람에 날린 것이다. 집을 없애고 그 터에 물을 부어 연못으로 만드는 파가저택(破家瀦宅)의 형벌을 비롯하여 부관참시까지, 실록은 형벌의 처참함이 극도에 이르렀다고 기록했다.

삼사와 대신을 겨냥한 이 사화는 그들을 넘어 이미 사망한 사람까지 확대되었다. 연산군은 윤씨의 폐비에 찬성한 윤필상, 이극균, 성준, 이세좌, 권주, 김굉필 등을 사형에 처했다. 이미 죽은 한명회, 정창손, 어세겸, 심회, 이파, 남효온 등은 부관참시했으며, 이들의 가족과 제자들까지 처벌했다. 이 외에도 홍귀달 등 수십 명에 달하는 이들이 참형의 화를 입었다.

장장 7개월에 걸쳐 이어진 갑자사화로 화를 입은 240명에 달하는 사람 중 사형과 옥사, 부관참시 등의 극형을 받은 이가 절반이 넘었다. 이 사화로 명신과 학자, 충신들이 많은 화를 겪었고, 사림은 완전히 몰락한 것이나 매한가지였다.

내 어미를 당장 복위시켜라!

연산군은 폐비 윤씨를 왕비로 추숭하고 성종 묘에 배사(配祀, 제사를 지낸다는 의미)하려 했는데, 이에 반대한 권달수는 참형에 처하고, 이행 등은 귀양 보냈다. 대신이 필요 없는, 아부하는 자들만이 득실한 연산군의 세상이 되었다. 그러나 연산군의 세상은 오래가지 못했다. 2년 후인 1506년 중종반정으로 그의 세상은 끝이 났다.

성종은 폐비 윤씨의 묘에 '윤씨지묘'라는 묘비명을 내려 장단도호부사로 하여금 제사를 지내게 했는데, 연산군에 의해 윤씨는 제헌왕후에 추숭되고 묘도 회릉으로 개칭되었다. 그러나 중종반정 이후 폐비 윤씨의 관작은 추탈되고 다시 신원되지 못했다.

연산군은 이때 덕종의 후궁인 귀인 권씨의 묘도 파헤쳤다. 권씨는 일찍이 귀인 엄씨와 정씨의 일에 관계되었다 하여 화를 당한 것이었다. 연산군은 권씨의 봉작을 빼앗고 서인으로 삼았다. 그런데 관을 쪼개보니 시체가 없었다. 권씨는 평소 불도를 좋아해 혜명이란 자가 불가의 법에 따라 그 시체를 몰래 태웠다. 연산군은 시체를 찾지 못하자 권씨의 시체를 불태운 비구니 혜명을 의금부에 가두고 국문하게 했다.

함께 읽으면 좋은 페이지 · 연산군(52쪽)

6. 기묘사화
1 5 1 9

간섭이 과하면
왕도 돌아선다

조광조를 비롯해 삼사의 간관들을 잡아들여라

중종 14년(1519) 11월 15일 늦은 밤이었다. 대궐 안이 소란하여 승정원에서 숙직하던 승지 윤자임과 공서린 등이 허둥지둥 나가보았다. 경복궁의 서문이 활짝 열려 있고 관군들이 정돈해 있었다. 근정전을 바라보니 군졸들도 좌우로 옹립해 있었다.

병조참지 성운(成雲)이 종이쪽지를 내보이며 크게 소리쳤다.

"이 사람들을 다 의금부에 가둬라. 승정원에 숙직하던 이들은 물론이요, 대사헌 조광조, 부제학 김구, 우참찬 이자, 형조판서 김정, 대사성 김식, 도승지 유인숙, 좌부승지 박세희, 우부승지 홍언필, 동부승지 박훈을 당장 의금부에 가둘 것을 명한다!"

이날 옥에 갇힌 이들은 모두 조광조의 사람들이었다. 《정원일기》에 따르면, 이날 중종이 홍경주, 남곤, 김전, 정광필 등을 비밀리에 불러, 조광조와 그의 세력을 의금부의 옥에 가둘 것을 의논하고 명했다.

중종, 신진 사류를 등용하다

훈구 세력의 반정으로 왕위에 오른 중종은 정치 개혁에 착수했다. 훈구 세력을 견제하기 위한 목적도 있었는데, 그 일환으로 신진 사류, 즉 사림을 등용했다. 사림의 영수인 조광조는 어릴 적 김굉필에게 학문을 배웠고, 김굉필은 김종직의 문인이었다. 조광조는 과거에 급제했을 뿐만 아니라 성균관 유생 200명의 추천으로 관직에 오른 만큼 중종의 기대는 매우 컸다.

조광조는 기존 과거제도의 폐단을 막고자 현량과(賢良科)를 실시, 이로써 많은 신진 사류의 등용 길을 마련했다. 현량과는 경학에 밝고 덕행이 높은 사람을 천거하여 대책(對策, 조선 시대에 시정時政의 문제를 제시하고 그 대책을 논의하게 한 과거 시험 과목)으로 시험을 보아 뽑던 과거인데, 기묘사화 후 폐지되었다. 과거의 폐단을 없애고자 시행한 현량과였으나 거의가 사림 출신이었고, 또 관직 경험이 없는 젊은 사람들이 뽑혀 유연하지 못했고 의욕만 앞서 기묘사화의 빌미를 제공하기도 했다.

중종이 조광조를 얼마나 신뢰하고 믿었는지는 실록에도 전한다. 조광조와 더불어 논설하기를 성의가 간절하여 날이 저무는 줄도 모르다가 환관이 촛불을 들고 들어가서야 드디어 물러갔다 한다. 또 조광조는 역사상 유례없이 초고속 승진을 했는데, 등용된 지 2년 만에 당상관 품계에 올랐고 몇 달 간격으로 요직에서 요직을 두루 거쳤다. 그만큼 중종의 총애를 받았다. 하지만 승승장구하던 조광조는 4년 만에 기묘사화로 몰락하게 된다.

삼사의 지나친 의욕 또는 광기

기묘사화는 삼사의 영향력이 최고조에 이르렀을 때, 왕과 훈구파 대신들이 삼사의 주요 인물들을 숙청한 사건이다. 삼사는 조선 시대에 언론을 담당한 부서로 사헌부와 사간원, 홍문관을 일컫는다. 이들은 국왕의 잘못이나 조정 대신들의 그릇된 일들을 탄핵했다. 대신들을 제어하기 위해 조광조와 사림을 등용했으나 시간이 지나자 그 본질이 왜곡되기 시작했다. 적당한 융통성이 있어야 했지만 젊은 사림은 그것을 용납하지 않은 채 지나치게 원칙을 따진 나머지 도를 넘었다. 현실을 무시하고 이상만을 실현하려 든 탓이 컸다. 또한 개혁을 급하게 밀어붙였고 그 수단이 과격했다.

이들은 인사 청탁과 능력 부족, 탐욕을 부린다는 혐의로 대신들을 탄핵했다. 이런 탄핵들이 하루에 일고여덟 차례나 계속되었고 몇 달 동안 이어지기도 했는데, 삼사는 중종이 탄핵을 받아들일 때까지 집요하게 매달렸다. 나중에는 천재지변까지 삼정승의 탓으로 돌렸으며, 임금의 친척인 남곤과 심정 등을 소인이라 지목하기도 했다. 삼사의 끈질긴 탄핵으로 영의정 등 주요 대신이 교체되기까지 했다. 중종은 이미 삼사의 지나친 간섭으로 지쳐가고 있었다.

삼사의 간섭이 얼마나 심했는지는 다음 기록을 보면 충분히 알 수 있다.

"이때 대간은 조정의 큰 강령(綱領)은 거론하지 않고서 인물을 논박하는 것만 일삼아, 작은 과실도 용서하지 않았으므로 조정에 온전한 사람이 없었다. 또 대간이 인물을 논박할 적에는 악을 드러내어서 못에 던져버리듯 했으며, 임금이 만약 굳게 거절하면 혹 갑자기 그쳤다가 다시 다른 사람을 논박하여, 서로 잇달아 끊이지 않기를 일과처럼 했다. 그 당시 사람들이 문득 조롱하기를 '모인(某人)이 교대되었는데 또 논박을 당한다.'고 하니, 대간의 말이 사람들에게 신용을 얻지 못한 것이 이와 같았다. 그러므로 임금도 또한 보통으로 여기고 일찍이 생각을 해보지 않았으며, 비록 혹 시비가 분명한 일일지라도 으레 유난했다."

_《중종실록》 9년(1514) 11월 7일

신진 사류가 훈구 세력에게 전쟁을 선포하다

중종 또한 사림에게 염증을 느낄 무렵 조광조를 비롯한 삼사에서 아주 큰 일을 밀어붙이려고 나섰다. 바로 중종을 왕위에 올린 훈구파 세력의 공훈을 삭제하려는 것이었다.

중종반정으로 공신에 오른 이는 무려 117명에 달했다. 이들 가운데 76명은 뚜렷한 공이 없으므로 그 공훈을 삭제하고 그들의 전답과 노비 등을 모두 국가에 귀속해야 한다고 주장했다. 이는 엄연히 훈구 세력에 대한 선전포고나 마찬가지였다. 중종 또한 달리 해석한다면 자신을 왕위에 옹립한 이들에게 등을 지란 소리나 같았다.

때마침 홍경주의 딸이 중종의 후궁으로 있었는데, 조광조를 몰아내기 위해 궁중 동산 나뭇잎에 꿀을 발라 '주초위왕(走肖爲王)', 즉 '조씨가 왕이 된다'는 글을 써놓고 벌레가 갉아 먹게 했다. 여기서 조씨는 조광조를 가리킨다는 소문이 퍼졌고,

이로 인해 조광조는 반역을 꾀한다는 모함을 받게 되었다.

　이와 같은 훈구파의 계책이 있었고, 삼사는 대사헌 조광조, 대사간 이성동을 중심으로 10월 25일 공훈 삭제 문제를 터트렸다. 중종과 대신들은 강력히 반대하며 나섰다. 삼사는 물러서지 않았고 11월 11일 기어이 중종의 윤허를 얻어냈다.

　그러나 나흘 뒤인 15일 중종은 조광조를 비롯해 공훈 삭제를 주장한 이들을 모두 잡아들였다. 조광조는 유배되어 한 달 만에 사사되었다. 김정, 기준, 한충, 김식 등도 유배되었다가 사형되었다. 김구 등 많은 이들이 유배되었고, 김안국, 김정국 등은 파직되었다. 사림파를 몰락시킨 기묘사화가 일어난 것이다. 공신에서 삭탈된 훈구파는 모두 복훈되었고, 빼앗겼던 재산과 노비도 되찾았다.

조광조

　성리학자이자 유능한 인재로 평가받던 조광조는 너무나 성급한 개혁을 추진했다. 끝내는 뜻을 펼치지 못한 채 기묘사화의 빌미를 제공했고, 화를 입었다. 훗날 이이 또한 조광조가 너무 성급했음을 비판했다. 그러나 조광도 사람이었으므로 인재를 등용함에 편파적이었고 일을 진행하는 데 의욕이 너무 앞선 점을 경계하지는 못했다. 효종이 심곡서원을 세워 조광조의 학문과 덕행을 추모했다.

함께 읽으면 좋은 페이지 · 중종(56쪽)

7. 을사사화
1545

왕보다 더 위세가
등등했던 외척 세력

대윤과 소윤

중종에게는 세 명의 왕비가 있었다. 첫째 왕비인 단경왕후 신씨는 신수근의 딸로, 중종이 대군 시절 맞아들였다. 신수근과 연산군은 처남과 매제 사이였다. 신수근의 여동생이었기에 중종반정 이후 신씨는 왕비가 되지 못한 채 쫓겨났다.

둘째 왕비는 장경왕후 윤씨로 후궁에서 중전이 되었다. 인종의 생모이기도 한 장경황후 윤씨는 인종을 낳고 산후병으로 엿새 만에 죽었다.

중종의 셋째 부인은 문정왕후 윤씨로 명종의 생모다. 장경왕후가 죽자 궐에 들어온 문정왕후는 인종을 돌보며 중전의 자리를 지켰다. 이때 김안로가 정권을 잡고 있었는데 윤임과 함께 인종을 보호한다는 명분으로 문정왕후를 폐출시키려고도 했다. 문정왕후가 명종을 낳음으로써 외척 세력이 득세하려 들자 그와 같은 음모를 꾸민 것이었다.

그러나 김안로가 사사됨으로써 정권은 권신에서 외척 세

력으로 넘어가게 되었다. 인종의 외숙인 윤임을 중심으로 한 세력을 대윤이라 칭했고, 문정왕후의 동생과 오라비인 윤원형과 윤원로의 세력을 소윤이라 했다. 이들은 파평 윤씨로 각기 자신들이 지지하는 왕을 지킬 의무가 있었고, 그럼으로써 권력을 잡으려 했다.

중종이 승하하고 인종이 왕위에 오르면서 대윤이 잠시 득세했다. 기묘사화로 타격을 입은 사림이 인종 즉위 후 다시 정계에 진출하게 되었는데, 사림 또한 대윤과 소윤으로 나뉘게 되었다. 인종 대에 벼슬을 한 이들이 대윤 쪽으로, 벼슬을 하지 못한 사림이 소윤으로 파가 나뉘었다.

무고와 소문들로 대윤이 희생되었다?

인종은 즉위 8개월 만에 유명을 달리했다. 이로써 문정왕후의 소생인 명종이 12세의 어린 나이로 왕에 등극했다. 명종이 너무 어렸으므로 문정왕후의 수렴청정이 시작되었다. 정권은 대윤에서 소윤으로 넘어갔다. 소윤은 대윤을 공격하기 시작했다.

명종 즉위 후 재등용된 윤원로는 대윤 일파를 소탕하기 위해 명종이 대군으로 있을 당시 해하려 했다고 무고했다. 그러나 영의정 윤인경과 좌의정 유관 등이 외려 탄핵함으로써 파직되었다.

한 발짝 뒤로 물러섰던 소윤은 다시금 공격을 가했다. 윤임이 인종이 위급하자 성종의 셋째 아들 계성군(桂城君)에게 양자로 입적한 계림군을 왕으로 옹립하려 했다고 고변한 것이었다. 계림군은 장경왕후의 아버지인 윤여필의 외손이자, 윤임에게는 조카였다. 계림군뿐만 아니라 중종의 후궁, 희빈 홍씨의 소생인 봉성군(鳳城君) 이완까지 왕위에 올릴 인물로 언급되었다는 소문까지 나돌았다. 이 일에는 당시 좌의정 유관과 이조판서 유인숙도 뜻을 함께했다는 밀고가 있었다.

평소 윤임에게 등을 지고 있었던 이기와 정순붕, 임백령 등이 대윤을 탄핵했고 일은 빠르게 진행되었다. 실록은 이와 같은 사건이 소윤의 모함, 즉 윤원로와 윤원형의 계략에서 비롯되었다고 기록하고 있는데, 세력이 바뀌면 표면상 드러난 일이 사실이든 그렇지 않든 희생이 뒤따를 수밖에 없었다.

조선의 마지막 사화, 을사사화

윤임과 유관, 유인숙 등은 8월 22일 반역죄로 유배되어 가던 도중 26일 모두 사사되었다. 인종이 승하한 지 두 달 만에 일어난 일이었다.

계림군과 봉성군 또한 무사하지 못했다. 이때 윤임의 사위인 이덕응이 살고자 계림군과 봉성군이 반역에 가담했다고 무고함으로써 사건은 확산되었다. 이휘, 나숙, 나식, 정희등, 곽순, 박광우, 이중열 등이 사형 또는 유배되었다. 목숨만은 부지하고자 무고했던 이덕응도 사형되었다. 윤임 및 계림군을 비롯해 그들의 친인척과 지인, 노비까지 국문을 받았다. 아내와 딸들은 노비로 전락했고, 부모, 형제, 조카들까지 유배되었다. 이때 28명의 위사공신을 책봉함으로써 사건이 끝난 줄 알았으나 그렇지 않았다.

명종 2년(1547)에 문정왕후와 그의 외척 세력, 이기 등을 비난하는 벽서가 양재역에 걸렸다. 이른바 양재역벽서사건이다.

여주(女主), 즉 문정왕후가 정권을 잡고 간신 이기 등이 아래에서 권세를 농간하고 있으니 나라가 장차 망할 것을 서서 기다릴 수 있게 되었다는 내용이었다. 을사사화 때의 역적이 아직도 남아 있기 때문에 벽서사건이 발생한 것으로 결론지어졌고, 또다시 옥사가 일어났다. 윤원형, 이기의 주도로 송인수, 이약빙이 사사되고, 권벌, 이언적, 노수신, 유희춘, 백인걸 등이 을사사화와 연루되어 유배되었다. 이를 정미사화라고도 한다.

소윤은 을사사화와 정미사화로 사림과 그 반대파를 제거했는데, 화를 당한 명사가 100여 명에 달했다. 을사사화는 조선의 4대 사화로, 사림이 화를 입은 마지막 사화다.

대단했던 명종의 외척 세력

문정왕후와 그의 오빠인 윤원로, 남동생 윤원형은 명종 즉위 후 정권을 장악하고 권세를 누렸다. 이들은 후일 형제지간에도 피를 불렀는데, 윤원형이 형인 윤원로를 탄핵해 유배, 사사하게 만들었다.

윤원형은 소윤의 핵심 세력으로 명종 시대에 정치를 손바닥에 올려놓고 농락했다. 이조판서, 우의정을 거쳐 영의정까지 올랐고, 권세가 대단하여 뇌물을 들고 대문 앞에 줄을 선 자들이 어마어마했다. 도성 안에 윤원형이 가진 집만도 16채나 되었고, 그의 첩 정난정과 함께 남의 재산을 빼앗은 것은 이루 헤아릴 수가 없다고 실록은 기록했다.

정난정은 윤원형의 정실부인을 살해하고 정경부인의 자리까지 올랐다. 그러나 문정왕후가 죽은 후 윤원형과 함께 지방으로 쫓겨나 스스로 목숨을 끊었다. 자신의 죄를 알아 늘 불안한 마음이 있었는데, 어느 날 종이 "도사가 오고 있다!"라고 소리치니 스스로 독약을 마시고 죽었다. 윤원형도 얼마 뒤 정난정을 따라 죽었다.

사신이 평하기를 그의 죄악이 하늘까지 닿기로는 윤원형 같은 자가 드물 것이라고 했다. 또한 기타 흉악한 죄들은 머리털을 뽑아 헤아린다 해도 다 셀 수가 없다 했다.

함께 읽으면 좋은 페이지 · 명종(63쪽)

내가 반란을 꾀했다고
확신하는가

정여립, 서인에서 동인으로

정여립의 본관은 동래(東萊)이고, 자는 인백(仁伯)이다. 전주(全州) 출신으로, 아버지는 첨정 정희증이다. 정여립은 어릴 적부터 상당히 총명했다고 전해진다. 1567년(명종 22) 진사가 되었고, 1570년(선조 2) 을과에 급제했다. 이이와 성혼의 각별한 기대를 받으며 이목을 끌기도 했다. 1583년에 예조좌랑이 되었고, 이듬해 수찬이 되었다.

선조는 즉위 후 사림을 대거 등용했는데, 이때 사림이 동인과 서인으로 갈라졌다. 이익은 《붕당론》에서 이르기를 "이(利)가 하나이고 사람이 둘이면 곧 두 개의 당(黨)을 이루고, 이가 하나이고 사람이 넷이면 네 개의 당을 이룬다."고 했다.

이 시기 명종의 왕비인 인순왕후의 동생이자 외척인 심의경과 김효원의 갈등이 심화되어 동서로 분당되었다. 김효원이 서울의 동쪽에 살아서 그의 세력을 동인이라 했고, 심의경은 서쪽에 살았기에 그의 세력은 서인이 되었다. 동인에는 이황과 조식의 문인이 많았고, 서인에는 이이와 성혼의 제자들이 많았다.

정여립이 수찬이 되었을 당시 동인이 정권을 잡고 있었는데, 원래 서인이었던 정여립이 동인으로 전향한 것이 사건의 발단이 되었다. 동인으로 기울어진 정여립은 이이와 성혼을 비판하여 선조의 미움을 받았다. 정여립은 벼슬을 버리고 고향인 전주로 내려갔다. 그리고 진안 죽도에 서실을 열고 생활했다.

대동계는 비밀 조직이 아니다

전주로 내려간 정여립은 죽도에서 유생들과 교류했다. 그를 찾아오는 사람도 많았다. 정여립은 그들을 모아 대동계(大同契)라는 조직을 만들고 한 달에 한 번 모여 활쏘기를 하며 술과 음식을 즐겼다. 이들 중에는 황해도 안악의 변숭복, 박연령, 해주의 지함두를 비롯하여 승려도 있고, 노비와 모사꾼도 있었다.

그 세력이 점차 커져 정여립은 자신이 만든 대동계로 인해 목숨을 잃었다. 선조 22년(1589)에 재령군수 박충간, 신천군수 한응인, 안악군수 이축 등이 정여립이 대동계를 이끌고 한강이 얼어붙은 시기를 이용해 모반을 꾀하려 한다고 고변했다.

그러나 사실 대동계는 1587년 왜선들이 전라도 손죽도를 침범했을 당시 전주부윤 남언경의 요청으로 왜구를 물리치는 데 큰 공을 세웠고, 이를 계기로 대동계 조직이 전국적으로 확산된 것이었다.

정여립은 정말 반란을 꾀했는가?

정여립의 모반 사건을 두고 견해가 두 가지로 나뉜다. 무옥(誣獄, 아무 죄도 없는 사람을 죄가 있는 듯이 꾸며내어 그 죄를 다스림 또는 그 옥사)이라는 견해와 모역(謀逆, 반역을 꾀함)이라는 주장이다. 정여립은 고변이 전해지자 곧바로 아들 남옥과 함께 죽도로 피신했다가 관군이 들이닥치자 자살했다. 그가 스스로 목숨을 끊음으로써 반란을 꾀했건 그렇지 않았건 기정사실이 되어버린 셈이다. 정여립의 모반 사건이 그와 관계된 인물들로 끝났다면 무옥이란 설은 나돌지 않았을 수도 있다. 그러나 이 사건은 무려 3년에 걸친 옥사로 이어지는데, 그 희생자들이 동인이었다. 앞서 언급했듯 정여립은 서인에서 동인으로 전향했다. 그리고 이 사건의 임시 재판장은 서인의 영수 정철이었다.

실록은 1589년 10월 17일 정여립이 아들과 함께 도망했다가 자결했다고 전한다. 그러나 여기에도 의문점이 있다. 만일 모반을 꾀하다 발각되었다면 정여립은 깊은 산속이나 아무도 알지 못하는 곳으로 피신했어야 마땅하다. 또한 당시에는 동인 세력이 정권을 잡고 있었기에 모반을 꾀할 이유가 없었다. 그리고 영조 대의 학자 남하정이 쓴 《동소만록》에서는 정여립이 죽도로 도망을 간 것이 아니라, 그의 아들과 대동계의 인사 몇이 죽도에 나들이를 갔는데 관군들이 포위했고, 자살이 아니라 관군들에 의해 죽임을 당했다고 전한다. 어찌 되었건 이 사건으로 호남 출신의 관직 등용이 제한되었다.

송익필이 기축옥사를 일으킨 장본인이다?

기축옥사, 즉 정여립의 모반 사건은 3년이란 긴 시간 동안 이어졌다. 그 기간에 동인의 세력이 대거 숙청되었다. 그래서 이 사건을 두고 누군가 배후에서 조종했으며, 그가 바로 송익필이라는 것이다.

송익필은 서출로 벼슬길에 나가지는 못했지만 서인 세력의 참모 격으로 그 힘이 상당했다. 문장에도 출중하여 당대 최고의 문장가들과 어울렸는데, 이산해, 최경창, 백광홍, 최립, 이순인, 윤탁연, 하응림과 함께 8문장가의 한 사람이었다. 심의겸, 이이, 정철들과 벗으로 지냈다.

송익필의 할머니는 감정(甘丁)으로, 그녀는 안돈후의 첩실에게서 태어났다. 그러나 후일 감정이 안돈후의 소생이 아니라 그 집 노비였다는 점이 밝혀지며 동인 세력이 송익필을 비롯해 그의 가족을 모두 안씨 집안의 노비로 환속시켰다. 그런데 정여립의 역모 사건이 일어나며 송익필의 친족 70여 명이 모두 양반 신분으로 회복되었다. 또 이 사건을 맡은 이가 송익필과 매우 가까운 벗인 정철이라는 점이 더 의문을 제기하게 되었다. 그래서 정여립의 모반 사건은 정여립이 실제로 모반을 꾀한 것이 아니라, 동인 세력에 이를 갈고 있던 송익필이 그들에게 복수하고 신분을 회복하기 위해 조작한 사건이라는 주장이 제기된 것이다.

많은 희생자를 낸 모반 사건

이발, 이길, 이급, 백유양, 백진민, 조대중, 유몽정, 최여경, 이황종, 윤기신, 이진길 등은 정여립과 가까이 지냈다는 이유로 죽었고, 영의정 노수신과 우의정 정언신, 홍종록 등 동인의 중심인물들이 파직되었다. 특히 조식의 제자인 최영경은 역모의 또 다른 주동자인 길삼봉(吉三峰)으로 몰려 옥사를 당했다. 길삼봉은 정여립의 아들 정옥남이 국문을 당할 때 역모의 주모자 중 하나라고 토설한 인물인데, 그 실상이 없어 가공인물이란 이야기가 있다. 이때 최영경은 진주에 있었고, 처벌받은 이유가 애매하여 말썽을 일으켰다.

이발은 정여립의 집에서 편지가 발견되어 고문을 받다 죽었다. 그의 가족들, 노모까지 죽임을 당했다. 12월에는 동인 고관과 호남 지방의 사류 30여 명이 처형되거나 유배되었다. 정여립과 친분이 있었거나 동인이라는 이유로 처형된 자가 무려 1,000여 명에 달했다.

그러나 정여립이 실제로 모반을 꾀했다는 설을 뒷받침하는 것도 있는데, 바로 정여립의 급진적인 사상이다. 정여립이 '천하는 공물로 일정한 주인이 있을 수 없다.'는 천하공물설과 '누구를 섬기든 임금이 아니겠는가.'라는 하사비군론을 주장한 점을 고려하면, 정여립이 실제로 모반을 꾀했다는 설에 무게가 실린다. 그러나 이 사건은 그 진실이 확실히 밝혀지지 않은 채로 지금까지 여러 가지 설이 함께 따라다니고 있다.

왜놈들이 일으킨 난리

도요토미 히데요시, 그는 누구인가

임진왜란이 발생하기 전 일본에서는 오다 노부나가가 세력을 확대하여 전국시대를 마감하고 일본을 하나로 통일하려 했다. 그러나 1582년 아케치 미츠히데의 반역으로 노부나가가 죽음으로써, 히데요시가 아케치를 토벌하고 새로운 실권자로 떠올랐다.

히데요시는 하급 무사 집안에서 태어났다.《선조실록》에서는 그가 조상의 유래를 모르는 사람이고 품팔이하며 살아가다 노부나가의 군사가 되었다고 언급했다. 히데요시는 차차 공을 세워 29세에는 성주의 지위에 올랐다.

아케치를 토벌한 후로 자신을 반대하는 세력을 대거 물리치고, 1586년에 태정대신에 올라 일본의 일인자 자리를 굳혔다. 1590년에는 간토의 호조 우지마사를 마지막으로 반대 세력을 모두 제거, 일본을 통일해 120년의 전국시대를 끝내고 모모야마시대(오다 노부나가와 도요토미 히데요시가 혼란한 사회를 통일한 시대)를 열었다.

조선과 중국을 정복한다는 이야기는 노부나가 시절부터 시작되었다. 히데요시가 일본의 정권을 장악하긴 했으나, 다이묘(일본 헤이안 시대 말기에서 중세에 걸쳐 많은 영지를 가졌던 봉건 영주. 무사 계급으로서 그 지방의 행정권, 사법권, 징세권을 가졌으며 군사 사무도 관할했다)들까지 모두 통제하진 못했다. 히데요시의 미천한 출신 성분 또한 한몫했다. 히데요시는 조선과 중국을 정복함으로써 확실한 권력 기반을 다지고자 했다.

일본의 경고 신호, 사신

일본에서는 조선의 동태를 살피기 위해 사신을 여러 번 보냈다. 그러나 선조와 대신들은 찬탈시역(簒奪弑逆)한 나라의 사신은 접대할 수 없으니 타일러 돌려보내라는 둥, 바닷길이 어두워서 일본에 통신사를 보낼 수 없다는 둥 일본을 기피하고 무시했다. 히데요시가 나라를 찬탈한 것과 명나라를 정복하겠다는 목적이 대의명분을 중시하는 조선의 반발을 산 것이었다. 그러나 일본이 재차 사신을 보내자 통신사를 파견하여 일본의 실정을 살피기로 합의했다. 그런데 정여립의 난이 발생하여 1590년 뒤늦게 조선의 통신사가 일본으로 향했다. 이미 히데요시는 조선이 자신을 얕잡아보고 있다고 결론을 내린 뒤였다.

이때 정사에 황윤길, 부사에 김성일, 서장관으로 허성이 결정되어 일본을 다녀왔다. 황윤길은 일본의 형상이 예사롭지 않아 곧 조선이 큰 화를 입을 것이라 보고했다. 그러나 김성일은 일본이 조선을 침략할 기미는 보이지 않았고, 히데요시의 눈은 쥐와 같으니 두려워할 위인이 못 된다고 보고했다.

_《선조실록》 24년(1591) 3월 1일

두 사람의 보고에 의견이 갈리기도 했으나 요행을 바라는 조정 대신들은 김성일의 의견에 손을 들어줬다. 그것이 화근이었다. 이때 조선은 연산군 이후 4대 사화를 거치며 당쟁으로 인해 조정과 나라가 혼란스러운 시기이기도 했다.

일본의 억지, "명나라로 가는 길을 내어달라"

임진왜란은 임진년에 일어났다고 하여 임진왜란이라 하며, 정유년에 일어난 왜란은 정유재란이라 한다. 이들 왜란은 일본에서 각각 '분로쿠(文祿)의 역(役)', '케이초(慶長)의 역'이라 하는데, 임진년과 정유년에 해당하는 일본의 연호를 써서 부르는 것이다. 중국에서도 만력제의 연호를 써 '만력(萬曆)의 역'이라 부른다.

히데요시는 조선과의 교섭이 원만하게 진행되지 않자 바로 군대를 편성했다. 대군을 아홉으로 나누어 침략을 계획했다. 제1번 대는 주장 고니시로 병력 1만 8,700명이다. 제2번 대는 주장 가토 기요마사로 병력 2만 2,800명이다. 제3번 대는 주장 구로다로 병력 1만 1,000명이다. 제4번 대는 주장 모리, 시마즈로 병력 1만 4,000명이다. 제5번 대는 주장 후쿠시마로 병력 2만 5,000명이다. 제6번 대는 주장 고바야가와로 병력 1만 5,000명이다. 제7번 대는 주장 모리로 병력 3만 명이다. 제8번 대는 주장 우키다로 병력 1만 명이다. 제9번 대는 주장 하시바로 병력 1만 1,500명이다.

총 병력 15만 8,700명은 육군만으로 수군을 뺀 병력이었다. 이 밖에 수군 9,000명이 승선하여 해전에 대비하고, 구니베 등이 이끄는 1만 2,000명이 후방 경비를 보았다. 이 외에도 많은 병력이 더 합세했는데, 도합 20여만 명이나 되었다.

고니시가 이끄는 1번 대는 1592년 4월 14일 병선 700여 척을 타고 그날 부산포에 도착했다. 급작스런 전쟁에 부산진의 첨사 정발은 적과 싸우다 전사했다. 이들은 동래부도 침공, 부사 송상현도 전사했다. 1번 대의 승전 소식을 전해 들은 왜군은 2번 대를 이어 모든 병력이 조선으로 들어와 서울을 향해 치달았다. 명분은 명나라를 쳐야겠으니 길을 열어달라는 것이었지만, 히데요시는 우선 조선을 정복할 계획이었다.

한순간 아수라장이 되다

조선 개국 이래 이렇다 할 큰 전쟁을 겪어보지 못한 조선은 그야말로 아수라장이 되었다. 전쟁을 처음 접한 백성들의 두려움과 공포는 이루 말할 수 없었다. 왜군의 무기인 조총 하나만으로 넋을 놓기에 충분했다. 오랫동안 전쟁 없이 지냈던 조선은 전장에 나설 군사조차도 우왕좌왕했다. 총성이 진동하니 자살하는 장수까지 있었다.

4월 29일에는 빠르게 북상하는 왜군을 피해 선조가 피란을 결정했다. 대신들과 서행(西行, 관서關西 지역으로 피란 감을 말함)에 대한 시비를 따질 겨를도 없이 왕이 죽으면 나라는 곧 무너지므로 어쩔 수 없는 선택이기도 했다. 맏아들 임해군은 함경도로, 셋째 아들 순화군은 강원도로 향하고, 급하게 세자가 된 광해군은 선조를 뒤따라 평양으로 향했다.

선조가 도성을 버리고 떠나자 분개한 백성들은 궐로 들어가 노비 문서를 불태웠다. 도성을 떠난 지 3일 만에 개성에 도착했으나, 왜군에게 함락되었다는 소식을 전해 듣고는 곧 평양으로 옮겼다. 이어 임진강 방어마저 실패하자 선조는 다시 의주로 옮겼다. 고니시의 군이 평양을 점령하고 본거로 삼았다. 100여 명이 선조를 따라나섰지만 의주에 도착했을 때는 문무관을 합해 겨우 17명뿐이었다.

끝없는 전쟁의 연속, 3대 대첩

임진왜란이 발발하고 7년 동안 약 100회의 전투가 있었다. 임진년부터 2년 동안에만 80회가 넘는 대소 전투가 벌어졌으나, 간략하게 임진왜란의 3대 대첩으로 요약한다.

한산도대첩

1592년 5월 말부터 이순신은 사천, 당포, 당황포, 율포 등의 해전에서 대승을 이끌었다. 그러자 일본은 해상에서의 패전을 만회하기 위해 유능한 장수를 내세우고 정예 병력을 늘렸다. 와키사카가 73척을 이끌고 거제도 부근으로 접근했다. 그 뒤를 구키가 42척을 거느리고 뒤따랐다. 이러한 동태를 미리 파악한 이순신은 이억기와 함께 노량에 이르러 경상우수사 원균의 함선 7척과 합세, 도합 56척으로 해전에 나섰다.

7일 저녁 일본이 견내량(거제시 사등)에 들어갔다는 정보를 입수하고, 이튿날 이순신은 견내량의 악조건을 이용해 작전을 세웠다.

이순신은 판옥선 대여섯 척을 보내 적의 선봉을 급습했다. 적선이 동시에 쫓아오자 후퇴하며 한산도 앞바다로 유인했다. 왜선이 보이자 곳곳에서 신호가 일어나고 일시에 호각을 불면서 학익진을 펼쳐 공격했다. 거북선의 모든 총통을 한꺼번에

쏘아 적선을 격파하고 불태웠는데, 그 수가 66척이나 되었다.

이때 수군장 와키사카는 전세가 불리해지자 도주했다. 물에 빠지거나 찔려 죽은 수가 수백에 이르렀고, 왜군 400여 명은 한산도로 도망했다. 일본 수군이 전멸한 대첩이었다.

1차 진주대첩

진주는 경상도에서 전라도로 가는 길목에 있었다. 일본은 임진왜란 초기에 빠르게 북진하여 평양성까지 점령했지만 해전에서 수군이 거의 전멸함으로써 병력과 물자 보급이 원활하지 못했다. 이에 곡창지대인 전라도를 장악해 군량을 확보하기 위해 진주성을 공격했다.

1592년 10월 5일 왜군이 진주성에 도착했다. 진주목사 김시민은 3,800명 정도의 군사와 함께 공격에 대비하고 있었다. 그리고 일반 백성 약 2만이 진주성에 함께 있었다. 진주성은 남강과 주변의 지형을 이용하여 쌓은 성인 만큼 천혜의 요새였다. 만만하게 볼 성채가 아니었다. 김시민의 지휘 아래 성문을 군게 닫고 왜군이 먼저 공격하기를 기다렸다.

하세가와, 나가오카, 시무라 등이 이끌고 온 왜군의 수는 2만이 넘었다. 이들은 대나무를 쪼개 만든 사다리를 타고 진주성을 공격하기 시작했다.

이때 조선 군사와 백성이 하나가 되어 갈대에 화약을 싸서 던지고, 끓는 물을 붓고, 큰 돌을 던져 왜군을 물리쳤다. 6일간의 전투에서 일본은 대패하고 물러섰다. 전투 중 김시민은 이마에 총을 맞고 11월 22일에 전사했다. 진주성 외곽에서는 의병장 곽재우와 정유경 등이 이끄는 의병이 지원을 맡았는데 심리적으로도 큰 도움이 되었다. 진주대첩의 패배로 일본은 호남 지역 진출로가 막히게 되었다.

2차 진주대첩

1년 뒤인 1593년 6월 20일 일본은 다시금 진주성을 공격해왔다. 이때 명나라와 일본은 화의를 진행하고 있었는데, 1차 진주성 전투에서 당한 패배를 만회하기 위해 다시금 공격을 퍼부은 것이었다.

당시 진주성에는 진주목사 서예원의 군사 2,400명과 창의사 김천일, 경상우병사 최경회, 충청병사 황진, 사천현감 장윤, 거제현령 김준민 휘하의 군사들이 있었다. 의병장 고종후와 이계련, 태인 의병장 민여운, 순천 의병장 강희열 등이 의병을 이끌고 같이 포진했는데, 병사는 의병을 포함하여 약 6,000~7,000명 사이였고, 6~7만 명의 백성이 함께 있었다.

6월 21일 진주성을 포위한 왜군의 수는 9만이 넘었다. 이들은 22일부터 공격을 시작했다. 1차 진주성 전투에서 패배한 왜군은 패배를 되풀이하지 않기 위해 진주성 밖에 흙성을 높이 쌓아 탄환을 쏘았다. 또 철갑을 두른 쇠몽둥이로 성을 부수다가 성 아래 굴을 파기도 했다. 일본은 아군의 시체가 발에 밟히는데도 좀체 포기하지 않았다. 28일에는 큰비가 내려 성이 허물어지기 시작했다. 왜군이 성안으로 난입했고, 처참한 상황이 벌어졌다. 김천일, 고종후, 최경회 등은 진주성에서 임금이 있는 북쪽을 향해 두 번 절을 올린 뒤에 남강에 몸을 던졌고, 이종인은 양쪽 겨드랑이에 왜적을 1명씩 끼고 남강에 뛰어들었다.

진주성은 결국 일본에 함락되었다. 일본은 성안에 남은 백성 6~7만 명을 창고에 몰아넣고 불을 질러 학살했다. 2차 진주대첩은 왜란 당시 벌어진 전투 중 최대의 격전으로 꼽히는데, 비록 전투에는 패했으나 왜군도 막대한 손상을 입어 호남으로 진출할 수 없었다. 이때 진주성을 함락한 자축 연회에 논개와 여러 기생들이 적장과 적을 껴안고 남강에 투신자살했다.

행주대첩

선조 26년(1593), 권율은 서울을 되찾기 위해 북상하고 있었다. 도중 수원 독산성에서 왜군을 물리쳐 승리했다. 권율은 군대를 서울 근처로 옮기려고 장소를 물색하던 중 행주로 결정했다. 이곳은 조방장(助防將) 조경이 물색한 곳이었다. 행주산성에 주둔한 권율은 성 주위로 목책을 두 겹으로 세웠다. 적이 목책을 넘기 위해 분투할 동안 효율적으로 공격하기 위해서였다. 이때 성안에는 승장 처영이 이끄는 의승병 1,000명도 들어와 있었다. 그렇지만 총 병력은 1만도 되지 않았다.

권율이 행주산성에 주둔했다는 소식을 접한 일본은 한 번도 진두에 나선 적이 없던 총대장까지 합세했다. 이들은 7개 부대로 나눠 진군했는데 총병력이 3만이었다. 배티고개와 독산성 전투에서 대패한 왜군은 권율을 먼저 없애고자 했다.

제1대장 고니시가 선봉에 나섰지만 실패, 2대장 이시다도 실패했다. 3번 대도 연패하자 총대장 우키타가 직접 나서 제1성책과 제2성책에 가까스로 접근했다. 왜군이 화통을 성에 집중적으로 퍼부었으나 미리 준비한 물로 껐다. 이런 와중 우키타가 부상을 입고 퇴각하고, 4, 5, 6, 7번 대가 공격을 퍼부었지만 결국 권율이 이끈 전투는 조선의 승리로 돌아갔다. 막바지에는 아녀자들까지 치마에 돌을 날라 큰 도움이 되었다. 조선군은 끝까지 후퇴하는 적을 쫓아 130명의 머리를 베었다. 일본군은 후퇴하며 시체를 태웠는데, 버리고 간 시체와 타다 만 시체가 산을 이뤄 그 수를 헤아릴 수 없었다.

의병과 의승병의 활약

의병은 백성들이 자발적으로 일으킨 군대나 병사를 뜻한다. 임진왜란 당시 전쟁 경험이 없었던 조선 관군은 지리멸렬했고, 일본군은 파죽지세로 밀려들었다. 백성들은 죽어가는 이웃과 부모 형제를 그저 지켜볼 수만은 없었다. 그래서 스스로 의병이 되어 전쟁에 참여했다. 의승병은 중의 신분으로 전쟁에 참여한 이들이었다. 의병의 신분은 양반에서 천민에 이르기까지 다양했다. 이들을 이끄는 의병장은 전직 관원 출신이 많았고 유생들도 있었다.

유명한 의병장으로는 붉은 옷을 입어 홍의장군으로 불리는 곽재우를 비롯하여, 고경명, 조헌, 김천일, 김면, 정인홍, 이정암, 우성전, 권응수, 변사정, 양산숙, 최경희, 김덕령, 정세아, 이봉, 임계영, 고종후, 박춘무, 김해 등이 있었다. 이들 중에는 전투 중 전사하거나, 공을 세워 벼슬에 나간 사람도 있다.

의승장 또한 호남의 처영, 관동의 유정, 해서의 의엄, 영규 등 많은 이가 있었는데, 묘향산의 노승 휴정이 문도들로 승군을 일으키고 각 사찰에 격문을 보내기도 했다. 의병과 의승병은 눈부신 활약을 펼쳤다. 특히 승려들로 조직된 의승병은 당시 백성과 군사들에게 심적으로 많은 도움을 주었다.

명의 지원과 화의 결렬

피란 중 선조는 명나라에 지원을 요청했다. 그리하여 1592년 7월 15일 요양부총병 조승훈이 5천의 군사를 이끌고 평양에 도착했다. 폭우가 심한 밤을 이용해 평양성을 공격했으나 대패했다. 조승훈은 남은 군사를 이끌고 퇴각하여 1차 지원은 실패로 돌아갔다.

이때 일본이 화의를 청했는데 조선의 반대로 이뤄지지 못했고, 명나라 군이 출정하자 명나라 쪽으로 화친을 청했다. 이에 명나라 심유경이 교섭을 맡았다.

1차 지원에 실패한 명나라는 12월 이여송을 동정제독으로 삼아 4만 3,000명의 군사를 지원했다. 1593년 1월에 평양성을 공격해 승리를 이끌었다.

이쯤에 왜군은 철군을 서둘렀다. 오랜 전쟁으로 군수물자도 부족했거니와 왜군은 조선의 한파에 큰 약점을 보였다. 4월 18일엔 도성에서 완전히 철수했다. 왜군은 강원, 충청도에 주둔한 병력을 남하시키면서 명나라와의 화의를 본격적으로 진행시켰다.

그러나 명나라와 일본이 내세운 조건은 터무니없는 것이었고, 심유경은 거짓으로 일본의 요구 조건을 꾸며 명나라에 보고했다. 일본이 내세운 조건은 아래와 같다.

① 명나라와 일본이 혼인하는 일, 즉 명나라의 황녀를 후궁으로 달라는 조건
② 조선의 8도 중 4개 도(道)를 일본에 소속시키는 일
③ 조선의 왕자 한 사람을 일본에 들여보내는 일

④ 조선의 노성(老成, 많은 경험을 쌓아 세상일에 익숙함)한 대신을 일본에 볼모로 들여보내는 일

⑤ 노성한 대신과 공동 서약하고 일을 의논하는 일

그러나 실록은 히데요시가 화의를 맺을 의사가 전혀 없었다고 기록하고 있다. 심유경은 일본이 내건 화의 조건을 거짓으로 꾸몄는데, 히데요시를 왕에 책봉하고 일본의 조공을 허락해달라는 내용이었다. 당연히 깊숙한 내막을 알지 못하는 명나라는 화의를 허가했지만, 히데요시가 보기에도 웃기는 허가였다. 화의는 결렬되었다.

실록에서는 일본이 화의를 위해 명나라와 왕래한 것은 시간을 벌고자 함이었다고 평하고 있다. 시간을 끌면서 지원군인 명나라 군사를 지치게 하고, 자신들의 군사는 충분한 휴식을 취하게 한 후 재차 출병하려고 계획했다는 것이다. 또 화의 조건으로 명나라 황제의 노기를 건드려 군대가 출정하면 주인이 객을 기다리는 전술로써 필승의 계책을 삼으려 했다는 것이다. 이 말에 무게가 더 실리는 것은, 일본은 화의 문제로 군사를 철수해 남으로 내려가면서 화의가 이뤄질 때까지 전쟁은 없을 것이라 약조했으나 1차 진주대첩에서 패한 복수를 이때에 감행했기 때문이다. 그들은 철군하면서 진주성을 공격, 조선이 패하자 무차별적인 학살을 자행했다.

정유재란

2차 진주성 전투를 끝낸 일본군은 남해안으로 철군하여 전투를 중단한 채 주둔했다. 그야말로 충분한 휴식을 취한 것

이었다.

선조 30년(1597) 1월 15일 히데요시는 진격 명령을 내렸고, 1만 4,500명의 군사를 선봉으로 조선을 재침략했다. 당시 한산도를 지켜오던 이순신은 선조의 명을 거역했다는 죄로 하옥 중이었다. 전라좌수겸 통제사로 있던 원균은 적을 막아내지 못하고 대패했다.

육상에서는 일본군이 전라도를 점령했다. 그리고 조선과 명나라의 연합군을 대파하고 한양을 공격하기 위해 진격했다. 이때 일본군은 전공을 증명하기 위해 조선인들의 코를 베어 일본에 보내기도 했다.

— 귀 무덤: 사람의 귀를 묻은 무덤을 뜻하는 것이 아니라 임진왜란 당시 전리품으로 조선인의 코를 베어 가 묻은 무덤으로 일본에 있다. 처음엔 귀로 했으나 귀는 두 개이므로 술수를 쓸 수 있다 하여 코로 바꾸었다고 한다.

이순신이 다시금 수군을 지휘해 9월 16일 명량 해전에서 일본 수군을 물리쳤는데, 조선 땅에 있던 일본군은 보급선이 끊길 것을 염려해 잠시 진격을 중단했다. 그리고 다시금 겨울 한파를 대비해 10월부터는 남해안에 성을 쌓고 주둔했다. 조선의 장군 중 일본이 제일 두려워한 장군이 동장군(冬將軍)이었다. 일본군들은 겨울을 맞이하면 동상이 걸려 제대로 걷지도 못했다.

그런데 불행 중 다행으로 1598년 히데요시가 사망했다. 히데요시가 사망하자 왜군은 본국으로 철수 준비를 서둘렀다. 이순신은 노량에서 철수하는 왜군을 쫓아 대승을 거뒀으나, 후퇴하는 적을 뒤쫓다 총을 맞고 전사했다. 이로써 7년간의 전쟁도 끝났다.

임진왜란이 남긴 것

왜란 중 가장 큰 문제는 인명 피해와 식량난이었다. 명나라가 지원군과 함께 군량미를 보내긴 했으나 옮기는 일이 노역이었다. 이를 위해 지역의 소나 말을 동원했음은 물론, 전쟁에 나서지 못하는 아녀자나 노인들까지 동원했다. 나중에는 이마저도 원활하지 못해 국내에서 조달할 수밖에 없었다. 이때 납속책을 시행했다. 즉 곡물을 바치게 하고 그 대가로 상이나 벼슬을 주었는데, 왜란이 끝나고 문제가 되기도 했다.

전쟁은 끝났으나 전국이 황폐해졌다. 경복궁, 창덕궁, 창경궁을 비롯하여 많은 건축물과 실록을 포함한 귀중한 역사서들이 불타 없어졌다. 그리고 많은 조선인들이 노예로 붙잡혀 갔다. 도자기를 비롯한 유물들을 약탈당했고 각 분야의 장인들과 기술자들도 끌려갔다. 이들은 일본의 문화 발전에 지대한 영향을 끼쳤다.

임진왜란 당시 사망자 수는 200만이 넘는 것으로 추정하고 있다. 당시 전체 인구가 1000만 정도였으니 전체 인구의 20퍼센트가 넘는 수가 사망한 것이다. 심각한 식량난으로 인육을 먹는 상황까지 발생했고, 왜군의 토사물까지 서로 먹으려고 다투는 참혹한 일도 빈번했다고 한다.

함께 읽으면 좋은 페이지 · 선조(68쪽), 이순신(213쪽), 권율(207쪽), 광해군(73쪽)

정권을 잡기 위해서는 없는 죄도 만들어야 한다

소북파와 대북파

사림이 편을 갈라 동인과 서인으로 나뉘었다. 다시 동인이 분파되면서 남인과 북인으로 나뉘었고, 서인이 갈라져 노론과 소론이 되었다. 소북파와 대북파는 북인의 세가 나뉘면서 생긴 당파다.

대북파는 광해군을 지지했고, 소북파는 선조의 늦둥이이자 적자인 영창대군을 지지했다. 광해군이 세자가 된 것은 임진왜란이 발발하여 급하게 책봉이 진행된 덕분이었다. 왜란이 끝나고 1600년에 선조의 첫째 왕비인 의인왕후가 소생 없이 죽었다. 1602년에 새 왕비를 맞이했는데 19세의 인목왕후 김씨였다. 김씨는 1606년에 영창대군을 낳았다. 선조가 바라던 적자였다. 광해군은 공빈 김씨의 둘째 아들이었다. 영창대군이 태어나자 조정은 술렁일 수밖에 없었다. 광해군의 세자 자리 또한 위협받았다.

소북파의 영수인 유영경은 선조의 마음을 읽고는 영창대

군을 왕위에 올리고자 여러 번 음모를 꾸미기도 했으나 실패했다. 1608년 선조 승하 당시 영창대군은 겨우 세 살이었다. 영창대군의 생모인 인목왕후 김씨 또한 너무 어린 아들을 왕좌에 앉힐 수 없었다. 인목왕후는 광해군을 다음 왕으로 지목했다.

왕이 바뀌었다, 정권을 잡아보자

선조 대에 정여립 모반 사건이 일어나 동인이 대거 축출되고 서인의 세상이 되었다. 선조 말부터는 광해군과 영창대군을 사이에 두고 대북파와 소북파가 줄다리기를 하고 있었다. 광해군이 즉위하자 대북파가 정권을 잡았다. 그러나 그들을 견제하는 소북파가 있었고, 서인의 세력도 있었다. 또한 어리긴 했지만 영창대군이 이들을 불안하게 만들었다. 대북파는 확실한 정권을 잡기 위해 옥사가 필요했다.

서자들을 이용하다, 칠서지옥

광해군 5년(1613) 대북파에게 기회가 왔다. 명문가 서자들이 강도질을 하다 붙잡힌 것이었다. 영의정 박순의 서자 박응서와 심전의 서자 심우영, 서익의 서자 서양갑, 박충갑의 서자 박치의, 박유량의 서자 박치인, 이제신의 서자 이경준, 허계의 서손 허홍인으로 권력가들의 서자 7명이었다.

이들은 서자인 광해군이 즉위하자 서얼에 대한 차별을 없애달라는 상소를 올리기도 했지만, 상소는 받아들여지지 않았다. 또 허균, 김경손 등과 교류하기도 했다. 뿐만 아니라 서얼 금고법(첩의 자식 및 그 자손을 차별하던 규정)에 불만을 품고 소금 장수나 장사치로 변장해 도둑질을 해댔다. 그러던 중 문경에서 부유한 상인을 살해하고 돈을 빼앗았는데, 상인의 노비가 도주해 이들의 짓임을 밝혀냈다.

대북파의 영수인 이이첨은 심개, 김창후, 포도대장 한희길 등과 모의해 사건을 확대시켰다. 영창대군을 왕으로 추대할 역모를 꾀하고 그 자금을 만들기 위해 화적질을 한 것으로 몰아갔다.

무옥을 일으키다

이들을 국문하는 과정에서 대북파는 거짓 자백을 하도록 강요했다. 박응서는 목숨을 저당 잡힌 채 대북파의 강요에 따라 비밀 상소를 올렸다. 내용인즉, 영창대군을 옹립하고 인목왕후 김씨로 하여금 수렴청정을 하게 하려 했고, 자신들에게 이와 같은 일을 꾸미도록 한 주동자가 김제남이라는 것이었다. 김제남은 인목왕후의 아버지로, 영창대군에게는 외할아버지였다.

실제로 이 옥사에서 박응서는 살아남았다. 광해군 14년(1622) 5월 2일 기록을 보면 박응서는 거짓 자백을 하고 보방, 즉 보석으로 풀려났다. 사건이 있은 지 10년 후였다. 박응서는 변을 고한 사람이니 전에 가지고 있던 관직까지 제수하여 그 공에 대한 상을 내리라는 전교가 있었다. 결론은 박응서의 무고로 그와 어울렸던 서자 6명 중 박치의만 혼자 도주하여 행방을 감췄고, 나머지는 처형되었다.

이 일로 소북파의 영수인 유영경이 사사되었다. 김제남은 그의 세 아들과 사위까지 고문을 받다 죽었다. 선조로부터 영창대군와 인목왕후 김씨의 안위를 부탁받은 신흠, 박동량, 한준겸, 당시 좌의정이던 이항복, 영의정 이덕형 등을 비롯하여 서인과 남인 세력, 소북파가 대부분 몰락했다. 계축년(癸丑年)에 일어나 계축옥사라고 한다.

왕도 정권도 지켜내지 못한 대북파

이 사건 당시 영창대군은 겨우 여덟 살이었다. 영창대군은 서인으로 강등되어 강화에 위리 안치되었다. 그러고는 1년 뒤 강화부사 정항에 의해 살해되었다. 실록에 전하기를, 강화부사가 된 정항은 대군의 주변 사람을 엄중히 금하고 음식조차 넣어주지 않았다고 한다. 방에 불을 뜨겁게 지펴 눕지도 못하게 했는데, 영창대군이 창살을 부여잡고 서서 밤낮으로 울다가 기력이 다해 죽었다고 기록하고 있다. 즉 증살(蒸殺, 뜨거운 증기로 쪄서 죽임)시켰다.

영창대군이 살해된 후에 대북파는 1618년 광해군을 부추겨 인목왕후 김씨를 서인으로 전락시키고는 서궁에 가두었다. 이 일은 훗날 인조반정에 명분을 주었다. 인목왕후 김씨는 인조가 왕위에 오르면서 다시 대왕대비가 되었다.

대북파는 광해군이 왕위에 오르자 정권을 장악하기 위해 많은 기회를 엿보았다. 계축옥사가 일어나기 1년 전에도 김직재의 옥이 있었는데, 이때에도 영창대군을 지지하던 소북파를 제거하기 위해 옥사를 일으켰다. 당시 100여 명의 소북파가 처벌을 받았다.

함께 읽으면 좋은 페이지 · 광해군(73쪽)

광해군의 원수를 갚아주마

광해군의 외교정책은 나쁘지 않았다

광해군이 즉위할 당시 후금은 여진족을 통합해 세력을 키워가고 있었다. 이때 광해군은 명나라와 후금에 중립적인 태도를 취하며 외교 관계를 이끌었다. 그러나 선조 대에 발발한 임진왜란 당시 명나라의 도움을 받은지라 조정 대신들은 광해군의 외교정책을 탐탁지 않게 여겼다.

당시 후금은 급성장하고 있었고, 반면 명나라는 그 세력이 쇠퇴하고 있었다. 이때 명나라와 후금이 비옥한 남만주의 농토를 놓고 전쟁을 벌였는데, 명나라가 군사 지원을 요청했다. 광해군은 시간을 끌었다. 자칫 잘못하면 임진왜란으로 큰 피해를 입은 조선이 후금과 또다시 전쟁을 치러야 할지도 모르는 상황이었다.

그러나 조선의 대신들은 친명 정책을 주장하며 군사 출동을 압박했다. 이에 광해군은 강홍립에게 1만이 넘는 군사를 내주며 비밀리에 지시를 내렸다. 명나라를 돕되 적당한 상황을 틈타 후금에게 항복하라는 명령이었다. 이는 명나라와 후금 두 나라 모두에게 우호적인 태도를 보이면서 조선이 재정비할 시간을 벌 수 있는, 썩 괜찮은 방안이었다.

명군이 후금과의 전쟁에서 밀리자 강홍립은 후금에 항복하여 조선이 명나라를 도울 수밖에 없었던 사정을 해명했다. 이로써 조선과 후금 사이에는 별다른 사단이 일어나지 않았다.

인조의 반정, 병자호란의 전주곡이 되다

인조가 반정을 꾀하고 왕위에 오른 명분 중 하나가 광해군이 내세운 후금과의 화친, 즉 중립적인 외교정책이었다. 당연히 인조는 대신들과 함께 친명 정책을 펼칠 수밖에 없었다. 인조 대에서 언급했듯 후금, 즉 청나라는 오랑캐의 나라라서 상종할 가치가 없다고 여긴 것이었다.

그러자 후금은 명나라를 치기에 앞서 일단 조선을 먼저 쳐야 한다는 쪽으로 태도가 바뀌었다. 당시 후금은 명나라와의 전쟁으로 물자 부족에 시달리고 있었고, 또 조선이 명나라를 지원하니 조선이 고울 리 없었다.

이러한 상황에서 인조반정에 공을 세운 이괄이 논공행상에 불만을 품고 반란을 일으켰다. 이때 인조는 처음으로 서울을 버리고 피란하여 백성이 놀라기도 했다. 당시 반란을 꾀한 이괄과 한명련 등은 죽었으나 한명련의 아들이 후금으로 도망을 가는 바람에 정묘호란의 빌미를 제공하게 되었다.

정묘호란, 광해군의 원수를 갚아주마

후금으로 도망간 한명련은 조선의 국내 사정과 광해군이 인조에 의해 폐위되었다는 사실을 전했다. 후금은 광해군의 원수를 갚겠다는 명분으로 전쟁을 일으켰다.

인조 5년(1627) 1월, 후금의 장수 아민(阿敏)이 3만의 군사를 이끌고 광해군 대에 항복한 강홍립과 함께 조선을 침범했다. 압록강을 건넌 후금은 의주, 용천, 선천을 거쳐 다시 진군해 안주, 평산, 평양을 점령하고, 황주도 장악했다. 인조는 장만을 도원수로 삼아 후금과 전쟁을 치렀으나 후퇴했다. 인조와 대신들은 강화로, 소현세자는 전주로 피란했다. 그리고 그해 3월 조선과 후금은 화의하고 정묘조약을 맺었다. 조약의 조건은 다음과 같다.

① 화약 후 후금군은 즉시 철수할 것
② 후금군은 철병 후 압록강을 넘지 말 것
③ 양국은 형제국으로 정할 것
④ 조선은 후금과 화약을 맺되 명나라와 적대하지 않을 것

조선은 왕자 대신 종실인 원창군을 인질로 보내야 했다.

함께 읽으면 좋은 페이지 · 광해군(73쪽), 인조(78쪽)

12. 병자호란
1 6 3 6

차라리 왕이 되지 말 것을, 이런 굴욕이 또 있으랴

정묘조약을 먼저 깬 후금

친명 정책을 펼친 인조와 조정 신료들은 정묘조약을 굴욕이라 여겼다. 정묘호란 이후 후금의 요구에 따라 중강과 화령에 무역시장을 열었다. 그러나 명과의 전쟁으로 물자난에 시달리던 후금은 터무니없이 많은 양의 양곡(곡식)을 요구했다. 조선의 형편도 말이 아니었다. 임진왜란의 상흔이 아직도 남아 있었고 흉년마저 들어 생활이 어려웠다.

후금군은 압록강을 넘지 않겠다는 정묘조약을 어기고 수시로 강을 건너 민가나 관아를 약탈하기 시작했다. 또 식량을 공급해줄 것과 명나라와의 전쟁에 병선과 군사를 지원해달라고 요구했다. 이런 요구와 약탈은 나날이 심해지고 있었다.

인조 10년(1632)에는 청나라에서 사신을 보내 정묘호란 때 맺은 형제 관계를 군신 관계로 개정할 것을 요구했다. 이때 후금은 명나라와의 전쟁에서 승리를 거둔 것이나 마찬가지인 상황이었다. 또 그간 보내던 세폐(歲幣, 해마다 음력 10월에 중국에 보내던 공물)를 황금 1만 냥, 오색포 10만 동, 은 1만 냥, 백저포 1만 동으로 올릴 것과 전쟁에 필요한 말 3,000필과 정병(精兵, 정예 군사)까지 요구하고 나섰다. 정묘조약을 먼저 깨겠다는 선포였다.

주전론과 주화론

> "국가가 불행하여 강한 오랑캐와 가까운 이웃을 삼았다. (중략) 진실로 각각 충의를 가다듬어 함께 원수에 대항한다면 천 리의 강토로 남을 두려워할 것이 있겠는가. 이 뜻을 잘 알아두었다가 후일의 하명을 기다리라." _《인조실록》 11년(1633) 1월 29일

인조가 전국에 교서를 내렸다. 이미 조약을 어긴 후금으로 인해 조정 대신들과 마찬가지로 인조 또한 주전론으로 굳어져 있었다. 당시 조정에서는 유독 이 문제에 대해서만큼은 당파들의 의견이 일치했는데 거의가 전쟁을 하자는 주전론을 폈다. 그러나 최명길은 화평을 주장하며 주화론을 펼쳤다. 국력이 다 되었는데 오랑캐의 군사, 즉 후금은 너무 강하니 우선 정묘조약을 지킴으로써 시간을 벌어 성을 쌓고 양식을 저축하여 저들의 틈을 엿보아 공격하는 것이 낫다고 주장했던 것이다. 당연히 최명길의 주장은 묵살되었다. 오히려 인조와 대신들의 분노만 자극했다. 그러나 화를 이기지 못하고 대의명분을 주장하던 주전론자들은 어떻게 전쟁을 치를지 대책도 내놓지 못한 채 의견만 내세울 뿐이었다.

후금의 요구를 묵살하다

주전론이 부각되면서 조선도 후금의 요구를 받아들이지 않게 되었다. 후금 또한 이런 조선의 상황을 주시하고 있었다. 그러던 중 1636년에 인조비 한씨의 문상에 후금의 사신이 오게 되었다. 인조는 사신의 접견을 거부했다. 또한 사신을 감시하기까지 했다. 상황이 예사롭지 않음을 간파한 후금의 사신이 민가의 말을 빼앗아 도주했다.

이해 4월 후금은 나라 이름을 청으로 고쳤다. 청나라는 그간의 일을 왕자로 하여금 사죄할 것을 요구했다. 왕자를 볼모로 보내라는 것이었다. 그러지 않을 시엔 전쟁도 불사할 것이라 협박했다. 그러나 이미 주전론에 치우쳐 있던 조선은 이와 같은 요구를 무시했다. 이해 11월 청나라는 다시금 왕자와 화친을 배척하는 척화론자를 압송할 것을 요구했다. 청나라로서는 최후통첩을 한 것이었는데, 조선은 이마저도 외면했다.

청태종이 직접 전쟁에 나서다

인조 14년(1636) 12월 1일에 청태종은 12만 대군을 심양에 모아 몸소 조선 침략에 나섰다. 9일에는 압록강을 건넜다. 청태조의 아들인 예친왕 다탁은 의주부윤 임경업이 지키고 있는 백마산성을 피해 밤낮으로 쉬지 않고 달려 심양을 떠난 지 10일 만에 서울에 다다랐다.

뒤늦은 장계를 받은 인조와 대신들은 황망할 수밖에 없었다. 청나라가 이처럼 일찍 전쟁을 일으킬 것이라곤 예상도 못했거니와 눈앞에 닥친 변란에 주전론을 펼쳤던 이들 모두 대책 없이 우왕좌왕하다 도망을 놓은 자들이 더 많았다.

14일에 세자빈 강씨와 원손, 인조의 둘째 아들인 봉림대군과 안평대군이 강화도로 피신했다. 이날 밤 인조도 강화도로 피신하려 했으나 강화로 가는 길목이 차단되어 다시 성안으로 돌아왔다.

남한산성 45일

강화도로 피신하지 못한 인조는 소현세자와 백관들을 거느리고 남한산성으로 들어갔다. 다시금 인조가 도성을 버리고 떠나니 백성들은 혼란에 휩싸였다. 실록은, 도성 안 백성은 부자, 형제, 부부가 서로 흩어져 그들의 통곡 소리가 하늘을 뒤흔들었다고 전한다. 김류 등이 다시금 강화로 옮겨 피할 것을 청했으나 그날 밤 폭설이 내리고 길이 모두 얼어붙어 움직일 수 없었다.

인조는 훈련대장 신경진, 어영대장 이서 등에게 1만 3천의 군대로 성을 지키게 했다. 12월 16일 청나라 군대가 남한산성을 포위했다. 청군은 곧바로 전쟁을 시작하지 않았다. 1월 1일 청태종이 도착했는데도 공격을 하지 않고 장기전을 선택했다. 남한산성의 형세가 험난해 청나라 또한 전쟁으로 발생할 부상자를 염려했기 때문이다.

날이 갈수록 매서운 한파가 들이닥쳤다. 남한산성에 고립된 시일이 지날수록 얼어죽는 이가 속출하고 식량도 떨어져갔다. 청군의 군대는 거의 2만에 육박했으며, 각 지역에서 의병이 일어났으나 청군에게 패했다. 명나라의 지원 요청은 기대하기 어려운 상황이었다. 이로써 주화론이 화두로 떠올랐다.

인조, 용포를 벗다

인조 15년(1637) 1월 22일 세자빈과 원손, 봉림대군이 피신한 강화가 함락되었다. 청나라는 원손을 비롯해 200여 명을 포로로 삼았다. 또한 남한산성을 포위한 청나라 군대는 인근의 백성을 유린했으며, 노략질이 점점 심해지고 있었다. 더 버틸 수 없게 된 인조가 청나라에 화친을 제의했다. 그러나 청나라는 이미 화친으로 만족할 수 있는 상황이 아니었다. 청나라는 형제의 관계가 아니라 군신 관계, 즉 온전하게 항복하여 임금과 신하의 관계를 맺기를 요구했다. 최명길이 항복문서를 작성했지만 예조판서 김상헌이 통곡하며 갈기갈기 찢었다. 인조가 말했다.

> "한스러운 것은 일찍 죽지 못하고 오늘날의 일을 보게 된 것뿐이다."
>
> _《인조실록》 15년(1637) 1월 18일

1월 30일 인조가 용포를 벗고 남색 옷으로 갈아입었다. 백마를 타고 산성을 나와 삼전도로 가서 용상에 앉아 있는 청태종에게 신하의 예를 갖추었다. 인조가 세 번 절하고 아홉 번 머리를 조아리는 삼배구고두례를 행했다. 이로써 조선은 청나라의 속국이 되었다. 소현세자와 봉림대군, 척화를 주장한 홍익한, 오달제, 윤집이 심양으로 볼모가 되어 떠났다. 이 관계는 청일전쟁이 일어난 1895년까지 지속되었다.

인조가 도성으로 돌아가는 길에 빈 배 두 척만이 남아 있었는데 백관이 다투어 건너려고 난리가 아니었다. 인조가 배에 오르자 사로잡힌 백성들이 통곡했다.

"우리 임금이시여, 우리 임금이시여, 우리를 버리고 가십니까!" 인조를 부르며 울부짖는 자가 만 명에 이르렀다. _《인조실록》15년 1월 30일

환향녀

병자호란으로 잡혀간 포로의 수가 수만 명에 이르렀는데 청나라는 이들을 노예시장에 팔기도 했다. 또 되돌려주는 조건으로 속전(贖錢, 죄를 면하기 위하여 바치는 돈)을 요구했다. 돈이 있는 양반가들이야 아내와 딸을 데려오기도 했지만 가난한 백성은 그러지 못했다. 그런데도 청나라에서는 이들의 몸값을 올리기까지 했다. 당시 조선은 은을 주고 포로들을 데려오긴 했으나 모두를 구하지는 못했다.

환향녀는 청나라에 끌려갔다가 조선으로 돌아온 아녀자를 일컫는 말이다. 인조 16년 3월 11일에 환향녀를 두고 벌어진 논박이 있다. 신풍부원군(新豊府院君) 장유가 예조에 단자를 올리기를, 외아들 장선징의 처가 잡혀갔다가 속환(贖還, 돈이나 물건 따위로 대갚음을 하고 도로 찾아옴)되어 지금은 친정에 가 있는데, 그대로 배필로 삼아 조상의 제사를 받들 수 없으니 이혼하고 새로 장가들도록 허락해달라고 했다.

청나라에서 자신의 몸을 지키기 위해 자결한 처자들도 많았다. 최명길은 사로잡혀 간 부녀자들이 모두 몸을 더럽혔다고 논할 수 없으니 의논할 필요가 없다고 주장했다. 그러나 이 뒤로 사대부 집 자제는 모두가 새장가를 들었고, 전처와 합치는 자가 없었다.

함께 읽으면 좋은 페이지 · 인조(78쪽)

시대가 영웅을 만들다

지역 차별이 시작이었다

홍경래는 평안북도 용강군 다미면 출신이다. 그의 정확한 생몰년과 출신 성분은 전해지지 않는다. 다만 그가 글을 안 점으로 미루어 몰락한 양반 출신이라는 설도 있고 평민이란 설도 있다.

조선은 8도로 나뉘어 있었다. 그중 삼남 지역, 즉 영남, 호남, 호서에서 조선의 지배층이 대부분 배출되었다. 상대적으로 북부에 위치한 함경도와 평안도는 소외되어 있었다. 그나마 함경도는 조선 건국과 왕가의 발상지로 불리며 중앙의 관심을 받았다. 그러나 평안도는 아니었다. 철저히 외면당했다.

이중환의 《택리지》에는 "평안도는 300년 이래 높은 벼슬을 한 사람이 없었고, 서울 사대부는 이들과 혼인하거나 벗하지 않는다."라고 적혀 있다. 이 기록만 보아도 지역 차별이 심했음을 알 수 있다. 또 지방 출신은 과거에 급제를 하더라도 관직에 나아가기가 어려웠다.

홍경래의 격문에는 평안도 사람들이 느낀 분통함이 그대

로 표출되어 있다.

"심지어 권세 있는 집의 노비들도 서토(西土, 황해도와 평안도)의 사람을 보면 반드시 '평안도 놈'이라 말한다. 어찌 억울하고 원통하지 않는 자 있겠는가."

이 시기 안동 김씨의 독재정치로 말미암아 탐관오리의 부정부패는 극에 달했고, 그들은 백성들을 수탈했다. 그로 인해 농민들의 삶은 피폐해져 갔다. 순조 11년에는 흉년마저 들어 민심은 더욱 흉흉해져 있었다. 홍경래는 그해 겨울 거사를 시도했다.

약 10년간의 철저한 준비

홍경래는 이 거사를 위해 10여 년간 전국을 떠돌아다니며 실정을 파악했다. 그리고 뜻이 맞는 사람을 모으기 시작했다. 무엇보다 중요한 것이 사람이었다.

홍경래는 대원수로, 부원수는 김창시, 김사용 등을 두었다. 김창시는 곽산 출신으로 소과(小科, 생원과 진사를 뽑던 과거시험)에 합격한 진사였다. 김사용 또한 황주 지역 양반 출신이었다. 모사(謀士, 참모) 우군칙은 가산 지역 출신으로 상인이었다. 선봉장은 곽산 출신 홍총각, 개천 지역에서 이제초, 가산 지역 이희저 등이 있었다. 계층 또한 다양해 당시의 세도정치나 지역 차별에 대한 반발이 얼마나 광범위하게 뿌리내리고 있었는지 어림잡을 수 있다. 상인들은 자금을 댔고, 평양의 양시위 등이 군사를 지도했다.

홍경래는 평안도에서 군사를 키웠는데, 당시 평안도는 변화를 겪고 있었다. 주로 경제적인 변화인데 상인들의 대청 무역이 그 하나이고, 광산 개발이 또 다른 하나였다. 광산의 일부는 불법적인 형태로 개발되기도 했다. 이는 홍경래에게 아주 큰 도움이 되었다. 광부를 뽑는다는 명분으로 사람들을 모집한 것이었다. 대부분이 농민층이었다. 홍경래는 이들을 봉기군으로 조직하고 군사훈련을 시행했다. 《순조실록》은 이를 두고 광부를 불러모아 몰래 불궤(不軌, 반역을 꾀함)를 도모했다고 기록했다.

정권 타도, 지역 차별 철폐를 외치며 봉기하다

군사력과 충분한 자금을 마련한 홍경래는 순조 11년(1811) 12월에 평양 대동관을 불태웠다. 그러곤 안주 방면으로 진격했다. 초기 농민군의 기세는 대단했다. 일부가 서울로 진격하며 가산과 곽산 관아를 쉽게 얻어냈다. 이후 정주, 선천, 태천, 철산, 용천, 박천 등을 접수했다. 그야말로 승승장구였다. 관아에서 획득한 곡식은 빈민들에게 나눠주었고, 무기는 전투력을 강화하는 데 큰 도움이 되었다.

그런데 12월 29일 박천 송림에서 관군에게 패하고 정주성으로 퇴각하게 되었다. 한양에서 파견된 군사와 관군들이 진을 치고 공격을 퍼부었다. 혹독하게 추운 겨울인 데다 시일이 길어지며 식량난으로 죽는 이가 속출했다.

급기야 순조 12년 4월 19일 관군들은 땅을 파고 들어가 화약 수천 근을 설치해 성을 무너뜨렸다. 4월 21일 기록에서는 그날의 상황을 이렇게 설명했다.

"화약이 폭발했는데, 형세는 신속하고 소리는 우레 같아 체성(體城, 본성) 10여 간이 대석(臺石), 포루(鋪樓)와 함께 조각조각 부서져 무너졌습니다. 북성에 매복하고 있던 적들은 모두 깔려 죽었고, 성가퀴에 늘어서서 지키던 졸개들 또한 모두 달아나 흩어졌습니다."

정주성에서 죽은 홍경래는 가짜 홍경래다

정주성에서 홍경래의 난이 진압되었다. 이때 2,983명이 체포되었는데 여자와 아이들을 제외한 1,917명이 일시에 처형되었다. 홍경래는 당시 탄환을 맞고 죽었는데 목을 베어 한양으로 올려보냈다.

홍경래의 난은 실패로 돌아갔지만 백성들에겐 희망의 불씨로 남아 있었다. 그로부터 14년 뒤 순조 26년(1826) 5월에 청주에서 김치규의 괘서사건이 발생한다. 김치규는 시국을 비판하는 글을 적어 청주성 북문에 걸어놓았다 잡혔다. 그는 심문 당시 홍경래의 여러 열적들이 죽지 않았으며 제주에서 모이기로 약속했다고 토설했다. 이 일로 정주성에서 죽은 홍경래는 가짜 홍경래이며 진짜 홍경래는 살아 있다는 소문이 퍼졌다.

어떻게 보면 무모한 반란이긴 했지만 홍경래는 혁명가란 이름으로 세상에 알려졌고 평가되고 있다. 홍경래가 오랜 시간 정주성에서 대치한 이유는 백성들의 참여를 기다렸기 때문이다. 그러나 백성들의 자발적인 참여는 끝내 이끌어내지 못했다. 농민을 구제할 구체적인 방안을 제시하지 못한 게 가장 큰 문제점이었다.

불평등조약,
이것이 시작이었다

흥선대원군의 쇄국정책

임진왜란이 끝나고 히데요시가 죽은 후 실권을 장악한 도쿠가와 이에야스는 조선과의 화친에 힘썼다. 사신 파견과 왕래를 요청한 것이다. 광해군은 즉위 후 기유약조를 체결함으로써 일본과의 사신 왕래를 받아들였다. 조선이 기유약조의 성립 조건을 제시했고 일본이 받아들인 것이었다.

그 후로 1607년부터 1811년까지 조선의 통신사가 12차례나 일본에 파견되었다. 통신사 인원이 300~500명에 달했고, 짧게는 5개월, 길게는 10개월이나 머물렀는데 막대한 접대 경비는 일본이 부담했다. 조선의 우월한 문화를 받아들이기 위함이기도 했다.

1865년 일본은 천황이 친정하는 체제를 마련했다. 일본은 1811년부터 중단된 조선과의 관계를 다시 맺기 위해 교섭해왔다. 당시 러시아가 세력을 확대하고 있었는데, 청나라와 조선, 일본이 힘을 합치면 러시아는 물론 강대국의 침략도 막을 수 있다는 생각이 교섭 의도 중 하나였다.

　이 시기 조선은 고종이 왕위에 있었지만 실권은 흥선대원군이 쥐고 있었다. 일본이 보낸 서신에 황제와 칙서라는 문구가 있었는데, 조선 측에서는 감히 오랑캐 따위가 청나라에서나 쓰는 황제와 칙서라는 단어를 쓰니 황당무계할 수밖에 없었다. 당연히 일본의 요청은 묵살되었다. 외국 문물을 받아들이는 것은 백해무익이요, 외국과 평화롭게 지내는 것은 나라를 팔아먹는 매국행위로 단정지은 흥선대원군의 쇄국정책이 일본을 가로막은 것이었다. 흥선대원군은 집권 당시 병인양요와 신미양요 등을 겪었기에 서양 신앙인 천주교 박해에 박차를 가하며 서양과 어떤 교류도 하지 않고 문을 꽁꽁 닫아버렸다.

고종, 개화를 꿈꾸다

　일부 개화파는 외국 문물을 받아들이자는 의견을 내놓기도 했다. 일본의 통교를 계속해서 거절하는 것은 국가에 화를 미칠 수도 있다고 주장했다. 실학자 박지원의 손자이자 당시 우의정으로 있던 박규수는 고종에게 이렇게 아뢰었다.

　"대마도주가 '황제'요 '칙서'요 한 것은 바로 그들 자신이 높여서 부른 것이지, 결코 우리나라에서 '황제'요 '칙서'요 하고 불러달라는 요구는 아닙니다. (중략) 보통 친구 간이라고 해도 남이 보낸 편지를 거절하고 받지 않으면 반드시 감정을 사게 되는데, 더구나 이웃 나라로서 사이좋게 지내자는 처지에서야 더 말할 게 있습니까?"

_《고종실록》 11년(1874) 6월 29일

고종은 박규수의 의견을 신중하게 검토했다. 그리하여 1874년 대충 원칙이 만들어지기도 했다. 일본은 황과 칙의 표현을 자제하고, 조선은 일본과 다시 교류하며, 러시아의 위협에 같이 맞선다는 내용이 포함되어 있었다. 그리고 1년 후 서계(書契, 조선 시대에 일본 정부와 주고받던 문서)를 만들어 올 것을 요청했다.

그런데 이해 11월 명성황후의 오빠인 민승호가 폭탄 테러로 살해되는 사건이 발생하고, 이로 인해 일본과 교섭을 추진하던 영의정 이유원과 박규수가 사직되었다. 대원군이 사주한 것이었다. 이로써 일본과의 수교가 다시금 막히게 되었다. 1875년 일본은 이와 같은 국내의 사정을 모른 채 서계를 만들어 조선에 왔다. 당연히 서계는 거부되었고, 상황은 파국으로 치달았다.

일본, 무력을 행사하다

1875년 가을, 일본은 신식 전함인 운양호(雲揚號, 운요호라고도 한다)를 출격시켰다. 부산에 도착하여 남해와 서해를 돌아 강화도로 바로 들이닥쳤다. 일본은 미리 짜놓은 각본대로 조선이 먼저 공격을 하게끔 유도했다. 명분이야 항로를 측량하기 위함이라 했지만 서계를 거부한 데 대한 무력행사였다. 《고종실록》 13년(1876) 1월 19일 기록에 실린, 강화도조약을 체결하기 위해 모인 일본 측과 조선 측의 대화 내용을 토대로 사건의 전말을 살펴보자.

"이웃 나라를 사귀는 도리로써 어찌하여 화목하게 지내지 않고 이렇듯 관계를 끊어버리는 것입니까? 우리 배 운양함이 작년 우장으로 가는 길에 조선의 영해를 지나가는데 우리를 포격하니, 이것이 이웃 나라에 대한 올바른 도리입니까?"

"작년 가을에 왔던 배는 애초에 무슨 일로 어디를 어떻게 간다는 통보도 없이, 경고에도 불구하고 곧바로 방어 구역에 들어왔으니 변경을 지키는 군사들이 포를 쏜 것도 부득이한 일입니다. 그때 영종진의 군사 주둔지를 몽땅 태워버리고 군물까지 약탈해 간 것도 이웃 나라를 사귀는 의리는 아닌 것 같습니다."

"사신도 만나주지 않고 서계도 받아주지 않고 6, 7년이라는 오랜 기간을 기다렸는데 대체 무슨 까닭입니까? 그 이유를 꼭 들어야겠습니다."

"중국 신문지에 뭐라고 내셨습니까? 조선 국왕이 오랫동안 대군을 배알하지도 않고 공물도 바치지 않으니 군사를 동원하여 그 죄를 추궁한다 했지요. 또 〈만국공보(萬國公報)〉에는 일본이 우리나라를 정벌하려고 한다 했습니다. 이것이 사실 서계를 막은 첫 번째 이유입니다. 신문은 각국에 돌린 것인데 어떻게 황당한 것으로 흘릴 수 있겠습니까?"

일본 측은 운양함사건 당시 포격을 한 군사에 대한 처리 문제도 들춰냈다. 조선을 죄인 취급하고 있었다. 이때 일본은 군함 7척을 대동하고 회담장에 나타나 공포 분위기를 조성했다.

강화도조약 체결

1876년 2월 3일 대관 신헌과 일본 사신 구로다 기요타카가 수호조관에 서명했다. 양측의 합의로 조약 내용을 결정하는 것이 아니라 일본이 내민 요구 조건을 조선이 들어준 것이었다. 병자수호조약, 병자조약, 한일수호조약이라고도 한다.

강화도조약은 모두 12개의 조항으로 이루어져 있으며, 그 대략적인 내용은 다음과 같다.

1관. 조선국은 자주 국가로서 일본국과 평등한 권리를 보유한다.

2관. 일본국 정부는 지금부터 15개월 뒤 수시로 사신을 파견하여 조선국 경성에 가서 직접 예조판서를 만나 교제 사무를 상의할 수 있다. 그 사신이 주재하는 기간은 그때의 형편에 따른다.

3관. 이후 양국 간에 오가는 공문은 일본은 자기 나라 글을 쓰되, 10년 동안은 한문으로 번역한 것 1본을 별도로 구비한다.

4관. 그간의 무역 관례는 없애고 새로 세운 조관에 따라 무역 사무를 처리한다. 항구를 별도로 개항하여 일본국 인민이 오가면서 통상하도록 허가하며, 해당 지역에서 임차한 터에 가옥을 짓거나 혹은 임시로 거주하는 사람들의 집은 각각 그 편의에 따르게 한다.

5관. 경기, 충청, 전라, 경상, 함경의 5도 가운데 연해의 통상하기 편리한 항구 두 곳을 골라 지명을 지정한다. 개항 시기는 20개월 안으로 한다.

6관. 일본국 배가 피치 못할 사정으로 항구까지 갈 수 없을 때에는 가까운 항구에 정박하여 위험과 모자란 것을 보충한다. 비용은 선주가 배상하며 감히 아끼고 인색해서는 안 된다.

7관. 조선국 연해의 도서와 암초는 자세히 조사한 것이 없으므로 일본국 항해자들이 수시로 해안을 측량한다.

8관. 일본국 정부는 조선국에서 지정한 항구에 일본국 상인을 관리하는 관청을 수시로 설치, 양국에 관계되는 안건이 제기되면 소재지의 지방 장관과 토의하여 처리한다.

9관. 양국 백성들은 각자 임의로 무역하며 양국 관리들은 조금도 간섭할 수 없다.

10관. 일본국 인민이 항구에서 죄를 범했을 경우, 일본에서 심리하여 판결한다. 조선국도 마찬가지로 각각 그 나라의 법률에 근거하여 심문하고 판결한다.

11관. 별도로 통상 규정을 제정하여 양국 상인들을 편리하게 한다.

12관. 이상 11관 의정 조약은 이날부터 양국이 성실히 준수하고 준행하는 시작으로 삼는다. 양국 정부는 다시 고치지 못하고 영원히 성실하게 준수해서 화호(和好)를 두텁게 한다.

근대 문화에 미숙했던 조선

강화도조약은 일본에 일방적으로 유리하게 체결된 것이나 마찬가지다. 그들이 무역을 할 수 있게끔 항구를 열어야 했으며, 일본인이 살인을 저질러도 조선에서 처벌할 수 없었다. 또 해안 측량권을 줌으로써 자유롭게 조선을 염탐할 수 있게 되었다.

조선은 오랜 쇄국정책으로 외국과 문을 닫고 산 만큼 근대적 조약이 무엇이고, 어떻게 체결하는지조차 알지 못했다. 일본의 무력에 굴복해 강화도조약을 맺고서도, 큰 위기를 모면한 것으로 판단하기까지 했다. 일본은 조선의 이와 같은 약점을 잘 알고 있었다. 그랬기에 강화도조약을 시작으로 조선을 유린했다.

고종은 오랑캐에게 고개를 숙이고 교류를 했다 하여 대원군과 유림의 비난을 받았다. 그러나 이 조약을 계기로 조선은 문호를 개방해 근대화의 길을 걷기도 했다.

함께 읽으면 좋은 페이지 · 고종(120쪽)

15. 임오군란
1882

과욕은 본뜻도 변질시킨다

신식 군대와 구식 군대

강화도조약 이후로 개화파 관료가 대거 등용되었다. 이로써 개화파와 수구파의 대립이 심해졌다.

고종은 1881년 신식 군대인 별기군을 창설했다. 그리고 5영(훈련도감, 용호영, 금위영, 어영청, 총융청) 체제를 폐지하고 무위영과 장어영으로 개편했다. 그런데 신식 군대인 별기군과 무위영, 장어영에 대한 대우가 달랐다. 별기군은 구식 군대보다 대우가 월등히 좋았다. 그에 반해 당시 무위영과 장어영에 소속된 군사들은 13개월치 급료가 밀려 있었다. 구식 군대의 군사들은 자기들보다 좋은 대우를 받는 별기군을 '왜별기'라 부르며 적대감을 드러내곤 했다.

13개월이나 밀린 급료

고종 19년(1882) 6월 5일 실록에는 급료를 제대로 받지 못한 군자감 군사들의 불만이 기록되어 있다. 13개월 동안 급료가 밀려 있다가 겨우 한 달분을 주면서 그 양이 반도 차지 않았다. 군졸들이 바라는 식량은 쌀 아홉 말에 불과한데 이것조차 일 년이 지나도록 충분히 주지 못했으니, 군졸들이 군령을 어기지 않은 것이 가상하다고 고종은 말했다. 13개월이나 밀려 있다가 겨우 지급받은 한 달 분량의 급료마저도 너무 적다고 항의하던 군졸들은 해당 고지기를 구타했다. 이들에게는 딸린 식구도 있었다. 그 식솔들이 모두 밀린 쌀만을 바라보고 있었을 테니, 당시 군사들의 어깨는 큰 산을 짊어진 것처럼 무거웠을 것이다.

당시 선혜청(군졸들에게 곡식을 나눠주는 일을 맡은 관아)의 제조(提調, 중앙에서 각 사司 또는 청廳의 우두머리가 아니면서 각 관아의 일을 다스리던 직책)는 병조판서이자 명성황후의 오라비인 민겸호였다. 이때 조정은 민씨의 척족 세력이 거의 장악하고 있었는데, 이들은 인사행정에 전횡을 일삼고 매관매직을 하는 등 부정부패가 극심했다. 구식 군대는 군량이 풍족했던 대원군 시절이 그립기도 했다. 군사들은 민씨 세력이 국고를 낭비한 탓에 급료를 제때 지급하지 못하는 것이라고 생각했다.

군란이 일어나다

선혜청 구타 사건이 발생하자 민겸호는 주동자를 체포해 김춘영, 유복만, 정의길 등을 포도청에 가뒀다. 이들이 혹독한 고문을 받게 되자 군병들은 격분했다. 군사들은 6월 9일 무위대장 이경하에게 억울함을 호소했으나 받아들여지지 않았다. 이로써 민겸호의 집으로 쫓아가 한바탕 폭동이 일어났다. 군란을 일으킨 군사들은 대원군에게 찾아가 호소했다. 대원군은 재기를 노리고 있던 중이라 군란을 이용하려 했다. 겉으로는 이들을 다독이며 해산할 것을 권유했으나, 대원군은 자신의 심복인 허욱을 이들의 집단으로 들여보내 사건을 확대시켰다. 실록에는 허욱이 두목이 되어 대궐을 침입했다고 기록되어 있다.

난병들은 6월 10일 어영청에서 무기를 탈취했다. 또한 이들은 포도청에 갇힌 죄인들을 풀어주었다. 이들은 개화파와 민씨 세력의 집을 습격하기도 했다. 그리고 일본 공사관을 포위, 공격함으로써 일본이 조선에 더 강화된 조약(제물포조약)을 강요하는 계기를 제공했다.

이날 대궐로 난입한 군사들은 선혜청제조인 민겸호와 지중추부사 김보현을 살해했다. 영돈령부사 이최응 등도 살해되었다. 민겸호의 집을 습격했을 당시 그가 없었는데, 때마침 대궐에서 마주친 것이었다. 이들은 명성황후를 잡으러 중궁전으로 향했으나 명성황후 민씨는 이미 궐을 떠나 피신한 상태였다.

11일 밤에는 군란으로 인해 백성들이 모두 놀라 정신없이 뛰어다니고 남쪽 산과 북쪽 산으로 도망해 산이 새하얗게 보일 정도였다.

"다시 입궁하시지요"

사태가 파국으로 치닫자 고종은 대원군을 불러들였다. 실록에 대원군이 재집권에 성공했다는 언급은 없으나, 이때 군란으로 인해 인사이동이 많았고, 특히 정권에서 물러났던 대원군의 사람들이 대거 등용되었다. 대원군은 일단 큰아들인 이재면에게 군사와 호조판서, 선혜청당상 등을 맡겼다. 이후 대원군의 사람들이 하나둘 재기용되고 민씨 세력이 제거되었다. 또 군제 개혁을 추진하고, 미납 세미를 파악하여 군병의 군료에 충당하고, 무명잡세의 징수를 금지하는 등 많은 개혁을 짧은 시간 내에 단행했다.

이때 명성황후의 소재와 생사를 알 수 없었는데, 6월 10일 반란이 일어난 당일로 중궁전(명성황후)의 국상을 알렸다. 그러고는 중궁전의 옥체를 찾을 수 없으므로 입던 옷을 가지고 장사 지내라는 명을 4일 뒤 내렸다.

그러나 대원군의 짧은 집권기는 청나라로 인해 끝났다. 민씨 세력이 청나라에 지원을 요청했기 때문이다. 7월 13일에 중국 사신 오장경, 정여창, 마건충이 운영궁을 다녀왔다. 그리고 그날 밤에 대원군은 천진으로 향했다. 중국 사신은 효유문(曉諭文, 백성을 타이르기 위해 쓰던 글)에 이르기를, "너희 대원군에게는 대단한 추궁은 없을 것이며, 지난번 난을 일으킨 무리들이 혹시 다시 음모를 꾸민다면 지금 바다와 육로로 진출하는 군사가 많으니 화와 복을 깊이 생각하고 일찍 해산할 것이며, 그릇된 악감을 고집하여 스스로 죽음을 재촉하지 말라." 했다. 대원군은 납치된 것이었다. 또한 이로써 청나라는 조선이 자신의 속국임을 일본에 확실하게 보여주고자 했다.

일본과 제물포조약을 체결하다

군란으로 청나라 군대가 도착하자 일본군도 하루 차이로 조선에 들어왔다. 대원군이 청나라로 납치되면서 다시금 정권은 민씨 세력에게 넘어갔다.

일본은 7월 17일에 제물포조약을 체결했다. 이미 군란은 진압되었고, 청나라보다 한발 늦은 일본은 조선에 강경한 태도로 책임 추궁과 화풀이를 해댔다. 제물포조약의 내용은 아래와 같다.

제1관. 지금부터 20일을 기한으로 조선국은 흉도들을 잡아 그 수괴를 엄격히 심문, 징벌, 일본국이 파견한 인원과 공동으로 조사 처리한다. 기한 내에 잡지 못할 경우 일본국에서 처리한다. 즉 일본 군사를 주둔시키겠다는 의미였다.

제2관. 피해를 당한 일본 관리는 조선국에서 후한 예로 매장, 장례를 지낸다.

제3관. 조선은 5만 원을 지출하여 해를 당한 일본 관리의 유족, 부상자에게 내린다.

제4관. 흉도들의 포악한 행동으로 일본국이 입은 손해와 공사(公使)를 호위한 해군과 육군의 비용 중에서 50만 원을 조선국에서 보충한다. 매년 10만 원씩 5년 동안 지불한다.

제5관. 일본 공사관에 군사를 두어 경비를 서게 한다.

제6관. 조선국 특파 대관이 국서를 가지고 일본국에 사과한다.

이 외에도 일본은 통상상의 특권을 주장하며 개항장에서 일본인이 자유롭게 활동할 수 있도록 하는 조건 등을 요구했다.

인간의 기본욕구에서 시작된 군란은 정권에 이용당하였고, 더 확산되어 조선에 대한 청나라와 일본의 권한을 확대시켜준 사건이 되고 말았다. 이 사건은 갑신정변의 배경이 되기도 했다.

청과 일본의 조선 쟁탈전에
불을 붙이다

급진 개화파

강화도조약을 체결한 이후 개항이 시작되면서 새로운 사상과 문물, 제도 개혁에 눈을 뜬 개화 세력이 점차 생겨났다. 이들은 조선 후기 박지원 등의 실학사상을 계승한 이들로 개화파라고 한다. 개화파는 고종 11년(1874) 김옥균, 박영교, 박영효, 서광범 등을 중심으로 개화당이라는 정치집단을 만들었다. 개화당은 처음에는 민씨 정권과 손잡고 많은 개화 정책을 함께 펼쳤다. 신식 행정관서인 통리기무아문을 설치하고, 일본 국정 시찰단인 신사유람단을 파견했으며, 신식 육군을 창설하고, 조선 최초의 근대학교인 원산학사도 설립했다.

그러나 개화파도 하나의 집단이기에 온건 개화파와 급진 개화파로 나뉘게 되었다. 온건 개화파는 나라를 위해 개혁 정책을 실현하면서 청나라와의 관계를 그대로 유지하자고 주장했고, 급진 개화파는 청나라에 대한 사대관계를 청산하고 민씨 세력 또한 무너트려야 할 대상으로 생각했다. 급진 개화파의 주요 인물로는 김옥균, 서재필, 서광범, 박영효, 홍영식 등이 있었다. 박영효는 〈한성순보〉를 발행해 개화의 필요성을 피력하기도 했다.

고종과 함께 개화 정책에 참여하던 개화파는 임오군란이 일어난 후 민씨 정권 타도에 앞장서게 되었다. 민씨 세력의 요청으로 임오군란을 진압한 청나라가 조선에 3,000명의 군사를 주둔시킴으로써 청나라와 수구파들이 정국의 주도권을 쥐게 되었다. 이들은 수구 정책을 고수했으며 당연히 개화 정책도 중단되었다. 그리고 청나라는 무력으로 자국이 조선의 종주국임을 주장하며 조정의 일에 적극적으로 간여했다. 개화파는 청나라의 견제를 받았고, 그럼으로써 청나라의 간섭에서 벗어나려는 개화파의 열망이 강해졌다.

개화파, 정변을 일으키다

고종 21년(1884) 10월 17일, 우정국(우편 업무를 맡아보던 관청)의 완공을 축하하는 연회가 열렸다. 우정국 총판은 급진 개화파인 홍영식이었다. 연회가 끝나갈 무렵 담장 밖에서 불길이 솟았다. 우영사인 민영익이 불을 끄려고 밖으로 먼저 뛰어나갔다. 그런데 문밖에서 흉도들이 칼을 휘두르자 칼을 맞고 겨우 되돌아와 목숨은 건졌다. 자리에 있던 이들도 모두 놀라 흩어졌다. 이때 김옥균, 홍영식, 박영효, 서광범, 서재필 등이 급히 궐로 들어가 고종에게 아뢰었다.

"전하! 청나라와 사대수구당(청나라 세력에 기댄 보수 세력의 정치집단으로, 개화당과 앙숙이었다)이 난을 일으켰으니 속히 피하소서."

자세한 내막을 알지 못했던 고종은 명성황후 민씨와 함께 경우궁으로 거처를 옮겼다. 경우궁은 창덕궁보다 좁아 개화당의 소수 병력으로도 충분히 호위할 수 있었다. 그러나 이날의 일은 급진 개화파인 김옥균, 박영효, 서광범 등이 일으킨 정변이었다. 이들은 민씨 세력을 제거하고 혁신 정부를 세우기 위해 정변을 일으켰고, 고종과 명성황후를 감시하기 위해 경우궁에 이어시킨 것이었다. 이날 밤 일본 공사 다케조에가 병사를 거느리고 와서 호위했다.

급진개화파는 정변을 일으킬 기회를 엿보고 있었는데, 이때 청나라가 프랑스와 전쟁 중이었다. 병력이 모자란 청은 조선에 주둔한 군사 1,500명을 철수시켰고, 김옥균 등은 정변을 위해 일본 측으로부터 병력을 지원받았다. 일본 역시 청나라가 골칫거리였기 때문에 정변이 잘만 이뤄진다면 나쁠 게 없었다. 당시 개화당도 정변을 위해 군사를 양성했는데, 그 수는 약 1,000여 명 정도였다. 김옥균 등은 자신들의 비밀 군사와 일본의 군사 지원을 받으면 조선에 남아 있는 청나라 군대를 충분히 몰아낼 수 있으리라 계산했다.

3일천하

일단 고종과 명성황후를 경우궁에 가둔 급진 개화파는 새로운 정부 수립에 착수했다. 이에 앞서 18일에는 수구파의 핵심 인물인 좌영사 이조연, 후영사 윤태준, 전영사 한규직 등과 민씨 세력인 민태호, 조영하, 민영옥, 내시 유재현을 경우궁으로 불러들여 처단했다. 실록은 이날 고종이 연거푸 죽이지 말라고 하교했으나 끝내 명을 듣지 않았고, 김옥균의 십수 인의 무리로 인해 고종의 행동 또한 자유롭지 못했다고 기록했다.

개화파는 우선 인사 개편부터 단행했다. 새롭게 발령된 인사에는 자신들의 세력과 대원군의 장남인 이재면, 대원군의 조카, 왕대비의 조카도 포함되어 있었는데, 신정부의 입지를 임시적으로나마 단단하게 만들기 위함이었다. 이들은 각국 공사, 영사들에게도 새로운 정부가 수립되었음을 통보했다. 그러곤 개혁 조항을 발표했다. 개혁 조항의 내용은 대충 이러하다.

청에 잡혀간 대원군을 돌아오게 하고 청에 행하던 조공의 허례를 폐지, 문벌 폐지, 능력에 따라 관리 임명, 지조법을 개혁해 부정부패를 막고, 국가재정을 넉넉하게 하며, 내시부를 없애고, 부정한 관리 중 심한 자는 처벌, 상환미는 영구히 받지 않으며, 규장각 폐지, 귀양살이와 옥에 갇힌 이들의 형을 감함, 모든 재정은 호조에서 통할, 정부나 육조 외에 불필요한 기관 등을 없애는 것이었다.

굉장히 빠른 개혁을 추진하던 개화파의 천하는 3일 만에 끝났다. 명성황후와 민씨의 세력이 다시금 청에 지원을 요청함으로써 개화파는 진압되었다.

다시금 일본과 청에 발목을 잡히다

청나라는 개화파를 공격했고, 군사 지원을 약속했던 일본은 상황이 불리해지자 군사를 철수시켰다. 청나라는 일본 공사관을 불사르고 공사관 직원과 조선에 머물던 일본인도 처단했다. 일본은 이때의 책임을 또다시 조선에게 물어 한성조약을 체결했다. 일본인 피해자에 대한 보상금과 공사관 재건축비 따위를 요구한 것이었다.

정변을 일으켰던 김옥균, 박영효, 서광범, 서재필 등 9명은 일본으로 도망쳤다. 그 뒤 국내에 남아 있던 개화파 인사들은 민씨의 수구파에 의해 피살되고 개화당은 한 차례 몰락했다. 이들의 정변은 실패로 돌아갔지만, 자주독립운동의 기틀이 되었다.

조선이 근대화로 가는 길은 참으로 험난한 여정이었다. 청과 일본은 조선을 두고 제멋대로 톈진조약을 맺었다. 일본과 청나라는 양국 군대가 조선에서 철수한 후 장래 조선에 변란이나 중대 사건이 있을 시 파병을 미리 상대방에게 알릴 것을 합의한 것이었다.

부패한 제도 개혁과 부국강병, 청나라로부터의 독립, 백성의 평등권 확보 등을 위해 일어난 많은 사건들은 조선 후기부터 자행된 세도정치로 인해 실패했다. 개혁에 실패한 조선은 결국 무력을 앞세운 일본에 모래성처럼 부서지고 말았다.

불에 태운다고 영영 사라질까,
재가 되었다고 영영 날아갈까

명성황후 민씨

명성황후 민씨는 여흥 민씨 민치록의 딸이다. 1851년 9월 25일에 태어났다. 명성황후는 흥선대원군에 의해 왕비가 되었다. 민씨는 대원군의 부인인 민씨의 친족으로, 그녀가 책봉될 당시 민치록은 이미 이 세상 사람이 아니었다. 명성황후에겐 대를 잇기 위해 들인 양오빠 민승호 외엔 아무도 없었다. 이는 곧 견제할 외척 세력이 없다는 뜻이었다. 대원군은 민씨를 중전으로 선택했으나, 둘은 내내 정치적 앙숙으로 지내야 했다.

민씨가 중전이 되고 나서 고종의 후궁인 이씨가 아들(완화군)을 낳았는데, 대원군이 완화군을 세자로 책봉하려 했다. 이 때부터 대원군과 민씨는 대립하게 되었다.

대원군이 정계에서 밀려나자 민씨는 자신의 친정 세력을 대거 영입하여 정권을 장악했다. 명성황후 민씨는 상당히 명석했다고 전해진다. 책 읽기를 매우 좋아했으며 정치에도 많은 관심을 기울였다.

일본의 기자면서 명성황후 시해에 참여했던 고바야카와는 《민후조락사건》에서 그녀를 평하길, 한국의 정치 활동가 중에도 그 지략과 수완이 민씨 위에 있는 자가 없었으며, 실로 민씨는 당대에 견줄 만한 이가 없을 정도로 뛰어난 인물이었다고 기록했다.

명성황후 민씨는 고종이 대한제국을 선포함으로써 왕후에서 황후가 되었다.

명성황후의 친러 정책

고종 31년(1894) 백성의 등골을 빼어먹던 탐관오리 때문에 동학농민운동이 일어났다. — 전봉준 참조

이때 톈진조약을 빌미로 청나라와 일본은 조선에 군사를 출병시켰다. 그리고 일본은 조선을 두고 청나라와 전쟁을 일으켜 승리했다. 청국으로부터 조선의 자주독립을 확인한다는 조항을 1조로 내걸고 시모노세키조약을 체결했다. 일본은 조선을 식민지로 만들고자 청나라를 완전히 제거한 것이었다. 또 일본이 청나라로부터 만주를 할양받자 러시아는 긴장하기 시작했다. 러시아는 독일, 프랑스와 함께 만주를 청나라에 다시 반환하라고 일본에 경고했다. 일본은 러시아와 독일, 프랑스와 전쟁을 일으킨다면 승산이 없음을 알고 요동반도를 청나라에 반환했다.

명성황후는 이것을 이용하기로 했다. 즉 러시아 세력으로 일본을 견제하기 위해 친러 정책을 펼친 것이었다. 일본으로서는 러시아와 명성황후 민씨가 정적으로 부상하게 되었다.

일본, 방향을 틀다

일본은 상황이 불리해지자 조선에 러시아를 끌어들인 명성황후를 제거하는 쪽으로 방향을 틀었다. 당시 일본 공사인 이노우에 가오루가 무장 출신인 미우라 고로를 새로운 공사로 천거하고는 일본으로 돌아갔다. 이들은 이미 사전에 명성황후 민씨를 시해할 음모를 꾸민 뒤였다.

조선에 일본 공사로 부임한 미우라는 시해 계획을 모색하며 적당한 인물들을 물색했다. 미우라는 서울에 주둔한 일본 수비대 병력과 공사관 인력, 일본인 낭인(浪人, 일정한 직업이 없이 이리저리 떠돌아다니며 빈둥빈둥 노는 사람) 등을 섭외했다. 미우라는 조선에 있던 일본인 고문관, 신문사 사장, 기자, 통신원까지 가담시켰다. 사건 후 뒷수습을 위해서였다. 또 조선 훈련대도 끌어들였는데, 대대장 이두황과 중대장 이범래는 일본의 사주를 받아 야간 훈련을 한다는 핑계를 대고 군사들을 집결시켰고, 훈련대 제2대대장 우범선도 가담했다. 이뿐이 아니었다. 일본은 명성황후 시해 후 발뺌을 하기 위해 정치적 대립 관계였던 대원군을 무력으로 동행시켰다. 대원군이 살해를 명령한 것으로 위장하려 한 것이었다.

1895년 8월 20일

미우라는 8월 20일 새벽에 경복궁으로 향했다. 궁궐을 공격하며 들어가니 변이 터졌고, 시위대 연대장 홍계훈이 시위대 병력을 이끌고 대항했으나 광화문 밖에서 살해당했다. 미우라 일당은 건청궁으로 들어가 왕의 침전인 곤녕전으로 향했다. 궁내대신 이경직은 명성황후의 침전으로 난입하는 폭도들과 맞서다 뜰에서 해를 당했다. 이들은 고종과 왕태자를 제압했고, 그 시각 또 다른 폭도들은 명성황후의 침전에서 그녀를 살해했다. 너무나 갑작스런 일이었으므로 고종은 명성황후가 이날 피살된 사실을 후에야 알았다고 실록은 기록했다.

미우라 일당은 명성황후를 살해한 뒤 사건을 은폐하려고 그녀의 시신을 불태웠다. 11월 14일 훈련대 군사로 시해 사건 현장에 있었던 박선, 이주회, 윤석우가 참형을 당했는데, 이들의 판결 선고문에 명성황후가 시해될 당시의 정황이 제법 소상하게 나와 있다.

윤석우는 8월 20일 대대장 이두황과 중대장 이범래의 명으로 야간 훈련에 참여했다. 윤석우는 자신이 거느리는 군사로 태화궁을 지키다가 춘생문으로 들어가 강녕전 뜰을 순찰하던 중에 녹산(鹿山, 궁궐의 인공 산)에 이르렀다. 그런데 그곳에서 시체 하나가 불에 타고 있었다. 하사 이만성에게 물으니 나인의 시체를 태운다고 했다. 그날 밤 대대장 우범선과 이두황에게 보고하고는 불타다 남은 시체 하체만을 거두어 오운각 서쪽 봉우리 아래에 묻었다고 했다. 윤석우는 그 시체가 명성황후의 것인지 알지 못했다고 진술했지만 처형되었다. 우범선은 을미사변 후 일본으로 망명했으나, 이후 고영근에게 살해되었다. 이두황은 일본으로 피신했다가 친일파로 다시 귀국해 전라북도장관이 되었다.

세계가 경악하다

명성황후가 시해되고 8월 22일에는 그녀가 서인으로 강등, 폐위되었다. 그녀가 지난밤 있었던 변란을 틈타 도망을 했다는 것이 이유였다. 이는 일본이 고종을 압박하여 내리게 한 하교로, 시해 사건을 덮으려는 의도였다. 또한 8월 20일의 변란을 조선 훈련대가 일으킨 사건으로 몰아갔다. 그러나 명성황후는 그다음 날 곧 빈으로 승격되었고, 10월 10일에는 신원되어 국장이 치러졌다.

일본은 명성황후 시해 사건을 은폐하려 했지만, 다행히 그날 궁궐에 머물고 있었던 미국인 교관 윌리엄 다이와 러시아인 건축 기사 세레진 사바틴이 사건을 목격했다. 러시아 공사 베베르와 미국 대리공사 알렌 등이 외교관들에게 사건의 진상을 알리자 세계가 경악했다. 사건을 은폐하는 데 실패한 일본은 국내외의 비난을 받았고, 일본 정부는 미우라를 비롯해 50인에 이르는 자들을 일본으로 소환, 감옥에 수감했다. 그러나 사건을 조사하는 시늉만 냈을 뿐 이들은 증거 불충분으로 석방되었다.

이 사건으로 신변에 위협을 느낀 고종은 러시아 공사관으로 파천했다. 이로 인해 조선은 러시아의 보호국 같은 위치가 되었다. 고종은 아관파천 후에도 건청궁으로 돌아가지 않았고, 건청궁은 1909년에 완전히 헐렸다.

명성황후 민씨는 일본 정부가 가장 두려워한 인물이었다. 명성황후 시해 사건으로 민심이 크게 요동치고 각처에서 의병 운동이 확산되기도 했다.

함께 읽으면 좋은 페이지 · 고종(120쪽), 전봉준(273쪽)

짐은 그 조약에
도장을 찍지 않았다!

1904년 한일의정서와 제1차 한일협약

1904년 2월 23일 대한제국과 일본은 한일의정서를 체결했다. 당시 일본은 러시아와 전쟁 분위기가 고조되고 있었다. 일본은 전쟁을 유리하게 진행하기 위해 한일의정서를 체결한 것이었다. 조항의 내용은 대일본제국 정부를 믿고 충고를 들을 것과 일본은 대한제국의 황실과 독립, 영토보전을 확실히 보증할 것, 제3국의 침해나 내란이 있을 시 일본은 속히 임기응변의 필요한 조치를 행할 것 등이었다. 이 무렵 일본은 러시아와 전쟁을 하기 위해 서울에 병력을 대거 출동시킨 상태였는데, 이 무력을 바탕으로 조약을 강제로 체결한 것이었다.

이뿐만이 아니었다. 한일의정서 체결 후인 8월 22일에 제1차 한일협약을 체결했다. 일종의 고문정치(顧問政治, 일본이 한국을 속국으로 삼으려고 고문을 파견하여 정치에 관여하던 일)를 실행하기 위한 것으로, 이 또한 강압적인 협정이었다. 조항에는 일본 정부가 추천하는 일본인 1명을 재정고문으로 하여 재무에 관한 일체 사항을 의견을 물어 시행할 것과 일본인 외교 고문 1명을 두어 외교에 관한 업무 일체를 물어 시행할 것을 명시했다. 또한 외국과의 조약 체결, 기타 외교 안건 등도 일본 정부와 협의할 것을 명시했다. 한일의정서와 제1차 한일협약은 을사조약과 함께 조선을 식민지로 만들기 위한 준비 과정이었다.

일본의 철저한 사전 준비

러시아와의 전쟁에서 일본이 유리해지자 아시아에 대한 일본의 영향력이 커졌다. 일본은 한국을 보호국으로 만들기 위해 강대국의 승인을 얻고자 했다. 특히 한국과 조약을 맺은 미국과 영국의 승인을 얻으려 노력했다.

1905년 7월 27일 일본은 미국과 가쓰라 태프트 밀약을 체결했는데, 밀약의 내용은 필리핀과 대한제국을 일본이 지배하는 것을 승인한다는 것이었다. 이어 8월 12일에는 제2차 영일동맹을 체결했다. 영국은 청나라에, 일본은 한국에 각각 특수한 이익을 갖고 있으므로 제3국으로부터 그 이익이 침해될 때는 필요한 조치를 취한다는 내용이었다. 러일전쟁에서 승리한 일본은 9월 5일 미국 포츠머스에서 러시아와 강화조약을 맺음으로써 한국 정부의 동의만 얻는다면 한국의 주권을 침해할 수 있다는 보장을 받게 되었다. 이와 같은 내용은 포츠머스 조약에는 없었으나 비망록에 작성함으로써 가능성을 열어놓은 것이다. 이로써 일본은 조선의 식민지화에 박차를 가했다.

이토 히로부미가 오다

고종 42년(1905) 11월 10일, 일본 특파대사인 이토 히로부미가 국서(國書)를 바치며 일은 시작되었다. 실록에 따르면 일본 대사인 히로부미가 서울에 도착했을 때, 아이들과 어리석은 사람들까지도 곧 큰 문제가 생길 것임을 알았다고 한다. 그리고 11월 15일에는 히로부미가 일본 공사 하야시 곤스케와 함께 고종에게 을사조약 초안을 제출했다. 고종으로서는 기가막힐 노릇이었다. 고종은 종묘사직을 위해 차라리 목숨을 바치겠다는 칙교를 내렸다. 고종은 반대 의사를 분명히 밝혔지만 어찌 보면 뒤로 물러나 속수무책으로 바라만 볼 수밖에 없는 처지이기도 했다. 고종은 참정대신 한규설과 탁지부대신 민영기, 법무대신 이하영, 학부대신 이완용, 군부대신 이근택, 내부대신 이지용, 외부대신 박제순, 농상공부대신 권중현에게 을사조약에 관한 일을 일임했다.

을사조약을 체결하다

11월 17일 을사조약(제2차 한일협약)이 체결되었다. 고종이 없는 자리에서 회의에 참석한 대신들의 찬반으로 조약이 체결되었다. 이완용과 박제순, 이지용, 권중현, 이근택이 찬성하고, 한규설과 민영기는 반대했다. 을사조약의 내용은 대충 이러하다.

- 일본국 정부는 동경에 있는 외무성을 통해 한국의 외국과의 관계 및 사무를 감리 지휘할 수 있다.
- 한국 정부는 일본국 정부의 중개를 거치지 않고 국제적 성질을

가진 어떠한 조약도 할 수 없다.

- 일본국 정부는 통감 1명을 두고 경성에 주재하면서 직접 한국 황제 폐하를 궁중에서 만나는 권리를 가진다.
- 일본 정부는 한국 황실의 안녕과 존엄을 보증한다.
- 이 조약은 한국이 실지로 부강해졌다고 인정할 때까지 계속된다.

그러나 어느 정도가 되어야 부강하다고 인정할 수 있는지는 정확히 하지 않았으므로 대한제국은 계속해서 일본에게 외교권을 돌려받지 못할 게 뻔했다. 일본은 한국이 부강하도록 두고보지 않을 것이며, 인정조차 하지 않을 것이기 때문이었다.

그날의 진실 혹은 거짓

여러 자료에 조약 체결 당시의 상황들이 상세하게 나와 있다. 그러나 실록에는 기록이 거의 없다. 히로부미가 언제 서울에 도착하고 언제 고종을 만났다는 정도만 기록되어 있고 내용도 매우 간결하다.

을사조약 체결 후 곳곳에서 상소문이 쏟아졌다. 조약이 무효임을 주장하거나 을사조약 체결에 찬성한 5명(을사오적)을 탄핵하는 상소문이 빗발쳤다. 참판을 지낸 홍만식은 분개하여 약을 먹고 죽기까지 했다.

이에 1905년 12월 16일에 이완용 등 을사조약에 찬성한 5명이 사직을 청하는데, 그 기록을 바탕으로 을사조약이 체결된 11월 17일의 상황을 짐작해본다.

12월 16일에 이완용과 박제순, 이지용, 권중현, 이근택이 호소했다.

"조약의 내용을 보면 독립이라는 칭호가 바뀌지 않았고, 제국이라는 명칭도 그대로이며, 종사는 안전하고 황실은 존엄한데, 다만 외교에 대한 한 가지 문제만 잠깐 이웃 나라에 맡긴 것이고, 우리나라가 부강해지면 도로 찾을 날이 있을 것입니다. 더구나 이와 같은 조약은 오늘 처음으로 이루어진 것도 아닙니다."

조약 체결 당시 있었던 8인은 이날 고종과 많은 이야기를 나누었다. 고종 또한 일본의 요구를 들어주지 않으면 조선에 가해질 보복의 수위를 알고 있었다. 바로 무력이었다. 의정부에 책임을 떠맡긴 고종에게 대신들은 건의했다. 할 수 없이 조약을 체결하게 된다면 보태거나 삭제할 부분이 있을 것이니 그것을 강구하자는 것이었다. 고종도 동의하고는 일을 잘 처리하라고 하교했다.

이들은 고종을 배알하고 다시 회의장에 모였다. 그리고 히로부미가 군사령관 하세가와와 함께 도착하고, 헌병 사령관과 군사령부 부관이 뒤따라 들어오며 분위기가 험악해졌다. 8인의 대신은 죄인마냥 의자에 갇혀 있어야 했다. 앞서 8명의 대신은 히로부미를 벌써 한 차례씩 만난 후였다. 그들의 밀담에서 어떤 말이 오갔는지는 알 수 없지만 이것 하나만은 확실했다. 조약에 찬성하면 바로 부귀영화, 후일이 약속되는 것이었다.

히로부미는 8인의 대신들을 한 사람, 한 사람 지목하며 의견을 물었다. 무엇 때문에 반대하는 것인지 이유를 대라는 것이었다. 이때 히로부미가 고종을 배알할 것을 청했으나 고종은 병을 핑계로 만나지 않았다.

한규설은 설명할 필요조차 없으므로 반대한다 했다. 나머지 박제순을 비롯하여 을사오적이라 불리는 대신들도 찬성과 반대를 명확히 표현하지 않고 애매한 답을 했는데, 히로부미는 이를 전부 찬성으로 받아들였다. 이날 실록의 기록에도 반대한다고 확실히 말한 사람은 한규설과 민영기뿐이라고 되어 있다. 찬성한 5인의 대신은 어쩔 수 없는 선택이었음을 알아달라고 변명했다. 그러면서 알아서 잘 처리하라고 하교한 고종의 발목을 붙잡았다. 을사오적은 나라를 팔아먹은 매국노라는 비난을 피해가지 못했다.

고종의 무효 선언

을사조약이 체결된 후 고종은 이 협약이 무효임을 알리기 위해 각국에 친서를 보냈다. 그가 할 수 있는 일이라곤 이것밖에 없었다. 고종은 독립운동가이자 황실 고문 헐버트에게 보호조약이 무효임을 알리며 미국 정부에 전달해줄 것을 청했다. 그러나 고종의 뜻은 이루어지지 못했다. 1906년 6월에는 프랑스 대통령에게도 친서를 보냈다. 1907년 4월 20일, 고종은 목숨을 내어놓고 헤이그에서 열린 만국평화회의에 특사를 파견해 을사조약이 무효임을 알리려 했으나 이 또한 묵살되었다. 이 일로 고종은 일본에 의해 강제 퇴위되었다. 을사조약의 원명은 한일협상조약이며 제2차 한일협약, 을사5조약, 을사늑약이라고도 한다.

함께 읽으면 좋은 페이지 · 고종(120쪽)

부록

쉽게 이해하는
《경국대전》

조선의
제도와 법을
엿보다

*

1권 《이전》, 2권 《호전》, 3권 《예전》,
4권 《병전》, 5권 《형전》, 6권 《공전》

《이전(吏典)》

이조의 조직과 소관 사무를 규정한 법전

소속 관청은 충익부, 내시부, 상서원,
종부시, 사옹원, 내수사, 액정서

- **내명부와 외명부** : 대궐 안에 작위를 가진 여인을 가리킨다. 작위를 가진 부녀자들의 계급 명부다. 대궐 안에 있는 명부를 내명부, 대궐 밖에 있는 명부를 외명부라 한다. 내명부는 후궁과 상궁들을 의미한다. 왕에 속한 후궁과 상궁들, 세자궁에 속한 후궁과 상궁들을 말한다. 후궁을 제외한 내명부의 상궁들은 모두 직무가 있다.

  외명부는 남편의 직위, 관직에 따라 주어진다. 왕의 유모는 종1품인 봉보부인이고, 왕비의 어머니는 부부인, 문무관의 처는 정경부인, 정부인, 숙부인 등이 있고, 종친의 처는 군부인, 현부인, 신부인 등이 있다.

- 벼슬은 종3품까지만 관청 뒤에 나열했다. 관청은 종6품까지 있으나 벼슬은 종9품까지다.

- **정1품 관청** : 종친부(왕의 혈통 관청), 의정부(조선 최고의 정무기관), 충훈부(공신들의 관청), 의빈부(공주나 옹주에게 장가든 사람들의 관청), 돈녕부(임금의 친족과 외척의 관청). 정1품 벼슬에는 영의정, 좌의정, 우의정, 군(공신이나 임금의 자손인 대

군, 왕비의 아버지 등), 위(공주에게 장가든 사람의 최고 벼슬), 영사(왕비의 아버지로서 부원군이 되기 전 벼슬)가 있다.

- **종1품 관청** : 의금부(임금의 지시를 받아 죄인을 신문하는 일을 맡는다). 종1품 벼슬로는 좌찬성, 우찬성, 군, 위, 판사가 있다.

- **정2품 관청** : 6조(이조, 병조, 호조, 형조, 공조, 예조), 한성부(서울을 담당하여 관할하는 관청). 정2품 벼슬로는 좌참찬, 우참찬, 군, 위, 지사, 판서, 판윤, 대제학, 좌빈객, 우빈객이 있다.

- **종2품 관청** : 사헌부(정사를 토론하고 관리의 비행을 조사, 그 책임을 규탄하는 일을 맡은 관아), 개성부(옛 수도를 맡아 다스리는 관청), 충익부(작은 공을 세운 원종공신을 위한 관청). 종2품 벼슬은 군과 위, 동지사, 참판, 좌윤, 우윤, 대사헌, 제학, 좌부빈객, 우부빈객이 있다.

- **정3품 관청** : 승정원(임금의 명령을 받아 내보내고 또 받아들이는 일을 맡는다), 장예원(노비의 문서와 송사에 관한 일을 맡는다), 사간원(임금의 잘잘못을 지적하고 관리들의 잘못을 규탄하는 일을 맡는다), 경연(임금을 위해 옛글을 외우고 해석, 연구하는 직무를 맡는다), 홍문관(왕궁서고의 도서 관리와 문학에 관계된 일을 전공, 임금의 물음에 응하는 직무를 맡는다), 예문관(나라에 소용되는 글을 맡아서 짓는다), 성균관(선비들에게 학문을 가르치는 직무를 맡는다), 상서원(옥새를 비롯한 임금의 인장과 병부를 비롯하여 여러 가지 증표 및 군사지휘의 표식물 등을 맡는다), 춘추관(현행 정사에 관한 기록을 맡는다), 승문원(외교 문건을 맡아본다), 통례원(의식 진행에 관한 일을 맡는다), 봉상시(제사를 지내고 시호를 주는 등의 일을 맡는다), 종부시(왕실 자손들의 족보를 편찬하고 종실들의 잘못을 규탄하는 임무를 맡는

다), 교서관(서적의 인쇄 및 반포, 제사에 쓸 축문 등의 직무를 맡는다), 사옹원(궁에서 사용하는 음식 등의 일을 맡는다), 내의원(왕실에서 사용하는 약의 조제를 맡는다), 상의원(왕실에서 사용하는 의복 및 옷감을 공급, 궁중의 재물과 보물, 금은의 관리 등을 맡는다), 사복시(수레와 말 및 목장 등의 일을 맡는다), 군기시(무기 제조를 맡는다), 내자시(왕궁에서 공급하는 쌀, 밀가루, 술, 장, 기름, 꿀, 채소, 과실과 궁중의 연회 및 직물 등의 일을 맡는다), 내섬시(각 궁, 전에 공급하는 물건과 2품 이상 관리들에게 주는 술 및 왜인과 야인들을 접대하는 음식, 직물 등의 일을 맡는다), 사도시(왕궁 창고의 양곡과 대궐에 공급하는 장 등을 맡는다), 예빈시(손님들에게 연회를 차려주고 종친인 재상들에게 음식을 대접하는 등의 일을 맡는다), 사섬시(종이돈의 제조와 외거 노비들이 신역 대신 바치는 무명 등을 맡는다), 군자감(군수물자의 저축을 맡는다), 제용감(큰 나라에 바치는 직물과 인삼, 의복, 각종 비단, 화폐로 쓰는 베나 무영, 물감 및 염색, 길쌈 등을 맡는다), 선공감(토목공사를 맡는다), 사재감(생선, 고기, 소금, 땔나무, 횃불 등을 맡는다), 장악원(음악을 가르치는 일을 맡는다), 관상감(천문, 풍수, 책력, 술수, 기상관측, 시간 측정 등의 일을 맡는다), 사역원(여러 나라의 말을 번역하는 일을 맡는다). 정3품 벼슬로는 부위(세자의 딸에게 장가든 사람의 첫 벼슬), 도정, 참의, 도승지, 좌승지, 우승지, 좌부승지, 우부승지, 동부승지, 대사간, 참찬관, 부제학, 직제학, 대사성, 수찬관, 편수관, 판교, 좌통례, 우통례가 있다.

- **종3품 관청 :** 세자시강원(세자를 모시고 경서와 역사를 강론, 세자를 가르치는 임무를 맡는다). 종3품 벼슬로는 첨위(세자의 서

녀에게 장가든 사람의 첫 벼슬), 부정, 집의, 사간, 전한, 사성, 참교, 상례, 부정, 보덕이 있다.

- **정4품 관청 :** 종학(종실들을 가르치는 일종의 왕실 교육기관), 수성금화사(궁성과 도성을 수축, 궁궐이나 관청 및 동리의 각 민가에서 일어나는 화재의 진압을 맡는다), 전설사(장막에 대한 공급을 맡는다), 풍저창(쌀, 콩, 초둔, 종이 등 물건을 맡아 관리한다), 광흥창(백관들의 녹봉을 맡는다).

- **종4품 관청 :** 전함사(중앙과 지방의 배를 맡아 관리한다), 전연사(궁궐을 수리하는 일을 맡는다).

- **정5품 관청 :** 내수사(대궐에 소용되는 쌀, 천 및 잡물과 노비에 관한 일을 맡는다).

- **종5품 관청 :** 소격서(3청이라 하는 별에 제사 지내는 일을 맡는다), 종묘서(임금의 조상들의 사당을 지키는 일을 맡는다), 사직서(사직단 청소 일을 맡는다. 사직단은 임금이 백성을 위해 토신 등에게 제사 지내던 제단을 뜻한다), 평시서(시장을 단속하고 물가를 조절하는 등의 일을 맡는다), 사온서(궁궐에서 사용하는 술의 공급을 맡는다), 의영고(기름, 꿀, 황랍, 고기가 없는 음식, 후추 등의 물건을 맡는다), 장흥고(돗자리, 유둔, 종이 등의 물건을 맡는다), 빙고(얼음 저장하는 일을 맡는다).

- **정6품 관청 :** 장원서(대궐 후원의 꽃과 과실을 관리하는 일을 맡는다), 사포서(후원의 포전을 가꾸고 채소를 제공하는 일을 맡는다).

- **종6품 관청 :** 양현고(성균관 유생에게 쌀이나 콩 등의 식량을 공급하는 일을 맡는다), 전생서(제사에 제물로 쓰이는 짐승 기르는 일을 맡는다), 사축서(여러 가지 집짐승이 잘 자라고 생산을 잘하

도록 하는 일을 맡는다), 조지서(표문지, 전문지, 자문지 및 각종의 종이 뜨는 일을 맡는다), 혜민서(의약으로 백성들의 병을 치료하는 일을 맡는다), 도화서(그림 그리는 일을 맡는다), 전옥서(옥에 갇힌 죄수를 맡는다), 활인서(도성 안 급한 환자들을 구제하는 일을 맡는다), 와서(기와나 벽돌 굽는 일을 맡는다), 귀후서(관과 덧관을 만들고 예장, 즉 왕실의 친족과 외척, 공신 및 종1품 이상의 관리들에게 치러주던 장례에 쓸 것을 공급하는 등 여러 일을 맡는다), 4학(담당 지역 안의 유생들을 가르치는 일을 맡는다), 5부(담당 지역 안의 각 동리에서 거주하는 사람들의 불법행위 및 다리와 도로, 불씨를 나눠주는 일, 화재 단속, 시체 검사 등의 일을 맡는다), 문소전(조선 태조와 신의왕후의 신위를 모시는 전각으로, 인소전이라 부르다가 세종 15년에 문소전이라 고쳤다).

- **봉조하** : 당상 3품 이상의 관리가 직무를 감당하기 어려워진 경우 벼슬에 따라 일정 기간 녹봉을 주고 중요한 의식에 참가하게 하는 등 특권을 부여하며 부르는 칭호다.

- **취재시험** : 취재시험은 과거시험보다 낮은 급의 시험이다. 오늘날 인물심사, 즉 면접과 비슷한 형태다. 그러나 16세기 이후로 없어졌다. 그 후 취재시험은 무술에 관한 것을 병조에서 진행했고, 그 이외의 부분은 예조에서 진행했다.

- **지방교관** : 매년 정월에 시험을 보았는데, 나이 40세 이상 된 사람으로 문과 복시를 통과한 사람은 시험 없이 임명한다.

- **음덕 있는 집안의 젊은이** : 그야말로 조상의 덕으로 과거시험 없이 벼슬이 주어졌다. 공신 및 2품 이상의 아들, 손자, 사위, 아우, 조카와 실직에 있는 3품 관리의 아들, 손자와 이조, 병조, 도총부, 사헌부, 사간원, 홍문관, 부장, 선전관을 지

낸 사람의 아들로서 나이 20세 이상이 기준이다.

- **인재의 천거** : 중앙과 지방은 물론이고 3품 이상 관리는 3년마다 각기 3명의 인재를 천거한다. 만약 천거된 사람이 탐장죄(貪贓罪, 벼슬아치가 공공의 재물을 횡령하거나 민간의 재물을 빼앗은 죄), 윤리를 어지럽힌 죄를 범하면 천거한 사람도 함께 죄를 받는다.

- **품계를 제한하는 등용** : 2품 이상 문무 관리의 양인 출신 첩에서 난 자손은 정3품까지로 제한하고, 천인 출신의 첩에서 난 자손은 정5품까지로 제한한다. 6품 이상 관리로서 양인 출신의 첩에서 난 자손은 정4품까지로 제한하고, 천인 출신의 자손은 정6품까지로 제한한다. 7품 이하로 벼슬이 없는 사람의 양인 출신의 첩 자손은 정5품까지로 제한하고 천인 출신의 첩에서 난 자손과 양인이 된 사람은 정7품까지로 제한한다. 양인 출신 첩에서 난 자손이 다시 천인 출신의 첩에게서 본 자손은 정8품까지로 제한한다.

- **관리들의 업적 평가** : 중앙관리는 해당 관청의 당상관, 제조 및 소속된 조의 당상관이, 지방 관리는 관찰사가 해마다 6월 15일과 12월 15일에 등급을 평가하여 임금에게 보고한다.

- **관리들의 근무 실태** : 모든 관청의 관리들은 묘시(5~7시)에 출근하고 유시(17~19시)에 퇴근한다. 일이 바쁜 관청은 퇴근 후 한 사람이 남아서 수직원이 올 때까지 기다리며, 종묘서, 문소전, 활인서의 관리 및 사직서, 돈과 양곡을 다루는 모든 관청에서는 모임이 있을 때도 한 사람만은 남긴다.

- **여러 과거의 품계** : 문과(문관을 뽑던 과거)에서 갑과(합격자 등급 중 1등급)의 1등으로 합격한 사람에게는 종6품을 주고,

나머지에게는 정7품을 준다. 을과(2등급)에게는 정8품, 병과(3등급)에게는 정9품을 준다. 역과(잡과 가운데 역관을 뽑기 위한 과거)에서 1등으로 합격한 사람에게는 종7품, 2등에게는 종8품, 3등에게는 종9품을 준다. 음양과(천문학, 지리학, 점치는 일을 공부한 사람을 대상으로 실시하던 잡과), 의과(잡과 가운데 의술에 뛰어난 사람을 뽑는 시험), 율과(잡과 가운데 형률에 밝은 사람을 뽑던 시험)에서 1등으로 합격한 사람에게는 모두 종8품, 2등에게는 정9품, 3등에게는 종9품을 준다.

- **늙은이에게 주는 벼슬** : 벼슬을 하는 사람으로 나이 80세 이상이면 양인, 천인 상관없이 한 품계를 올려준다. 그러나 당상관은 임금의 지시가 있어야 올려준다. 당상관은 정3품 상(上) 이상의 품계에 해당하는 벼슬을 통틀어 말한다.

- **추증** : 종친 및 2품 이상의 실직을 가진 문무 관리들의 3대 조상들에게 벼슬을 준다. 즉 죽은 아버지, 할아버지, 증조할아버지에게 벼슬을 올려준다.

- **시호** : 종친이나 정2품 이상의 실직을 지낸 문무 관리들에게는 시호를 내린다. 시호는 제왕이나 재상들이 죽은 뒤에 그들의 공덕을 칭송하기 위해 붙이는 이름이다.

- **휴가** : 사고가 있는 사람이 임금에게 보고하고 휴가를 얻는다. 3년에 한 번 부모를 보러 가거나, 5년에 한 번 조상의 묘를 보러 가거나, 부모나 조상의 묘에 출세하여 영광을 주러 가거나, 죽은 조상에게 벼슬이 추증되었다거나, 혼례가 있는 경우 7일 동안 휴가를 주며, 아내, 장인, 장모의 장사에는 모두 15일의 휴가를 준다. 부모의 병환이면 70일, 가까운 거리는 50일이다. 경기는 30일을 준다. 관찰사가 거리를 따져 휴

가일을 정하는데, 기한이 넘도록 돌아오지 않으면 직을 잃는다.

- **개명** : 이름을 고친 경우에는 이조에서 임금에게 보고하고 예문관에 공문을 보내면 거기서 등록한 다음 증명서를 내준다.

2권

《호전(戶典)》

호조의 소관 사항을 규정한 법전

소속 관청은 내자시, 내섬시, 사도시, 사섬시, 군자감, 제용감, 사재감, 풍저창, 광흥창, 전함사, 평시서, 사온서, 의영고, 장흥고, 사포서, 양현고, 오부

- **호적** : 3년 만에 한 번씩 새로 정비해 본조, 한성부, 본도, 본 고을에서 보관한다.

- **토지측량** : 모든 토지는 6등급으로 나누며, 20년마다 한 번 씩 토지를 다시 측량해 대장을 만들어 본조, 본도, 본고을에 각각 보관한다. 토지는 등급에 따라 부과되는 세도 달라진 다. 늘 경작하는 토지를 정전이라 하고, 경작하기도 하고 묵 히기도 하는 토지를 속전이라 한다. 정전이라고는 하지만 토질이 메말라 농사가 잘되지 않는 토지나, 속전이지만 땅 이 기름져서 소출이 곱절이나 많이 나는 토지는 고을원(고 을 수령, 각 고을을 맡아 다스리던 지방 관리를 통틀어 이르는 말 이다. 절도사, 관찰사, 부윤, 목사, 부사, 군수, 현감, 현령 등이 있 다)이 장부에 기록했다가 관찰사에게 보고해야 한다.

- **적전** : 임금이 몸소 농민을 두고 농사를 짓는 논밭이다. 이 곡식으로 제사를 지낸다. 적전은 부근에 사는 농민을 시켜 경작하고 수확하는데, 그 농민에게는 공물과 조세 이외의 잡다한 부역을 면제해준다.

- **녹봉 등급 :** 각 녹봉은 네 계절의 첫 달에 내준다. 정1품에서 종9품까지 품계가 있는데, 같은 1품이라도 정1품이 종1품보다 더 높다. 정1품의 녹봉과 최하직인 종9품의 녹봉 차이는 아래와 같다.

  * **정1품 :** 봄에는 쌀 4섬과 현미 12섬, 좁쌀 1섬, 콩 12섬, 명주 2필, 규격베 4필, 종이돈 10장. 여름에는 쌀 3섬, 현미 12섬, 밀 5섬, 명주 1필, 규격베 4필. 가을에는 쌀 4섬, 현미 12섬, 좁쌀 1섬, 밀 5섬, 명주 1필, 규격베 4필. 겨울에는 쌀 3섬, 현미 11섬, 좁쌀 1섬, 콩 11섬, 명주 2필, 규격베 3필이다.

  * **종9품 :** 봄에는 현미 2섬, 좁쌀 1섬, 콩 1섬, 규격베 1필, 종이돈 1장. 여름에는 현미 2섬. 가을에는 현미 2섬, 밀 1섬, 규격베 1필. 겨울에는 현미 2섬, 콩 1섬이다.

- **토지와 주택**

  * 토지와 주택에 관한 소송은 5년이 넘으면 심리하지 않는다.

  * 3년 이상 묵은 토지는 다른 사람이 신고하여 경작하도록 허락한다.

  * 임자가 없는 토지는 다른 사람에게 넘겨준다.

  * 공신전은 자손들에게 물려준다. 공신전은 국가에 공이 있는 사람에게 내리던 논밭이다.

  * 사당을 세운 가옥은 제사를 맡아 지내는 자손에게 물려준다.

- **농사에 힘쓰도록 하는 사항 :** 권농관(저수지를 만들어 가뭄과 장마에 대비하는 일을 맡아보던 벼슬)은 부지런하고 성실한 사람을 골라 임명해 묵히는 토지가 없도록 해야 한다. 병을 앓고 있는 집의 토지는 친척이나 이웃으로 하여 경작케 해서 묵히지 말아야 한다. 관청의 둔전을 백성들을 부려서 부치

지는 말아야 한다,

- **양잠실** : 각 도에서 뽕나무가 잘 자라는 곳에 양잠실을 설치하고 대장을 만들어 본조, 본도, 본고을에 보관하고 누에를 치고 실을 뽑아 바치게 한다.

- **군자창** : 여러 가지 곡식을 적당히 저축해두었다가 백성들에게 꾸어주고 가을에 가서 본래의 수량대로 받아들인다.

- **상평창** : 중앙과 지방에 상평창을 설치하여 곡식이 귀할 때는 값을 올려 천을 사들이고, 곡식이 흔할 때는 값을 낮추어 천을 판다. 그러나 상평창은 봄에 곡식을 꿔주었다가 가을에 이자와 함께 받아들이는 고리대 기관으로 전략했다.

- **싸움배에 양곡을 싣는 규례** : 각 진의 싸움배(지금의 군함)에는 항상 한 달분의 군량을 적재한다.

- **물고기와 소금** : 각 도의 어살과 소금가마는 등급을 나누어 본조, 본도, 본고을에 보관한다. 소금가마가 없는 고을들은 소금 창고를 설치하고 세금으로 받아들이는 소금을 실어다가 곡식이나 천과 바꾸어서 군사물자에 보충한다. 포구의 기한이 찬 배는 모두 협의 매매로 팔아 곡식을 사들인다. 각 도, 마을, 포구에서 잡아들인 어물은 조상의 사당에 바치는 햇전(그해에 처음으로 잡은 물고기)과 임금에게 올리는 진상, 공물을 제외하고 곡식과 바꾼다. 매년 곡식과 바꾸어 군사 비용에 보충하는 수량은 관찰사가 자세히 기록해 임금에게 보고한다.

- **조세의 징수** : 모든 토지는 매년 9월 보름 전에 고을원이 농사 형편의 등급을 심의 결정하고, 이를 관찰사가 다시금 심의 보고하면 의정부와 육조가 토의한다. 그리고 임금에게

보고한 다음 조세를 징수한다. 각 등급과 생산량에 따라 조세도 달라진다.

• **조세의 수상운수** : 각 도는 11월 초하루부터 받기 시작하여 이듬해 정월까지 조세를 다 받아들인다. 해당 관리는 이 기일보다 먼저 배들을 검열하고 나서 조세를 운반한다. 공물은 이듬해 6월까지를 기한으로 해서 바친다.

• **잡세** : 장공인의 등급, 자리를 잡고 앉은 장사치들이 이용하는 나라의 건물 칸수라든지, 그런 것들을 등록하여 본조 및 공조와 본도, 본고을에 보관해놓고 세를 받는다. 장공인에 대해서는 관청 일을 한 일수를 계산해서 제하고 세를 받는다. 돌아다니는 장사치에게는 통행증을 발급하고 세를 받는다. 고도와 초도에서 고기를 잡아 가는 왜인의 선박에게도 세를 받는다.

• **화폐** : 나라의 화폐로는 볏돈(볏돈은 삼으로 짠 베인데, 고려조 초부터 조선조에 이르기까지 사용되었다)과 종이돈이 있다. 볏돈 1장은 일반 베 2필에 해당한다. 일반 베 1필은 종이돈 20장에 해당하며, 종이돈 1장은 쌀 1되에 해당한다.

• **매매의 기한** : 토지와 가옥의 매매는 15일을 기한으로 하며 변경시키지 못한다. 모두 100일 이내에 관청에 보고하고 확인서를 받는다. 노비의 매매도 마찬가지이며, 소나 말의 매매는 5일을 기한으로 하고 변경하지 못한다.

• **채무의 징수** : 세와 공물을 납부하지 않는 자, 일부러 배를 파손한 자, 관청과 개인의 묵은 빛을 진 자에 대해서는 설사 본인이 사망했다 하더라도 아내나 자식에게 재산이 있는 경우에는 받아내는 것을 허락한다. 개인 빛은 증인으로 나선

사람과 증서를 쓴 사람의 수표가 갖추어진 문건이 있으면 받아내는 것을 허락한다. 단 1년이 지나도록 관청에 신고하지 않은 경우 소송을 심리해주지 않는다.

- **부역과 부세** : 농부 한 명의 1년 부역 일수가 6일을 초과하지 않게 한다. 만약 6일 이상 걸리는 먼 노정이면 이듬해의 부역 일수를 그만큼 감면해준다. 한 해에 두 번 부역을 시켜야 하는 경우에는 반드시 임금에게 보고한다. 고을원이 부역 동원을 골고루 시키지 않거나 부역을 관리하는 관리가 질질 끌면서 기한을 넘긴 경우에는 법조문에 따라 죄를 준다.

- **잡령** : 출생했거나 사망한 인구수, 법 절차를 어기고 중이 되었다가 원적지로 되돌아온 인원수, 각 도의 목장에서 죽었거나 잃어버린 말과 소는 수도는 한성부에서, 지방은 관찰사가 연말마다 임금에게 보고한다.

3권

《예전(禮典)》

예조의 예악禮樂, 제사, 연향宴享, 조빙朝聘, 학교,
과거 따위의 여섯 가지 사무를 규정한 법전

소속 관청은 홍문관, 예문관, 성균관, 춘추관, 승문원, 통례원, 봉상시, 교서관,
내의원, 예빈시, 장악원, 관상감, 전의감, 사역원, 세자시강원, 종학,
소격서, 종묘서, 사직서, 빙고, 전생서, 사축서, 혜민서, 도화서, 활인서, 귀후서,
사학이며 문소전과 연은전의 참봉, 경기의 각 능의 참봉

• **과거시험** : 3년에 한 번씩 시험을 본다. 정기시, 식년시라고
도 한다. 본시험을 치르기 전, 전해 가을에 예비시험인 초시
를 본다. 초시에 합격하면 그해 봄에 본시험인 복시(초시에
합격한 사람만이 볼 수 있다. 소과의 복시에서는 생원과 진사를 각
각 100명씩 뽑고, 대과의 복시에서는 33명을 뽑으며, 무과의 복시
에서는 28명을 뽑는다. 소과는 문과 가운데 생원과 진사를 뽑던
생진과시를 말한다)와 차례시험인 전시(전시는 복시에 합격한
이들의 등급을 매기기 위해서 대궐에서 보게 하는 시험이다. 합격
자 수는 총 33명이다)를 본다. 등급별 인원수는 1등급인 갑과
가 3명, 2등급인 을과가 7명, 3등급인 병과가 23명이다.

 * 역과(잡과 가운데 역관을 뽑는 시험) 또한 예비시험과 본시
   험으로 나뉘며 한학 13명, 몽학, 왜학, 여진학 각 2명씩을 뽑
   는다.

 * 의과(잡과 가운데 의술에 뛰어난 사람을 뽑는 시험)도 예비시
   험과 본시험으로 나뉜다. 9명을 뽑는다.

* 음양과(천문학, 지리학, 점치는 일을 공부한 사람을 대상으로 실시하던 잡과)도 같다. 천문학 5명, 풍수학, 명과학 각 2명을 뽑는다.

* 율과(잡과 가운데 형률에 밝은 사람을 뽑는 시험) 또는 법률과라고 한다. 예비시험과 본시험으로 나뉘며 9명을 뽑는다. 3년에 한 번씩 열린 식년시를 제외하고 수시로 열리는 부정기시는 증광시와 별시, 알성시, 정시, 춘당대시 등이 있다. 3년에 한 번 보는 과거는 문과, 소과, 무과, 잡과가 모두 열리나 별시, 알성시, 정시, 춘당대시는 문과와 무과만이 열렸다. 그러나 나라에 큰 경사에 있을 때 열린 증광시는 문과, 소과, 무과, 잡과를 모두 보았다.

* 죄를 범한 탓으로 영영 등용되지 못하는 자, 탐관오리의 아들, 두 번 시집갔거나 행실이 방정치 못한 여인의 아들과 손자, 첩 소생의 자손에게는 문과시험과 생원 및 진사시험에 응시하는 것을 허락하지 않는다.

* 시험장은 2~3개소로 갈라서 설치한다. 응시자와 시험관이 관계있는 자면 서로 다른 장소에서 응시한다. 아버지가 본시험에 응시하는 경우 아들은 피한다.

* 시험관이 응시자의 필적을 알지 못하게끔 서리를 시켜 답안지를 붉은 글씨로 옮겨 베끼게 한다. 응시자가 쓴 답안지를 본초라 하고 베낀 사본을 주초라 한다. 주초만을 시험관에게 넘겨서 채점하게 한다.

• **차림새** : 정삿날(조정의 조회)의 모임, 보통날의 모임, 사형수 심리보고를 받는 모임에서는 언제나 검은 빛깔의 옷을 입는다. 2품 이상의 관리는 초헌(종2품 이상의 벼슬아치가 타던 수

레)을 탄다. 당상관은 접걸상(접었다 펼 수 있는 의자)과 말안장의 우비를 든 하인이 앞에서 길을 인도하고, 정3품 당하관은 말안장의 우비만 하인에게 들게 한다.

- **상중 휴가** : 1년 복에는 30일, 9개월 복에는 20일, 5개월 복에는 15일, 3개월 복에는 7일간의 휴가를 준다. 상중일 때는 2년 동안 연회와 음악 놀이에 참가해서는 안 되며 아내나 첩은 맞아들이지 못한다.

- **사신 접대** : 큰 나라 사신이면 영접하는 관리를 의주에 보내고 위로하는 관리를 다섯 곳에 보내어 맞이하고 떠나보낼 때 연회를 차려 위로하게 한다. 사신이 수도에 닿으면 도착한 날과 이튿날에 연회를 차리며 돌아갈 때는 송별연회를 차린다.

  일본 국왕의 사신이면 위로하는 관리를 파견하되 통사를 데리고 가서 맞이하기도 하고 떠나보내기도 한다. 일본의 여러 대신들이 보내는 사절이면 통사를 파견하여 맞아오게 하고 조정 관리가 호송한다. 그 나머지의 큰 우두머리들이 보내는 사절과 대마도주가 특별히 보내는 사람은 향통사가 데려오며 조정 관리가 호송한다. 이들에 대해서는 모두 배에서 내리는 곳과 연도에서 위로하는 연회를 차리며, 수도에 도착하는 날에는 예빈시에서 영접하고 사례하는 날에는 임금이 대궐 안에다 연회를 차려주며 또 본조에다 연회를 차려준다.

  귀순한 사람에게는 그의 내력, 거처, 공로, 재간에 대해 토의하고 대장에 기록해 벼슬자리에 임명하고 요식(料食, 벼슬아치에게 주는 급료 이외의 돈)도 주고 노비도 준다.

- **양자** : 본처와 첩에게서 낳은 아들이 없을 경우 관청에 신고한 다음 같은 일가의 자손을 세워 뒤를 잇게 한다.

- **장가와 시집** : 남자는 15세, 여자는 14세가 되어야 장가들거나 시집가는 것을 허락한다. 만약 부모 중 한쪽이 오랜 병이 있거나 나이가 만 50세가 되었을 경우 12세 이상이 된 아들 딸이 있으면 관청에 신고하고 시집이나 장가를 보낼 수 있다.

- **재혼** : 사대부는 아내가 죽었을 경우 3년 뒤에 다시 장가든다. 만약 부모가 명령을 했거나 나이 40세가 넘도록 아들이 없는 사람은 1년 뒤에라도 다시 장가드는 것을 허락한다.

- **얼음을 나눠주는 일** : 매년 여름철 마지막 달에 각 관청과 임금의 집안사람, 문무당상관, 내시부 당상관, 맡은 직무는 없으나 70세 이상이 된 당상관들에게 얼음을 나눠준다. 활인서의 환자, 의금부, 전옥서의 죄수들에게도 내준다.

- **혜택** : 관리 집안의 딸로서 30세가 되도록 생활이 궁핍하여 시집을 가지 못했을 경우 혼인 비용을 보태준다. 집을 잃은 어린아이는 한성부 또는 그 해당 고을에서 양육하기를 원하는 사람에게 맡기되 관청에서 옷과 먹을 것을 내준다. 앓고 있는 사람이 급히 의원을 불렀는데 즉시 치료하지 않은 경우 환자의 집에서 신고하면 죄를 준다.

- **지방에서 사람을 뽑던 일** : 기생 150명, 연화대(蓮花臺, 가무극 배우) 10명, 의녀 70명을 3년마다 한 번씩 여러 고을에서 젊은 여종 가운데 뽑아 올린다. — 의녀는 일정한 자질을 갖추면 본고을로 돌려보낸다.

- **중에게 주는 증명서** : 중이 될 사람은 석 달 안에 선종이나 교종에 신고하면 불경 외우기를 시험하고 본조에 보고한다.

그런 다음 임금에게 보고해 군역값(군역의 의무 대신 내는 돈)을 받고 중의 증명서를 발급한다.

- **잡령** : 시험 응시자로서 시험장에 책을 가지고 들어오는 자, 남의 손을 빌려서 글을 짓는 자, 남을 대신하여 글을 지어주는 자는 두 기의 과거시험에 응시할 자격을 정지시킨다.

- **임명장**

  * 4품 이상 문무 관리의 임명장

  교지
  ○○를 무슨 품계 무슨 벼슬에 임명한다.
  년(임금의 인장) 월 일

  * 붉은 빛깔의 과거 합격증 양식

  교지
  무슨 벼슬로 있는 ○○는 문과(무과면 무과), ○○과(갑, 을, 병) 제 ○째로 급제하여 출신한 자이다.
  년(임금의 인장) 월 일

  * 흰 빛깔의 과거 합격증 양식

  무슨 벼슬로 있는 ○○는 생원(진사이면 진사) ○등, 제 ○째로 합격한 자이다.
  년(임금의 인장) 월 일

  * 잡과의 흰 빛깔 합격증 양식

  ○조에서 임금의 지시를 받들어 무슨 벼슬로 있는 ○○를 ○○과 ○등, 제 ○째로 출신시킨다.
  년(인장) 월 일
  판서 신○○, 참판 신○○, 참의 신○○, 정랑 신○○, 좌랑 신○○

  * 노비와 토지를 급여하는 증명서 양식

  교지
  ○○는 ○○공로가 있기에 노비 ○○명, 토지 ○○결을 특별히 상

으로 주니 대대로 영원히 전해갈 것이다(본인에게만 줄 경우에는 '대대로 영원히 전해 갈 것이다.'를 '너는 받을 것이다.'로 고친다).

* 호구대장 꾸미는 양식(일종의 등본 또는 가족 관계도)

○○부, ○○방 제 몇 리(지방이면 ○○면, ○○리)에 사는 ○○벼슬, 성명, 나이, 본관, 4조, 아내 ○○씨 나이, 본관, 4조(4조를 알지 못할 경우 다 기록하지 않는다), 데리고 있는 아들 딸, ○○, 나이(사위는 본관을 기록한다), 노비, 고용 일꾼 ○○, 나이

* 호구대장과 대조한 문건을 발급하는 양식

○○년 월 일 본부(지방이면 본주 또는 본군이라고 한다)에서 그해에 작성한 호구대장에 ○○부, ○○방, ○○노비, ○○나이 등을 대조하여 주는 바이다. 한성부(3명 이상) 당상관 수표, 당하관 수표(지방이면 그 고을과 그의 벼슬을 써야 한다)
뭉개버린 것, 더 써넣은 것, 고친 것이 몇 자라고(없으면 없다고 쓴다) 가로써서 인장을 찍는다.

4권

《병전(兵典)》

군사에 관한 법전

소속 관청은 오위, 훈련원, 사복시, 군기시, 전설사, 세자익위사

- **중추부** : 맡은 직무는 없다. 다만 소임이 없는 문무의 당상관들을 우대하기 위한 관청이다.
- **5위도총부** : 5위의 군무, 즉 군사에 관한 일을 맡아서 다스린다. 도총관, 부총관 모두 10명은 다른 관청의 관리로 겸임시킨다. 당하관 가운데 실무 능력이 있고, 군무에 능란한 사람은 취재시험을 면제하고 겸임으로 등용한다.
- **5위**
  * 의흥위 : 갑사와 보충대가 소속된다. 갑사는 군역을 하는 신분 중 가장 높다. 그다음이 정병, 맨 아래가 대졸이나 팽배다. 갑사는 군사 중에서도 상층을 이루는 부대로, 수도를 호위하는 임무도 갑사가 주로 담당했다. 보충대는 양반의 서자들로 구성된 부대다.
  * 용양위 : 별시위와 대졸이 소속된다. 별시위는 양반 자제들로 이뤄진 군사의 상층 부대다. 별시위 아래로는 족친위, 충의위, 충찬위, 충순위, 친군위 등이 있는데, 이들은 왕실의 친척 또는 업적이 있는 조상의 후손들로 조직된 부대로 실

제 군사로 활용하기는 힘든 부대다.

대졸은 정식 관리로 등용되지 못하고 고작해야 잡직에 등용되는 하위급 부대다.

＊ 호분위 : 족친위, 친군위, 팽배가 소속된다.

＊ 충자위 : 충의위, 충찬위, 파적위가 소속된다. 파적위는 목전 (木箭, 나무로 만든 화살), 편전(片箭, 총통에 넣어서 쓰는, 하나로 된 화살), 달리기, 힘쓰기의 네 가지 가운데 두 가지 이상에 합격한 군사로 조직했다.

＊ 충무위 : 충순위, 정병, 장용위가 소속된다. 정병은 양인 출신으로 구성된 부대로 추측하고 있다. 장용위는 힘과 무예가 뛰어난 사람 600명을 뽑아 5교대로 120명이 6개월씩 복무하게 했는데, 처음에는 천인 출신만 뽑다가 뒤에 양인도 뽑았다.

● **훈련원** : 군사들의 기예 시험, 무술 훈련, 군사와 관련된 경서 학습과 관한 일을 맡는다.

● **세자익위사** : 세자를 호위하여 따라다니는 일을 맡는다.

● **지방관직** : 절도사, 우후(병마절도사와 수군절도사를 보좌하던 무관 벼슬), 평사(병영의 사무와 그에 속한 군사를 감독하던 정6품 무관 벼슬)는 출근 일수 720일, 가족을 데리고 가지 않는 첨절제사(각 진영에 둔 종3품 무관 벼슬), 만호(각 도의 여러 진鎭에 배치한 종4품의 무관 벼슬)는 900일이 차야 교체한다. 절도사의 군영을 주진, 절제사, 첨절제사의 진영을 거진, 동첨절제사, 만호, 도위(토관직 무관 벼슬의 품계에 붙이던 칭호로, 토관직은 평안도와 함경도 지방 토호들을 위해 베푼 벼슬이다)의 진영을 제진이라 한다. 첨절제사와 만호는 무예 시험

을 본 사람으로 임명한다. 이미 첨절제사나 만호 벼슬을 지낸 사람은 고을원을 지내지 않았더라도 품계를 올려준다.

- **반당** : 병조에서 임금에게 제의해 채용하되 황해도, 평안도, 영안도에 거주하는 사람은 채용하지 않는다. 반당은 고급 관리나 왕자 등의 신변을 보호할 목적으로 따라다니던 일종의 경호원으로 추측하고 있다.

- **무과 시험** : 남의 손을 빌려 시험을 치는 자와 대리로 시험을 쳐주는 자는 모두 장형 100대에 처하고 본인을 수군에 넣는다.

- **무과 과거** : 예비시험인 훈련원 시험은 훈련원에 이름을 등록하게 하고 시험을 봐 모두 70명을 뽑는다. 지방시험은 병마절도사가 차사원(差使員)을 지정하여 이름을 등록하게 하고 시험을 봐 뽑는다.

시골 아전들 가운데서 군사와 관련된 7서를 강론하여 조(粗, 과거를 볼 때 성적을 매기던 다섯 등급 가운데 넷째 등급) 이상의 성적을 받은 사람에게는 시험에 응시하는 것을 허락한다. 본시험은 본조에서 훈련원의 7품 이하 관리와 함께 이름을 등록하고 시험을 본다. 28명을 뽑는다. 등수를 매기기 위한 차례시험은 말 타고 활쏘기, 달려가며 활쏘기, 격구로써 점수를 매긴다. 갑과 3명, 을과 5명, 병과 2명이다. 무과 합격자는 문과의 구례대로 벼슬을 시키되 별시위 및 훈련원 권지(임용대기 중인 견습생 관원)로 나누어 임명한다.

- **수군** : 항상 둥근 패쪽을 찬다. 수군은 그 소임을 대대로 물려 내려가며 다른 신역(나라에서 성인 장정에게 부과하는 군역과 부역)을 지우지 않는다. 그들 가운데 활을 잘 쏘는 사람이 있으면 수군절도사가 순행할 때 시험을 보여 대장에 등록했

다가 해마다 연말에 우등한 사람을 뽑아 임금에게 보고하고 비는 벼슬자리에 임명한다.

- **조졸** : 차고 다니는 패쪽은 수군의 것과 같다. 단지 아무 창고의 조졸이라고 쓰며, 전자(篆字)로 조졸이라는 두 글자를 불인장으로 찍는다. 배에서 활동하는 일종의 선원이다. 그 소임을 대대로 물려 내려가며 다른 신역을 지우지 않는다.

- **범잡이** : 고을원이 1년 동안에 10마리 이상 잡으면 품계를 올려준다. 5마리를 잡았을 경우에 모두 맨 선참으로 활이나 창을 가지고 명중시킨 사람은 두 등급을 뛰어넘어 품계를 올려준다. 3마리를 명중시키고, 2마리를 두 번째로 명중시킨 사람은 한 등급을 뛰어넘어 품계를 올려주며, 1마리나 2마리를 맨 먼저 명중시키고 3마리나 4마리를 두 번째로 명중시킨 사람은 품계를 올려주되, 당하 3품에서 더 올라갈 품계가 없는 사람은 제일 높은 벼슬을 준다.

- **수직** : 수직(건물이나 물건 따위를 맡아서 지킴) 서는 장수와 군사는 3일씩 교체한다. 본조에서는 날마다 교체한다.

- **순찰** : 궁정 안에서는 위장과 부장이 군사 10명을 거느리고 시간을 배정해 순찰을 돈 뒤에 임금에게 직접 보고한다. 도성 안팎의 순찰은 본조에서 수직을 서고 나가는 군사를 2개 장소에 나눠 보내 순찰한다. 궁성의 4대문 밖에 대한 수직은 상호군, 대호군, 호군 가운데 1명과 정병 5명씩을 배정하여 순찰한다.

- **성문** : 궁성 문은 초저녁에 닫고 날이 밝은 뒤에 열며, 도성 문은 인정(밤에 통행을 금지하기 위해 종을 치던 일)에 닫고 파루(통행금지를 해제하기 위해 종각의 종을 33번 치던 일)에 연

다. 지정해놓은 시간이 아닌 때에 도성 문을 열 경우에는 대궐에서 문을 열라는 패쪽의 왼쪽 편을 내려보내며, 궁성 문은 표신을 사용하여 열거나 닫는다.

- **연거푸 치는 큰북** : 대궐 안에서 큰북을 연거푸 치는 것은 수직하고 있는 군사들을 집합시키기 위한 것이다.

- **연거푸 치는 큰 종** : 군사를 사열할 때 군사를 집합하기 위해서 치는 것이다.

- **군역의 면제** : 군사로서 나이 60세가 된 사람, 불치병이나 불구의 병에 걸린 사람은 모두 군역을 면제한다. 불치병이란 고치기 힘든 질환으로서 지랄병, 청맹관이, 팔다리 넷에서 둘이나 쓰지 못하는 병신을 가리키고, 불구의 병이란 천치, 벙어리, 난쟁이, 곱사등이, 팔다리 넷에서 하나라도 쓰지 못하는 병신을 가리킨다. 천치란 정신이 온전치 못한 것이고, 난쟁이란 키가 작은 것이다.

불치병이나 불구의 병에 걸린 부모와 70세 이상이 된 부모를 모시고 있는 아들은 한 사람만, 90세 이상이 된 부모를 모시고 있는 아들은 모두 군역에서 면제한다.

- **봉화** : 봉화(나라에 병란이나 사변이 있을 때 신호로 올리던 불)는 평상시면 한 자루, 적이 나타나면 두 자루, 지경에 접근하면 세 자루, 지경을 침범하면 네 자루, 접전하면 다섯 자루를 올린다.

- **여행 증명서** : 대체로 휴가를 받고 고향으로 돌아가는 군사들에게는 본조에서 여행 증명서를 발급한다.

5 권

《형전(刑典)》

형조의 소관 사항을 규정한 법전

소속 관청은 장예원과 전옥서

- **형벌의 적용** : 《대명률》을 적용한다. 《대명률》이란 중국 명나라의 형법전(刑法典)이다. 당나라의 법률을 참고하여 편찬했으며 〈명례율〉, 〈이율〉, 〈호율〉, 〈예율〉, 〈병률〉, 〈형률〉, 〈공률〉의 일곱 편으로 이루어졌다.

- **범죄 사건 처결의 기한** : 범죄 사건을 처결할 때에는 큰 사건(사형 죄)은 30일, 보통 사건(죄인을 중노동에 종사시키던 도형과 귀양 보내는 유형)은 20일, 작은 사건(볼기를 작은 형장으로 치던 태형과 큰 형장으로 치던 장형)은 10일로 한정한다.

- **죄인의 구금** : 장형 이상의 범인은 구금하되 문무 관리라든지, 내시부의 내시라든지, 관리 집안의 부녀자라든지, 중이라든지 다 임금에게 보고하고 구금한다. 죽을죄를 진 자는 먼저 구금하고 나중에 보고한다. 70세 이상 15세 이하는 강도나 살인이 아니면 구금하지 않으며 도적 죄를 범한 자도 살에 먹물로 글자를 새겨 넣는 형벌을 면제한다.

- **죄인에 대한 신문 및 처결** : 고문을 할 때는 임금의 지시를 받아서 집행한다. 신문하는 형장의 길이는 영조척으로 정해

져 있으며, 형장의 아래 끝으로 무릎 밑을 치되 정강이에는 이르지 않게 하며, 한 번에 30대를 넘지 못한다. 3일 이내에는 고문을 두 번 하지 못하며 고문한 지 10일 뒤에야 형벌을 집행한다.

지방이면 관찰사에게 보고한다. 본조나 개성부나 관찰사는 유형 이하의 죄수를 직접 처결하고, 각 관청에서는 태형 이하의 죄수를 직접 처결한다. 사형수는 세 차례 심리를 진행하여 보고한다.

- **형벌 집행을 금지하는 날** : 중앙과 지방의 각 관청에서는 임금과 왕비의 생일이나 세자의 생일, 큰 제사를 지내거나 옹근재계(조상이나 귀신에게 제사를 지내기 위해 미리부터 조심하는 날)를 하는 날, 조회와 저자를 중지한 날에는 고문과 형벌 집행을 하지 않는다. 또 상기의 각 날짜와 24절기가 드는 날과 비가 개지 않고 날이 밝지 않을 때에는 사형을 집행하지 않는다.

- **형벌의 남용** : 관리가 형벌을 함부로 적용했을 때는 장형 100대, 도형 3년에 처하며, 죄수를 죽였을 경우에는 장형 100대에 처하고 영원히 관리로 등용하지 않는다.

- **돈과 위조** : 인장을 위조한 자는 인장의 글자를 모두 새기지 않았더라도 참형에 처하고, 처자는 영영 각 고을의 노비로 넣으며, 붙잡았거나 고발한 사람에게는 범인의 재산을 준다. 종이돈을 위조한 자는 교형에 처하며, 붙잡았거나 고발한 사람에게는 관청에서 규격베 250필을 상으로 주는 동시에 범인의 재산도 준다.

- **도망** : 이주시켜 놓은 백성이 도망치면 그 처자를 살림이 군

색한 역참의 노비로 주며, 붙들리면 참형에 처한다. 자수해서 나타나면 본래의 이주 지역으로 돌려보내는 동시에 처자를 놓아준다.

- **도적에 대한 체포, 신고 :** 절도나 소, 말을 도살한 자 1명을 붙잡으면 무명 10필을 준다. 1명이 늘 때마다 2필씩 가산하여 50필까지 준다.

  강도 1명을 붙잡으면 50필을 주며, 1명이 늘 때마다 5필씩을 가산하여 100필까지 준다. 강도를 맨 먼저 고발해 붙잡게 한 사람에게는 상으로 벼슬도 준다.

  10번의 절도 중 5번의 절도를 고발한 사람과 강도를 세 번이나 먼저 고발한 사람에게는 품계를 올려준다. 시골 아전이나 천인이 고발해서 2명 이상을 붙잡은 경우에는 무명 50필을 준다.

- **단속하는 사항 :** 권세 있는 집에 드나드는 자는 장형 100대와 유형 3,000리에 처한다. 북경이나 이웃 나라에 사신으로 가는 사람이 규정된 수량 이외의 물건을 더 가지고 가거나 잡된 문건이나 책을 가지고 가는 경우에는 모두 장형 100대에 처하며, 금지된 물건을 몰래 파는 자는 장형 100대와 도형 3년에 처하고, 죄가 엄중한 자는 교형에 처한다. 역말(공공기관에서 대기하는 말로, 나랏일에 교통수단 등으로 쓰였다)을 함부로 타는 자와 내주는 자는 모두 장형 100대와 유형 3,000리에 처한다. 관청에 사적으로 드나드는 자, 유생이나 부녀자로 절에 올라가는 자, 조정 관리로서 대궐에서 내보낸 시녀나 무수리에게 장가든 자, 관리 집안의 여인으로 산골짜기나 냇가를 찾아다니며 놀이를 하는 자 등은 모두 장

형 100대에 처한다. 도성 안에 거주하는 무당과 마을 안에서 유숙하는 중에게는 죄를 따진다. 이미 혼서를 받아놓고 다시 다른 사람에게 결혼한 경우에는 그 혼인을 주관한 사람의 죄를 따지고 이혼한다.

- **천인 출신의 첩** : 2품 이상의 관리는 아들딸까지 낳은 관청 노비 또는 개인 노비 출신의 첩을 얻은 경우 장예원에 고하고 다른 여종을 대신 주고 빼내오게 한다.
- **천인 출신의 아내와 첩에게서 난 아들딸** : 임금의 집안사람이나 외척으로 천인 출신 첩에게서 난 아들딸들은 모두 양인이 된다. 또한 몸값을 물리거나 신역을 지우지 않는다. 벼슬이 높으나 낮으나 관청 여종 또는 개인 여종을 아내나 첩으로 삼아 낳은 아들딸은 아버지가 장예원에 신고하고 대장에 올린 다음 병조에 공문을 보낸다. 16세가 되도록 신고하지 않거나 신고장을 제출하고 3년이 지나도록 확인서를 받지 않았으면 다른 사람이 고발하는 것을 허락하며 천인 신분으로 돌린다.
- **천인이 여종에게 장가들어 난 자식** : 공천(죄를 짓거나 하여 관가에 소속된 종)이나 사천(개인의 종)이 자기의 여종에게 장가들어 낳은 자식은 그가 속한 관청이나 그 상전에게 주며, 아내의 여종을 얻어서 낳은 자식은 아내가 속한 관청이나 아내의 상전에게 준다.

양인 출신의 여자를 아내로 맞고 또 그 양인 출신 아내의 여종을 얻어서 낳은 자식은 그가 속한 관청이나 그 상전에게 준다. 만약 양인 출신의 아내에게 전남편이 있고 그들 사이에 아들딸이 있다면, 천인 출신 남편과의 사이에서 난 아들딸은 전남편의 아들딸에게 준다.

- **공노비(관가에 속한 노비)** : 공노비는 3년마다 한 번씩 문서와 장부를 작성한다. 공노비 가운데 도망간 자는 본관청에서 위 관청에 보고하고 종적을 찾아 돌려보낸다. 적발해내지 못한 관리나 알고도 신고하지 않는 사람은 임금의 지시를 위반한 법조문으로 죄를 따진다. 중앙과 지방에서 신역을 지고 있는 노비에게는 신공(노비가 신역 대신에 삼베나 무명, 모시, 쌀, 돈 따위로 납부하던 세)을 면제해주는 동시에 봉족(일을 거들어 도와주는 사람 또는 봉급을 주고 부리던 노비)을 2명씩 준다. 노비들 가운데 15세 이하나 60세 이상의 사람, 네 팔다리 가운데 두 팔다리를 못 쓰거나 한 팔다리를 못 쓰는 사람, 3명 이상의 자식이 신공을 바치거나 신역을 지고 있는 사람은 신공과 신역을 면제한다. 천인에 속하는 사람은 어머니 쪽의 신역을 따른다. 아들딸이 없이 죽은 공노비의 토지와 재산 등은 본관청이나 본고을에 넘긴다.

- **개인 노비** : 분배하지 못한 노비는 아들딸이 살았거나 죽었거나 나눠준다. 적자녀에게 골고루 나눠주고 남은 수가 있으면 가계를 계승하는 아들에게 주며, 그러고도 남은 수가 있으면 손위와 손아래 순서에 따져 준다. 본처에게 아들딸이 없으면 양인 첩의 아들딸에게, 양인 첩의 아들딸이 없으면 천인 첩의 아들딸에게 준다. 토지도 이와 마찬가지로 상속한다. 노비를 상속받은 사람은 1년 안에 관청에 신고하고 확인서를 받는다. 노비를 매매하고 나서도 관청에 보고해야 한다. 노비가 공을 세워 양인 신분이 되면 공노비로 보충해준다.

6 권

《공전(工典)》

공조가 맡아 하던 여러 가지
사무에 관한 사항을 규정한 법전

소속 관청은 상의원, 선공감, 수성금화사, 전연사, 장원서, 조지서, 와서

- **다리와 도로** : 도성 안의 도로와 도랑(작은 개울)과 다리는 본조와 한성부에서 살피고 수리한다. 지방의 도로에는 10리마다 작은 이정표를 세우고 30리마다 큰 이정표를 세워 역참을 둔다. 이정표에는 이수(里數)와 지명을 새긴다.

- **건축 및 보수** : 궁궐은 전연사에서, 관청 건물은 각기 해당 관청의 관리들이 관리하며 비가 새거나 허물어진 곳이 있으면 본조에 보고하고 수리한다. 지방의 관청 건물은 임금에게 보고한 뒤에 건축하거나 보수한다. 중국 사신이 왕래하는 역참들은 가까운 고을에 분담시켜 수리하고, 왜인이나 야인들이 왕래하는 역참들은 그 역참이 자리 잡은 고을에서 수리한다.

- **도량형** : 도량형은 길이, 부피, 무게 따위의 단위를 재는 법이다. 여러 관청이나 고을의 도량형은 본조에서 제정하여 만든다. 개인이 만든 것은 매해 추분일마다 수도에서는 평시서, 지방에서는 거진(각 도에 설치한 중간 규모의 군사 진영)에서 맞추어놓는 동시에 불인장을 찍는다.

- **원집** : 원집은 관원이 공무를 보러 다닐 때 머물던 숙소다. 수도 부근에 있는 원집은 5부에서, 지방에 있는 원집은 고을 원들이 부근의 주민을 원집 주인으로 삼아 보수하게 한다. 한성부와 관찰사가 감독한다.

- **배와 수레** : 수로 운반선이나 각종 나룻배는 5년이 되면 수리하고, 10년이 되면 고쳐 만든다.

- **나무 심기** : 여러 고을에서는 옻나무, 뽕나무, 과일나무의 그루 수와 닥나무밭, 왕골밭, 살대의 산지를 기록한 대장을 작성해 본조, 본도, 본고을에 보관하는 동시에 그것들을 심고 가꾸고, 기르게 한다.

- **철 제련장** : 철 산지에는 야장(대장장이)을 두고 대장을 작성하여 본조, 본도, 본고을에 보관, 농한기마다 제련하여 바친다.

- **보물** : 보물이 나오는 여러 고을은 대장을 작성하여 본조, 본도, 본고을에 보관하고 관리한다.

- **여러 가지 법령** : 기와를 구워낸 것이 품질이 나빠서 규정대로 되지 못했을 경우 엄중히 죄를 추궁한다. 은, 주석, 놋쇠 등으로 만든 그릇에는 모두 무게와 만든 연월일을 새긴다. 집 규모는 대군이면 60칸, 왕자인 군이나 공주이면 50칸, 옹주나 임금의 집안사람이나 2품 이상의 문무 관리이면 40칸, 3품 이하면 30칸, 일반인이면 10칸이다.

- **장공인** : 수공업에 종사하는 장인으로, 그 분야의 최고인 사람을 일컫는다.

- **여러 장공인** : 비단 짜는 장공인, 초립 만드는 장공인, 겹갓 만드는 장공인, 사모 만드는 장공인, 갓양태 만드는 장공인, 댕기 만드는 장공인, 망건 만드는 장공인, 모자 만드는 장공

인, 은 다루는 장공인, 금박 장공인, 가죽 이기는 장공인, 비단신 만드는 장공인, 목이 긴 신발 만드는 장공인, 신발 꽃수를 놓는 장공인, 털옷 만드는 장공인, 옻칠장이, 금실 만드는 장공인, 맷돌 만드는 장공인, 활시위 만드는 장공인, 생가죽 다루는 장공인, 초록색 도료 만드는 장공인, 조각장이, 칼 만드는 장공인, 대나무로 물건 만드는 장공인, 무쇠장이, 목공, 쇠를 불리는 장공인, 구슬 만드는 장공인, 분 만드는 장공인, 향 만드는 장공인, 나무빗 만드는 장공인, 저울 만드는 장공인, 머리빗 닦는 솔 만드는 장공인, 곰 가죽 다루는 장공인, 바느질하는 장공인, 다듬이질하는 장공인, 글자 새기는 장공인 등 매우 많다.

한 손에 잡히는
조선 상식 사전

1판 1쇄 발행 2017년 12월 26일

지은이 　 김경민
펴낸이 　 조윤지
P　R 　 유환민
책임편집 김자영
디자인 　 디자인 잔

펴낸곳 책비(제215-92-69299호)
주소 (13591) 경기도 성남시 분당구 황새울로 342번길 21 6F
전화 031-707-3536
팩스 031-624-3539
이메일 readerb@naver.com
블로그 blog.naver.com/readerb

　'책비' 페이스북
　www.FB.com/TheReaderPress

ⓒ 2017 김경민
ISBN 979-11-87400-20-2 (03910)

책비(TheReaderPress)는 여러분의 기발한 아이디어와 양질의 원고를 설레는 마음으로 기다립니다.
출간을 원하는 원고의 구체적인 기획안과 연락처를 기재해 투고해 주세요.
다양한 아이디어와 실력을 갖춘 필자와 기획자 여러분에게 책비의 문은 언제나 열려 있습니다.
● readerb@naver.com